民國文化與文學 研究文叢

五 編

李 怡 主編

第 3 冊

國民革命與中國現代文學（下）

李 怡、蔣德均 編

國家圖書館出版品預行編目資料

國民革命與中國現代文學（下）／李怡、蔣德均 編 — 初版 —
新北市：花木蘭文化出版社，2015〔民 104〕
目 4+208 面；19×26 公分
（民國文化與文學研究文叢 五編：第 3 冊）
ISBN 978-986-404-245-6（精裝）
1. 中國當代文學 2. 文學評論
541.26208   104012140

特邀編委（以姓氏筆畫為序）：

丁　帆　　　王德威　　　宋如珊
岩佐昌暲　　奚　密　　　張中良
張堂錡　　　張福貴　　　須文蔚
馮　鐵　　　劉秀美

ISBN- 978-986-404-245-6

9 789864 042456

民國文化與文學研究文叢
五 編　第 三 冊
ISBN：978-986-404-245-6

國民革命與中國現代文學（下）

編　　者　李　怡　蔣德均
主　　編　李　怡
企　　劃　四川大學現代中國文化與文學研究中心
　　　　　北京師範大學民國歷史文化與文學研究中心
總 編 輯　杜潔祥
副總編輯　楊嘉樂
編　　輯　許郁翎
出　　版　花木蘭文化出版社
社　　長　高小娟
聯絡地址　235 新北市中和區中安街七二號十三樓
　　　　　電話：02-2923-1455／傳真：02-2923-1452
網　　址　http://www.huamulan.tw 信箱 hml810518@gmail.com
印　　刷　普羅文化出版廣告事業
初　　版　2015 年 9 月
全書字數　522360 字
定　　價　五編 24 冊（精裝）新台幣 45,000 元

國民革命與中國現代文學（下）

李怡、蔣德均　編

目次

國民黨治下的文網與茅盾的文學活動*
——以 1933～1935 年爲中心

楊華麗**（綿陽師範學院）

　　1933～1935 年是國民黨統治下的文網制度日益健全並對左翼文學發揮較大禁錮效用的三年，也是左翼作家茅盾的文學地位日益穩固並對左翼文學發揮重要影響作用的三年。在既有的茅盾研究中，學界對後者多有關注，而對前者與後者之關係欠缺必要的審視與論析。這種缺失，不僅不利於深化對中國現代文網史的研究、對茅盾與文網之關係研究，而且不利於深化對此期茅盾的文學形貌、文學特質的深層次研究。魯迅先生曾提醒我們說：評論者若不瞭解 1933～1935 年的文化政策的大略，「就不能批評近三年來的文壇。即使批評了，也很難中肯。」〔註1〕這就意味著，「要論作家的作品，必須兼想到周圍的情形」〔註2〕。在這一意義上，我們要深入論析茅盾 1933～1935 年間的文學活動，將國民黨治下的文網納入考察視野，就不僅重要而且必須。

* 本文係國家社科基金項目（編號 14XZW022）、教育部青年基金項目（編號 11YJC751101）、綿陽師範學院高層次人才科研啓動項目（編號 QD2013B07）的階段性成果。
** 楊華麗（1976～），女，四川武勝人，綿陽師範學院文學與對外漢語學院副教授，文學博士，主要從事中國現代文學與文化研究。

〔註 1〕魯迅：《且介亭雜文二集·後記》，王世家、止菴編：《魯迅著譯編年全集》第20卷，人民出版社，2009 年版，第 16 頁。
〔註 2〕魯迅：《且介亭雜文二集·後記》，王世家、止菴編：《魯迅著譯編年全集》第20卷，人民出版社，2009 年版，第 6 頁。

一

如果說南宋初秦檜擅政時期，明太祖朱元璋、成祖朱棣時期，清代康熙、雍正、乾隆時期是中國封建社會中文網最爲酷烈的幾個時段，而「史禍」、「詩禍」、「科場案」、「逆書案」〔註3〕等諸多名目所昭示於我們的，是歷朝歷代繁複的文網史與斑斑血淚史，那麼，「文字獄」的黑影並未在現代中國的思想、文化嬗變史中消逝的事實，則讓我們心驚：北洋軍閥時期，有《每周評論》、《新社會》的先後被禁、北洋政府「取締新思想」議案於 1922 年的提出，有《愛的成年》、《胡適文存》、《獨秀文存》、《愛美的戲劇》、《自己的園地》於 1924 年的被禁，有錢玄同、胡適等人感到了文字之獄的黑影重新襲來的言說；到了國民黨執政後，文網依然存在，而且日漸嚴密。從 1927 年 12 月 20 日大學院公佈《新出圖書呈繳條例》，到 1928 年公佈《出版條例規則》，到 1929 年通過中宣部制定的《宣傳品審查條例》以及《取締共產書籍辦法》的公佈，到 1930 年《出版法》的公佈，到 1931 年《出版法施行細則》的公佈，到 1932 年《宣傳品審查標準》的公佈，到 1933 年《新聞檢查標準》的公佈，直至上海圖書雜誌審查委員會於 1934 年 5 月成立並於 6 月 1 日正式開展工作、國民黨政府頒佈《圖書雜誌審查辦法》，我們可以發現，「國民黨的審查規則無疑在細化、再細化，一個更爲嚴密的文網已經形成：檢察官們可以把一切他們認爲反動的圖書雜誌扼殺於搖籃之中，使事後送審制下書店老闆因試圖收回成本而想方設法銷售所出書刊的可能性大大降低」〔註4〕。有學者說，「根據這些法令和制度，國民黨從中央到地方的政府，甚至會同了特務機關和流氓地痞，共同對革命和進步出版業（出版、發行以及著作人等）實行封殺和迫害，其烈度甚至大大超過清朝和北洋兩個朝代。」〔註5〕

在這個文網之下，僅就書刊的查禁而言，「從 1927 年南京國民政府建立之日起至 1930 年底止，有案可查的，就達 700 餘種。」〔註6〕「在中央黨部

〔註3〕 《前言》，《文網血淚──文字之禍》，第 1～2 頁。此處的各名稱，借鑒自該作者。所謂「史禍」，指因爲撰寫史書忤怒統治者因而遭受文字獄者，所謂「詩禍」指因創作詩詞曲文而獲罪者，所謂「科場案」指的是因考試文字而獲罪者，「逆書案」則指因撰寫私人著作而被統治者找出了「悖逆文字」，從而獲罪者。

〔註4〕 楊華麗：《國民黨治下的文網與魯迅的鑽網術》，《魯迅研究月刊》，2013 年第 12 期。

〔註5〕 魯迅與文網。

〔註6〕 倪墨炎：《現代文壇災禍錄》，上海書店出版社，1996 年版，第 76 頁。

和國民政府的檔案中，現在有案可查的，1927～1937 年間共查禁 2,058 種。」
〔註7〕加上各地政府檔案中有案可查的、各級政府無案可查的查禁書目，這個
數字無疑會更加龐大。其中，1933～1935 年因國民黨的「文化圍剿」政策的
制定與施行，而成爲全面抗戰前文網史上最爲嚴酷的三年：查禁的書刊最多，
文壇感受到的壓迫也最甚。在其統制之下，「共產黨的書，馬列主義的書，國
民黨當局固然要禁，他們還禁托洛斯基派的書、無政府主義的書、國民黨內
部異派的書，以及一切對國民黨統治有異議或不一致的書。」〔註8〕對左翼陣
營而言，魯迅固然是首當其衝的受壓迫者〔註9〕，丁玲、錢杏邨、胡也頻、將
光慈、郭沫若等也無一幸免，而當時滯留於上海的茅盾，也是深受文網之禁
錮與迫害者。

　　茅盾 1930 年從日本回到上海後，即加入前期左聯的領導工作，直到抗日
戰爭爆發才離開上海。在這段時間裏，茅盾創作了其小說代表作《子夜》、《春
蠶》、《林家鋪子》，也創作出了抗戰前的諸多抒情散文以及含雜文在內的隨
筆。眾所周知，1933～1935 年的上海是國民黨治下的文化統制政策實施得最
爲徹底的省份，故而，無論是茅盾小說的出版、發行，還是抒情散文以及隨
筆的寫作與發表，都或隱或顯地打上了文網的烙印。茅盾深諳個中三昧，不
時將這種不滿訴諸筆端。他曾說，「目前我們這棵『文學』樹正因爲有大石頭
壓著，正因爲空氣光線的關係，只能抽放著不大象樣的莖葉。我們是感到不
滿的。」〔註10〕如果說茅盾寫於 1934 年且在國內發表的這段話還只是一種隱
喻的話，當他在文網已鬆動的 1935 年 9 月 20 日，寫作擬在國外發表的文章
時，他的說法就更加直截了當了些：「左翼作家聯盟成爲中國革命文學運動的
中心以後，不斷地受著統治階級的殘酷的壓迫。從一九三○年到現在，左
聯聯盟員被捕被殺的總在一百以外。左翼刊物，作品，被禁止的，更三倍四

〔註7〕倪墨炎：《現代文壇災禍錄》，上海書店出版社，1996 年版，第 65 頁。

〔註8〕倪墨炎：《自序》，《現代文壇災禍錄》，上海書店出版社，1996 年版，第 5 頁。

〔註9〕魯迅 1933～1935 年的雜文創作狀況、風貌，與這三年的文網及其獨特的鑽網
　　　術密切相關。而他在此期雜文集的編纂，包括前言、後記中所勾稽的諸多歷
　　　史材料，在客觀上形成了一部文禍小史。關於文網，他在書信中也多有憤慨
　　　之辭。他甚至想寫《圍剿十年》這樣的書、想集中國文字獄史料，並且詢問
　　　唐弢能否編寫一部中國文網史。參見拙文《國民黨治下的文網與魯迅的鑽網
　　　術》，《魯迅研究月刊》，2013 年第 12 期。

〔註10〕茅盾：《文學的新生》，1934 年 10 月 13 日《新生》第 1 卷第 36 期，《茅盾全
　　　集》第 20 卷，第 253 頁。

倍於此數。」〔註11〕「中國的革命左翼文學⋯⋯還須和『白色文化政策』鬥
爭。」「中國的統治階級⋯⋯專一利用非常嚴密的『書報檢查制度』來封鎖左
翼文學,並且利用『社會法西斯蒂』的文人們用種種方法欺騙和麻醉群眾。」
〔註12〕在該文之末,他說:「因為『檢查制度』的嚴密,目今在中國能夠公開
發表的文學作品最大限度還只能限於對現社會制度表示了否定的態度,至於
進一步表示了革命工農的迫切的要求和英勇的鬥爭的文學作品,卻只能用
『不合法』的手段來印刷和發行了。」「本書內所譯的,大部也還是漏過了『檢
查員』手爪的一些作品。」〔註13〕到了1936年,茅盾在其起草,巴金、茅盾
等21人共同簽署的《文藝界同人為團結禦侮與言論自由宣言》中還在竭力呼
吁,「我們要求政府當局,即刻開放人民言論自由;凡足以阻礙人民言論自
由之法規,如報紙檢查、刊物禁扣等,應立即概予廢止。我們深信唯有言論自
由,然後能收全國上下一致救國的效果。」〔註14〕而在回憶錄中,茅盾則將
1933年命名為「多事而活躍的歲月」、將1934年的性質定為「文化『圍剿』
和反『圍剿』」、將1935年的記事〔註15〕與圖書雜誌審查制度聯繫起來⋯⋯所
有這些,都是茅盾針對國民黨文網制度所做出的言說。

　　基於此,筆者接下來將對文網與茅盾此期的文學創作活動、編輯活動,
以及他與《中國新文學大系》(1917~1927)的出版之關係進行梳理,試圖對
此期文網與茅盾的文學活動之關係有更深入的揭示與呈現。

二

　　對1927年才正式開始文學創作的茅盾而言,《野薔薇》於1929年7月(大
江書鋪)、《虹》於1930年3月(開明書店)、《蝕》於1930年5月(開明書
店)、《追求》於1930年5月(開明書店)、《宿莽》於1931年5月(大江書
鋪)、《路》於1932年6月(上海光華書局)的出版,固然標誌著其走上了文
學創作的征途,然而其創作的第一個高峰期的來臨,無疑應該鎖定於 1933~

〔註11〕 茅盾:《給西方的被壓迫大眾》,《茅盾全集》第20卷,第556頁。該文是茅
　　　　盾應史沫特萊的要求而為她擬編的中國革命作家小說選集所寫的介紹文章,
　　　　該書最終並未出版。

〔註12〕 《茅盾全集》第20卷,第556~557頁。

〔註13〕 茅盾:《給西方的被壓迫大眾》,《茅盾全集》第20卷,第557頁。

〔註14〕 茅盾:《文藝界同人為團結禦侮與言論自由宣言》,發於1936年10月1日《文
　　　　學》第7卷第4號,見《茅盾全集》第21卷,第191頁。

〔註15〕 均見茅盾所著《我走過的道路》(中)之目錄。

1935 年。這一方面體現於《子夜》(1933 年 1 月，開明書店)、《春蠶》〔註16〕
(1933 年 5 月，開明書店)、《路》改版本(1935 年 12 月，文化生活出版社)
等小說或小說集的出版與再版上，另一方面則體現在《茅盾自選集》(1933 年
4 月，天馬書店)、《茅盾散文集》(1933 年 7 月，天馬書店)、《話匣子》(1935
年 2 月，良友圖書出版公司)、《速寫與隨筆》(1935 年 12 月，開明書店)、《印
象‧感想‧回憶》(1936 年 10 月，文化生活出版社)這幾部散文、雜文集的
相繼問世上。而無論是其小說還是散文、雜文的創作、出版與發行，都與國
民黨治下的文網有著或深或淺的關聯；茅盾在左聯中精神領袖地位的確立，
也正與這種抗爭中的寫作和寫作中的抗爭密切相關。

（一）小說方面

「茅盾」這個筆名的誕生，以及茅盾走向知名小說家之途的起點，都始
於小說《幻滅》的創作〔註17〕及其隨後在《小說月報》上的發表。《幻滅》、《動
搖》與《追求》隨後引發的轟動以及爭論，給茅盾帶來困惑，帶來巨大的聲
名，也帶來他被國民黨監控、作品被國民黨查禁的命運。1929 年 11 月 10 日
的《新文藝》上，就有這樣一則「國內文壇小消息」：

> 茅盾底《幻滅》等三部作，由商務印書館發行，近來忽然停止
> 發行了；而且已在《小說月報》登載了多少的他的創作《虹》，近來
> 也忽然停止登載了。一般讀者，很感詫異。文訊四處打聽，才知道
> 是這麼的一回事：因謂市黨部，因世界書局出版《詩與散文》雜誌，
> 裏面有茅盾的「散文」，說茅盾即某某的化名，某某爲共產黨徒，所
> 以，茅盾的文章不無宣傳共黨嫌疑，即一面審查該雜誌；一面通令
> 各報及各雜誌，說在審查期內，不准登載該雜誌底廣告。商務印書
> 館也接一紙命令，發了「電報」，便停止發行三部作品及停止登載《虹》
> 了。〔註18〕

這告訴我們，茅盾的《蝕》的發行、《虹》的登載，此時就已因他的共產黨身
份而受到審查甚至禁止。當他 1930 年 4 月 5 日回到上海後，他正遭受國民黨
的通緝，只能過一種類似隱居的地下生活，因而不得不重新提筆寫作。在此

〔註16〕內收《春蠶》、《秋收》、《小巫》、《林家鋪子》、《右第二章》、《喜劇》、《光明
　　　　到來的時候》、《神的滅亡》。
〔註17〕1927 年 9 月上旬至 10 月上旬。
〔註18〕《茅盾年譜》，第 126 頁。

期間，他寫了三篇以古喻今的小說：《豹子頭林沖》、《石碣》和《大澤鄉》，
而以「蒲牢」為筆名。三篇小說本就在諷刺國民黨政府，「蒲牢」之名，則「意
在暗示蔣介石的文化圍剿雖日益酷烈，但左翼文壇成員仍要大聲反抗，無所
畏懼，且反抗之聲要愈傳愈遠。」〔註 19〕後來，這些小說與其他散文合集為
《宿莽》。「宿莽」之名，又意在「暗示蔣政權壓迫左翼文藝，雖甚殘酷，然
而左翼文藝必將發皇張大，有如宿莽之冬生不死或遇東不枯也。」〔註 20〕可
見，茅盾已經盡量在隱晦地表達自己的深意。然而，《宿莽》還是因「內有《豹
子頭林沖》及《大澤鄉》二篇，頗多鼓吹階級鬥爭意味」而被國民黨圖書雜
誌審查委員會列入「應刪改之書目」（1934 年 3 月），而當《大澤鄉》出現在
《茅盾自選集》中時，也被國民黨圖書雜誌審查委員會明確指出「不妥應抽
去」〔註 21〕。

　　除卻上述的《宿莽》以及《茅盾自選集》，《蝕》、《春蠶》、《虹》、《三人
行》、《子夜》以及《野薔薇》這六部也都出現在國民黨中宣部於 1934 年 3 月
公佈的禁書名單中。其中，《蝕》在「暫緩發售之書目」中，而包括《宿莽》、
《茅盾自選集》在內的其餘 7 部書，都在「應刪改之書目」中。文件中列出
的具體原因分別為：

　　　　《茅盾自選集》：內有《大澤鄉》、《騷動》二篇，頗多鼓吹階級
　　　鬥爭意味，應刪去。

　　　　《宿莽》：內有《豹子頭林沖》及《大澤鄉》二篇，頗多鼓吹階
　　　級鬥爭意味，應刪去。

　　　　《野薔薇》：描寫現代女性各種性格情節，大都在性愛範圍內，
　　　惟作者故意在序文中說：「……想在各人的戀愛行動中，露出各人的
　　　階級形態」，以表示作者的立場，應刪去。

　　　　《春蠶》：《秋收》後半篇有描寫搶米風潮之處，《喜劇》頁 208
　　　有不滿國民革命言論，均應刪改，又《光明到來的時候》一篇不妥，
　　　應抽去。

　　　　《虹》：本書是一部穿了戀愛的外衣，描寫革命時的一切現象之

〔註 19〕茅盾：《我走過的道路》（中），人民文學出版社，1984 年版，第 58～59 頁。
〔註 20〕茅盾：《我走過的道路》（中），人民文學出版社，1984 年版，第 67 頁。
〔註 21〕國民黨文件，轉印自倪墨炎：《現代文壇災禍錄》，第 212 頁。

實的作品，時代是從「五四」運動到「五卅」慘案，地點是從四川到上海，内容無礙，惟跋文末一節，應刪去。

《三人行》：描寫學生生活頁 99、100 述及暴動，頁 133 述及赴京請願情形，頁 135、109 均有曖昧不妥詞句，應刪改。

《子夜》：二十萬言長篇創作，描寫帝國主義者以重量資本，操縱我國金融之情形，頁 97～124 譏刺本黨，應刪去，十五章描寫工廠，應刪改。〔註22〕

可見，只要涉及到階級鬥爭，涉及到對國民黨政權的負面評價，都要被勒令修改。這對致力於社會剖析、擅長描繪眞實生活場景而又涉身於左翼文學創作思潮的茅盾來說，無疑是一個巨大的限制。但相對於其他小說而言，這樣的修改命令，對茅盾的名作《春蠶》和《子夜》影響更大些。據唐弢先生回憶，《春蠶》被勒令修改時，「再版早已印成（一九三三年十月），只得把這三篇重新抽調，在書脊加印『訂正本』三字。因此所謂『訂正本』的《春蠶》，不但成了一本薄薄的小冊子，連頁碼也有三處不相銜接了。」〔註23〕而《子夜》的修改意見中所謂的頁 97～124，指的是第四章整體，該部分曾被命名爲《騷動》，收入《茅盾自選集》，但也被國民黨指明必須刪去。加上國民黨指明要刪掉的第十五章，《子夜》再版時整整少了兩章。所以，「《子夜》雖然放禁，卻已經受過肉刑，在重印的版次中，不見了描寫農村暴動的第四章和描寫工廠罷工的第十五章，成爲一個肢體不全的殘廢者了。」〔註24〕其具體形貌，也因這種「殘廢」而顯得十分特別：「在重版的《子夜》中，在這兩章刪除的地方各注一個『刪』字，而頁碼不改，共缺六十頁之多。書店還恐怕發售時發生麻煩，把僞市黨部的『批答』刻版印在版權頁的後面。後來又經過一番活動，才得把刪削的兩章印入，又在版權頁上添了一行『內政部著作權註冊執照警字第三五三四號』。」〔註25〕《春蠶》與《子夜》再版本的獨特形貌，從當時發行的書店來看，固然是爲了免去再被國民黨圖書雜誌審查委員會找麻煩的可能，是爲了使得圖書能夠順利地進入銷售與流通領域，但站在

〔註22〕轉引自倪墨炎：《現代文壇災禍錄》，第 212～213 頁。
〔註23〕唐弢：《晦庵書話》，第 74 頁。
〔註24〕唐弢：《晦庵書話》，第 68 頁。
〔註25〕瞿光熙：《〈子夜〉的烙痕》，《中國現代文學史札記》，上海文藝出版社，1984 年 1 月版，第 61 頁。

我們今日的立場來看，這裡面的諸多細節，正是當時國民黨文網之嚴酷的特證。當然，由於《子夜》被刪而出現的精美盜版書（救國出版社出版），以及唐弢、茅盾等人對此事的褒揚〔註26〕，更是讓我們從悖謬中窺見了歷史繁雜的某一面相。

不僅如此，茅盾的文集在1933～1935年間還遭遇了好幾次查禁的命運：首先，1934年10月，《茅盾自選集》（天馬書店版）被西南出版物審查會以「宣傳普羅文藝」為由查禁；其次，1934年12月，《殘冬》（上海生活書店版）被國民黨中宣部以「詆毀當局」為由查禁；此外，1935年9月，《動搖》（開明書店版）被國民黨中宣部以「宣傳普羅文學」為由查禁。如果加上《路》（上海文化生活出版社版）在1936年2月的被禁、《野薔薇》（大江書鋪版）於1936年3月的被禁、《子夜》（開明書店版）於1939年的被禁、《茅盾自選集》（天馬書店版）於1942年7月的被禁，〔註27〕我們可以說，茅盾此期的小說創作、發行、流佈過程與國民黨的文網制度真可謂短兵相接。

（二）散文、雜文方面

相對於小說家茅盾而言，散文、雜文家沈雁冰顯然出現得更早：1917年至1922年間，沈雁冰就已經作有政論、雜感、隨感錄等九十篇，所用語言載體則既有文言，也有白話，而後者占絕對優勢〔註28〕；1926年秋，沈雁冰去漢口擔任漢口《民國日報》主筆，寫作了諸如《袁世凱與蔣介石》這類直接抨擊時政的雜感文章，其嬉笑怒罵、尖銳爽直的雜文家風格在這時得以進一步體現出來。然而，1927年10月後，隨著小說創作的展開，「茅盾」誕生，此期署名「茅盾」或其他筆名的速寫與隨筆，與漢口時相比明顯含蓄、隱晦了些，象徵意味加強而直抒胸臆的貶斥變少。

早在1928年1月，茅盾就在其散文《嚴霜下的夢》〔註29〕中表現出了對「兇殘的噩夢的統治」的憎惡，對黎明的渴盼；在1929年的散文《虹》〔註30〕中的「虹」以及「騎士」，都具有鮮明的象徵意味，而且在文末，茅盾

〔註26〕 詳見唐弢：《晦庵書話》，第71頁。

〔註27〕 參見吳效剛：《茅盾小說和劇本在民國時期的被查禁》，《南京師範大學文學院學報》，2013年第4期，第103頁。

〔註28〕 詳見《茅盾全集》第十四卷即散文四集。

〔註29〕 茅盾於1928年1月12日所寫，發於《文學周報》第6卷第2期，1928年2月5日。

〔註30〕 《小說月報》第20卷第3號，1929年3月10日，署名M.D.。

特意將「新黑暗時代」打上了引號。加入左聯後的茅盾，對沒有言論自由的苦楚感受更爲深切。和魯迅將雜文作爲匕首與投槍而與國民黨鬥爭一樣，茅盾此期也投入到散文、雜文的創作中，而其發表的陣地，一是《申報‧自由談》，二是《太白》、《文學》、《申報月刊》等報刊。

在中國現代雜文發展史上，1932～1935 年的《申報‧自由談》具有不可磨滅的意義。其重要價值的起點，來自於 1932 年底《申報》老闆史量才思謀改革而聘請黎烈文爲編輯的舉措，更直接來源於黎烈文邀請魯迅、茅盾、郁達夫等左翼人士爲《自由談》寫稿的現實行徑。我們知道，魯迅在 1933 年年初開始向其投稿，而茅盾則早在 1932 年 12 月 27 日就在其上發表了《「自殺」與「被殺」》。茅盾以「玄」等筆名、魯迅以「何家幹」等筆名在其上發表的雜文〔註31〕，不僅帶來了二者雜文創作歷程的高峰，而且帶動了郁達夫、葉聖陶、老舍、徐懋庸、瞿秋白等在其上發表了密切關注時事的雜感作品。一時間，《自由談》眞正成了以魯迅、茅盾爲臺柱子的「自由『臺』」〔註32〕，形成了一個雖只能曲折議事但終究有了一絲「自由」空氣的公共言論空間。

在黎烈文發表啓事的 1933 年 5 月 25 日前，茅盾創作了 29 篇雜文，其中以抨時政、砭錮弊的雜感居多：《「自殺」與「被殺」》（第一篇）提倡嚴肅認眞、不肯苟安的人生態度，呼籲人們不能醉生夢死；《緊抓住現在》（第二篇）呼籲「生當這全世界轉變時代全中國苦難時代的我們」不能再沉默，而要「緊抓住現在」；《血戰後一週年》（第三篇）歷數了當時的種種怪現狀，抨擊了國民黨所謂的「長期抵抗」乃是「長期不抵抗」的實質；《最近出版界的大活躍》（第四篇）關注了百業蕭條中出版界卻空前活躍的現實，指出「這景氣的糖衣內面卻是山河破碎的辛酸，前途黑暗的苦悶」以及「『人心未死』的靈光」，說這些出版物議論龐雜混亂，「正是歷史進展不可避免的階段，時代的輪子將碾出一道筆直的正軌。人爲的取締是徒勞的！」這就明顯是對國民黨鉗制言論、查禁書刊發言了；《歡迎古物》則直指國民黨不思抵抗、保護百姓，而只將古物用火車運走的舉動，抨擊了國民黨的不抵抗政策；《「驚人發展」》、《把握住幾個重要問題》、《學生》、《哀湯玉麟》、《關於「救國」》、《論

〔註31〕茅盾是每月六篇、魯迅是每月八九篇的速度。

〔註32〕黎烈文在《幕前致辭》中說：「《自由談》，正可以當作自由『臺』，在這『臺』上，我們可以自由的『表演』，那便是自由的『談』。」見《申報‧自由談》，1932 年 12 月 1 日。

洋八股》等篇也都在嬉笑怒罵中直斥時政。「總而言之，在《自由談》革新的前期，我寫的文章是議論時政多而談文藝少；這種時論，國民黨當然受不了。」〔註33〕這種「受不了」的表徵，就是《魯迅與沈雁冰的雄圖》等造謠文章的出現〔註34〕，然後是受壓後的黎烈文不得不刊登啓事，籲請大家都談風月：

> 這年頭，説話難，搖筆桿尤難。這並不是説：「禍福無門，惟人自召」，實在是「天下有道」，「庶人」相應「不議」。編者謹掬一瓣心香，籲請海内文豪，從茲多談風月，少發牢騷，庶作者編者，兩蒙其休。若必論長議短，妄談大事，則塞之字簏既有所不忍，布之報端又有所不能，陷編者於兩難之境，未免有失恕道。語云：識時務者爲俊傑，編者敢以此爲海内文豪告。區區苦衷，伏乞矜鑒！

在此後的一段時間裏，和魯迅一樣，茅盾也寫作了一系列「準風月談」式的雜文〔註35〕，「我們（指魯迅和茅盾自己，引者注）不直接談政治，但是，政治以外的社會問題，我們卻要大談而特談。」比如文藝問題、兒童問題、青年思想問題……另一個重要特徵，就是擯棄了前期相對固定的「玄」之筆名，而頻繁更換、啓用新的筆名如珠、郎損、仲方、伯元、微明、木子等。之所以頻繁變換筆名，「是魯迅和我同黎烈文商量好的，既然何家幹先生和玄先生使國民黨方面如此不安，他們就從此退出了《自由談》」。變換筆名之後的雜文寫作，暗示、象徵、反語成分增多，而苦澀的幽默風格也就此凸顯。1935年，郁達夫曾說了這樣一段切中肯綮的話：

> 有人説，近來的散文中幽默分子的加多，是因爲政治上的高壓的結果：中華民族要想在苦中作一點樂，但各處都無法可想，所以只能在幽默上找一條出路，現在的幽默會這樣興盛的原因，此其一：還有其次的原因，是不許你正説，所以只能反説了，人掩住了你的口，不容你歎息一聲的時候，末了自然只好泄下氣以舒腸，作長歌而當哭。這一種觀察，的確是不錯……〔註36〕

〔註33〕茅盾：《我走過的道路》（中），人民文學出版社，1984 年版，第 184 頁。
〔註34〕在《魯迅與沈雁冰的雄圖》中説，「在魯沈的初衷，當然這是一種有作用的嘗試，想復興他們的文化運動。現在，聽説已到組織團體的火候了。」
〔註35〕如《「雙十」閒話》，「這是諷刺國民黨只准人們談風月。」
〔註36〕郁達夫：《現代散文導論》，蔡元培，胡適，鄭振鐸等著：《中國新文學大系導論集》，嶽麓書社，2011 年版，第 181～182 頁。

即是說，幽默成分的凸顯本身，就是在文網制度下不得已而爲之的體現。茅盾曾說：「大題不許大做，就只好小做做了。而這『做』字就很難。太尖銳，當然通不過；太含渾，就未免無聊；太嚴肅，就要流於呆板；而太幽默呢，又恐怕讀者以爲當眞是一椿笑話。」〔註 37〕故而讀茅盾此期的雜文，我們就能感覺到他寫作的左右爲難，而同時更深刻地認知到國民黨文網制度的嚴苛。

在《太白》、《文學》、《申報月刊》等報刊上發表的雜文、散文中，茅盾依然體現出自己對國民黨文網制度的反抗。

比如在《讀〈文學季刊〉創刊號》中，茅盾說「可是在這一九三四年的混沌世界，眞不知道『反封建』這個草標兒會不會拖累作者」〔註 38〕，這樣的言辭，顯然是對圖書雜誌審查委員會善於構造「提倡階級鬥爭」、「詆毀本黨」之類的名目的一種諷刺。而在談及該號的內容時，他說：「論文十篇中間——不，除了被『檢查抽去』的一篇《戲劇的重要性及其動向》，實得九篇。」〔註 39〕這就在不動聲色中爲國民黨的文網制度「立此存照」。

在《所謂「雜誌年」》中談及「雜誌年」出現的原因時，茅盾指出了「特別國情」的存在，而在分析當時讀者爲啥喜歡「吃零食」時，他說的是：「另一部分的讀者卻有好胃口，需要大魚大肉，不幸我們的『特別國情』不許有新鮮的大魚大肉供給他們，……幾家新廚房偶然擺出點新鮮貨來，就會弄得不能做生意。」〔註 40〕這「特別國情」出現的原因，「當然是年初開始的國民黨反動派的禁書令和圖書雜誌審查法的推行。」〔註 41〕這「不能做生意」的「新廚房」，顯然正指向國民黨對進步刊物的壓迫。

在 1934 年所寫的《冬天》之末，茅盾說：

> 我知道「冬」畢竟是「冬」，摧殘了許多嫩芽，在地面上造成恐怖：我又知道「冬」只不過是「冬」，北風和霜雪雖然兇猛，終不能永遠的統治這大地。相反的，冬天的寒冷愈甚，就是冬的運命快要告終，「春」已在叩門。

〔註 37〕 茅盾：《〈茅盾散文集〉自序》，《茅盾全集》第 19 卷，第 453 頁。
〔註 38〕 茅盾：《讀〈文學季刊〉創刊號》，《茅盾全集》第 20 卷，第 9 頁。
〔註 39〕 茅盾：《讀〈文學季刊〉創刊號》，《茅盾全集》第 20 卷，第 6 頁。
〔註 40〕 《所謂「雜誌年」》，《茅盾全集》第 20 卷，第 134 頁。
〔註 41〕 茅盾：《一九三四年的「圍剿」和反「圍剿」——回憶錄（十七）》，《新文學史料》，1982 年第 4 期，第 18 頁。

「春」要來到的時候，一定先有「冬」。冷罷，更加冷罷，你這
嚇人的冬！〔註42〕

顯然，這「冬」與「春」既是當時自然季節的實寫，也是政治季節的象徵。

在茅盾此期的散文、雜文創作中，有兩篇文章值得提及。一篇是本就公開發表過的《談迷信之類》，卻在被收入《話匣子》準備出版時被刪去兩處〔註43〕，另外一篇《漢奸》則在一開始就因被扣壓而從未登載於報刊，後來因被收入《茅盾散文集》（天馬書店版）才得以正式面世。

另外，當茅盾所寫的文章不在國內發表時，他的措辭就直截了當得多。比如1934年3月他在《答國際文學社問》中就明白無誤地指出：「中國的統治階級目前正用了強暴的手段壓迫萌芽中的無產階級文學；甚至反封建帝國主義的自由主義立場的文學作品也被禁止。」〔註44〕在為將在國外出版的《草鞋腳》而寫的《〈草鞋腳〉部分作家作品簡介》中，他說：「最近他（指巴金，引者注）的《滅亡》和《萌芽》都被禁止發賣，因為這兩本書裏都諷刺國民黨。」介紹歐陽山的作品、《文藝月報》時，他也都提及文網的存在〔註45〕。而在為《草鞋腳》所寫的《中國左翼文藝定期刊編目》中，關於《萌芽》、《前哨》、《北斗》、《十字街頭》、《文學月報》、《文藝》、《文學雜誌》、《文藝月報》（月刊）、《科學新聞》等刊物的介紹文字，都直接言及白色恐怖、查禁等等。而在文末，茅盾特意添加了一個「附注」：

在上海出版的，還有一種周刊《文藝新聞》約在一九三一年下半年創刊，直至三二年秋方被禁停刊。這是刊物中命運最長的。……後來有許多同樣性質的小刊物在各地出現。上海一地就多至五、六種，都是不久即被禁止，此處不能評述了。〔註46〕

可以說，整篇文章就是一部左聯刊物被禁史，也是左聯在國民黨壓迫下不屈

〔註42〕《茅盾全集》第11卷，第209頁。
〔註43〕該文最初發表於《申報月刊》第2卷第11期（1933年11月15日）。其中，「譬如在『拒毒周』的宣傳綱領上就反覆申明必須以鴉片公賣來抵制私運，然後『寓禁於徵』，可望達到拒毒的真真目的云云。不但是有關『國是』的拒毒」被刪，「但此為另一問題。此問題的解答已經有『振興農村』的宣傳綱領貼在城隍廟以及一切廟的牆頭」也被刪。
〔註44〕《茅盾全集》第20卷，第44頁。該文最初發於1940年，見該文的注釋。
〔註45〕茅盾：《〈草鞋腳〉部分作家作品簡介》，《茅盾全集》第20卷，第86～88頁。
〔註46〕茅盾：《中國左翼文藝定期刊編目》，《茅盾全集》第20卷，第95頁。

抗爭的歷史。

在 1933～1935 年裏，茅盾的散文、雜文創作很多，後多收於《茅盾散文集》和《話匣子》中，「其實在《散文集》和《話匣子》裏大部分的東西，雖然我稱之爲隨筆，實非通常所謂隨筆而是評論體的雜感。」〔註 47〕這種雜感的大量誕生，與他切入當時社會現實並進行社會批評、文明批評密切相關。「試把他前期所作的小品，和最近所作的切實的記載一比，就可以曉得他如何的在利用他的所長而遺棄他的所短。中國若要社會進步，若要使文章和現實生活發生關係，則像茅盾那樣的散文作家，多一個好一個；否則清談誤國，辭章極盛，國勢未免要趨於衰頹。」〔註 48〕知茅盾甚深的郁達夫在 1935 年所言的這段話，指出了茅盾 1933～1935 年間的散文、雜文創作因直面現實而產生的積極意義。

三

在茅盾一生中，編輯家的身份非常重要。這不僅指他早年編輯《小說月報》、《民國日報》所做出的重要貢獻，不僅指他主編《文藝陣地》、《立報‧言林》、《筆談》所取得的編輯實績，而且也包括他 1933～1935 年間參與《文學》的籌備、主編人選確定、出版社選取、編輯策略等抉擇過程，從而影響甚至決定了《文學》之形貌的歷史功績。而從他與《文學》的關係中，我們可以發現他對國民黨文網的反抗態度以及反抗策略。

《文學》創刊於 1933 年 7 月 1 日，至 1937 年 11 月才停刊，是當時存在時間較長的商業期刊。茅盾曾說自己從一開始就與《文學》結下了不解之緣，尤其在前三年中〔註 49〕。事實上，這個刊物的主要撰稿人都是左翼作家，而茅盾正是其中的核心力量。

（一）從創刊因由、主編人選確定、出版社的選取來看

黃源在回憶《文學》的創刊緣由時說：「《自由談》到一九三三年五月時，魯迅的文章已受壓制，不能發表了；另一方面，《自由談》究竟是以文藝性短論爲主，而不是文藝性的刊物，左聯的理論家和作家的作品，在當時沒有陣

〔註 47〕茅盾：《〈速寫與隨筆〉前記》，《茅盾全集》第 20 卷，第 587 頁。
〔註 48〕蔡元培、胡適、鄭振鐸等著：《中國新文學大系導論集》，嶽麓書社，2011 年版，第 190 頁。郁達夫在《現代散文導論》中最後論及茅盾的散文。
〔註 49〕茅盾：《我走過的道路》（中），人民文學出版社，1984 年版，第 193 頁。

地可以發表。『就在這個時候，鄭振鐸從北京來上海，他創議恢復《小說月報》，改名爲《文學》。』他的創議得到茅盾、胡愈之的支持，魯迅和左聯的贊助，因而創辦起來。」〔註 50〕而在茅盾的回憶中，創辦《文學》的動議出現於鄭振鐸探訪茅盾的一九三三年三月下旬的某一天。在交流過程中，茅盾說「刊物要辦就辦個大型的，可以改個名稱，不叫《小說月報》，篇幅可以比《小說月報》增加一倍。內容以創作爲主，提倡現實主義，也重視評論和翻譯。觀點是左傾的，但作者隊伍可以廣泛，容納各方面的人。對外還要有一層保護色。」〔註 51〕正是在這樣的條件下，他們最終選中了生活書店作爲出版社，「當時的生活書店很有特色，……它沒有老牌書店的那些陋規和弊端，是個新興的朝氣勃勃的目光四射的書店。它又不同於那些隨時面臨著被國民黨查封危險的『紅色』小書店，而有個可靠的背景——黃炎培的中華職業教育社。」而且還因爲總經理鄒韜奮「很有才幹，很有見識，很有魄力，『九一八』以後在政治上日益左傾，活動的能量也大。他對於我們辦這雜誌的目的、方針、內容和政治傾向是清楚的，也是同情和支持的，但表面上採取和我們訂合同的形式，聲稱不干涉我們的編輯事務」〔註 52〕。至於主編，當鄭振鐸認爲茅盾最合適時，他考慮到自己被戴上紅帽子，容易被蔣介石手下盯著而堅決拒絕，經過商量，最終將主編定爲政治上屬於中間派，且其親哥哥是江蘇省教育廳長，有賭博的壞毛病的傅東華〔註 53〕。

我們知道，《文學》第一卷的編輯者署名「文學社」，第二卷署名傅東華、鄭振鐸，協助其編輯的是黃源。「《文學》是傅東華編的權威性刊物，茅盾和這個刊物關係密切，他曾用各種筆名爲它寫書評；別人寫的書評，他也都過目。」事實上，《文學》的實際籌備過程中，因鄭振鐸返回北平教書、傅東華忙於編中學國文教科書，所以審定創作稿件和寫「社談」欄的文章這兩大任務，都落在了茅盾肩上。茅盾的深入介入，保證了該雜誌內容的高品格，而茅盾隱身幕後的策略，使得刊物有了一層「保護色」，最大限度地保證了刊物不被國民黨檢查員「重視」，從而更長久地生存下去。黃源就曾論及自己與傅

〔註 50〕黃源：《左聯與〈文學〉》，《新文學史料》，1980 年第 1 期，第 60 頁。

〔註 51〕茅盾：《多事而活躍的歲月——〈回憶錄〉（十六）》，《新文學史料》，第 14 頁。

〔註 52〕茅盾：《我走過的道路》（中），人民文學出版社，1984 年版，第 194 頁。

〔註 53〕參見茅盾：《多事而活躍的歲月——〈回憶錄〉（十六）》，《新文學史料》，第 14～15 頁。

東華之於《文學》持續辦下去之間的關係：「……國民黨知道，傅東華和我，都既不是共產黨員，也不是左聯成員，對付《文學》不能像對付左聯機關刊物《北斗》和《文學月報》那樣採取封閉及禁止發行的手段。因而《文學》能辦下去，而且左翼作家們和五四以來的一些老作家、名作家，也就能在同一個刊物上並肩戰鬥，這不僅使讀者的範圍擴大了，革命的影響也擴大了。使國民黨反動派在文化戰線上的『圍剿』終於一敗塗地。」〔註54〕

（二）從刊物的編輯策略來看

《文學》第一卷第一期即以其「雜」或曰內容充實而獲得了良好的銷售量。到了 1933 年 12 月上旬的一天，傅東華告知茅盾生活書店所出的《生活》週刊和《文學》月刊都將被禁的消息，隨後他們被正式告知，《文學》從第二卷開始，每期稿子都要經過審查委員會檢查通過後才能排印。結果，「《文學》第二卷第一期的新年號的稿子隔年（即一九三三年）送印刷所後，被坐鎮在那裡的檢查官抽去了巴金的長篇小說《雪》，又抽去了歐陽山的《要我們歇歇也好》和夏徵農的《恐慌》。新年試筆一欄的徵文中有一篇巴金寫的，審查官勒令改爲『比金』。徵文特輯《文壇何處去》全部被抽；其中有鄭伯奇、張天翼等八人的文章。《文學》新年號中保留下來的只有老舍的《鐵牛和病鴨》、洪深的電影劇本《劫後桃花》，還有我用惕若的筆名寫的評論《清華週刊的文學創作專號》。這大概是因爲一：審查官一時尙不知惕若是誰，二、審查官大概以爲書報述評而脫又是貴族式的清華園出的週刊，是不會有什麼問題的，因而並未把這篇書報述評讀一遍，就輕輕放過關了。其實這述評中還是帶點刺的。」〔註55〕檢察官的抽與刪，使得茅盾等臨時換稿，導致二卷一號的出版延後半個多月。爲此，茅盾在該號上特意登了一則啓事，除申明《文學》無政治傾向外，特意說明「近以特種原因，致出版延期」，這無異於將國民黨文網制度對刊物的戕害「明示」給了當時的讀者。

二卷一期遭遇的砍削，以及隨後第二期第一批送審稿十篇又被抽去一半的結果〔註56〕，迫使茅盾改變編輯策略。「從第三期起連出四期專號（第二期

〔註54〕 黃源：《左聯與〈文學〉》，《新文學史料》，1980 年第 1 期，第 62 頁。

〔註55〕 茅盾：《一九三四年的「圍剿」和反「圍剿」——〈回憶錄〉（十七）》，《新文學史料》，1982 年第 4 期，第 2 頁。

〔註56〕 「《文學》第二期的第一批送審稿十篇，又被抽去一半。我們只好把存稿中之毫無『違礙』字句者去頂替，或換一新筆名。我的短篇小說《賽會》就是用了『吉卜西』這新筆名而得通過。」見茅盾：《一九三四年的文化「圍剿」和

的稿子已送審），一期爲翻譯專號，一期爲創作專號，一期爲弱小民族專號，一期爲中國文學研究專號。這四期專號中，估計有三期國民黨檢查官是撈不到什麼油水的！至於創作專號，可以在選稿時預先避開有明顯『違礙』內容者。我們又研究各專號是否要專人負責？研究結果，認爲鄭振鐸遠在北平，與他人聯繫不便，可以把『中國文學研究專號』交振鐸負責編，由他在北平組稿；其它三期專號還是由傅東華和我共同負責。」〔註57〕通過這樣的特殊處理，「擋住了檢查老爺的亂抽亂砍，爲《文學》的繼續前進闖開一條路，也給國民黨反動小報造的各種謠言，什麼《文學》要轉向，《文學》要停刊等等，以迎頭痛擊。到了七月份出版的《文學》第三卷，我們已經基本上摸清了敵人的底細，紮穩了陣腳。我們知道文章應該怎樣寫，雜誌應該怎樣編，就能瞞過檢查員的眼睛，達到預期的目的。從第三卷開始，雖然每期還有被抽被刪的文章，但已難不倒我們了，《文學》又開始進擊。」〔註58〕

與出專號的策略相呼應的，是作者們更頻繁地運用筆名來寫作或翻譯。比如在二卷五期這個「弱小民族文學專號」中，僅有的兩篇創作文章，均署的是胡愈之和茅盾的化名，而茅盾一個人發表的 6 篇譯文，筆名就有芬君、牟尼、丙申、連瑣、餘聲等多個。其實，使用其他筆名來發出自己的聲音，是茅盾此期的慣用策略。他常常是一年換一批，比如《文學》第三卷上，他就用了風、蘭、蕙、江、丙、明等新筆名。在書報評論方面，用筆名發表的也很多。「從一卷到五卷，茅盾用東方未明、惕若、味茗、丙申、陶然、陽秋、馮夷、山石、子蓀、何籟等筆名發表的書報評論，有三十四篇之多。」〔註59〕

《文學》注重編輯策略的第三個實例，體現在其對蘇聯文學的漸進式介紹上。「介紹蘇聯文學本在《文學》的編輯方針之內，只是爲了探探官方的態度，開始僅在創刊號上登了曹靖華的《綏拉菲莫維支訪問記》，以及在『補白』上作些介紹。」出了兩期並且「未見強烈反應」，茅盾就將周起應（周揚）的論文《十五年來的蘇聯文學》作爲第三期第一篇文章隆重推出，「還登

反「圍剿」──〈回憶錄〉（十七）》，第 3 頁。

〔註57〕茅盾：《一九三四年的文化「圍剿」和反「圍剿」──〈回憶錄〉（十七）》，第 3 頁。

〔註58〕茅盾：《一九三四年的文化「圍剿」和反「圍剿」──〈回憶錄〉（十七）》，第 17 頁。

〔註59〕黃源：《左聯與〈文學〉》，《新文學史料》，1980 年第 1 期，第 63 頁。

了幾幅莫斯科演出芭蕾舞劇《紅櫻粟花》的劇照以爲配合。《紅櫻粟花》是蘇聯用中國革命的題材編排的第一個芭蕾舞劇，是蘇聯舞劇中的保留節目。」顯然，這意在借異域關注中國革命的藝術成果而讓人們思考中國革命的有關問題。不僅如此，「從《文學》第四期起，我們連載了耿濟之翻譯的高爾基的劇本《蒲雷曹夫》，又請曹靖華翻譯了阿‧托爾斯泰的《十月革命給我了一切》（第四期），狄莫寫了《關於蘇聯文壇組織的消息》（第五期）和介紹肖洛霍夫《被開墾的處女地》的文章《響谷村中的人物》（第六期），以及由吳春遲譯的盧那卡爾斯基的《社會主義的寫實主義底風格問題》（第六期）」〔註 60〕。其實，所有這些都是茅盾爲國人精心安排的一面面鏡子，是在以「外」鑒「今」。

（三）從編輯內容方面來看

作爲「左翼作家、進步作家馳騁的陣地」〔註61〕，《文學》等雖被茅盾等一再對外宣稱無關政治，而且其運作模式也是純商業化的，但其骨子裏的左傾會在不經意間顯示出來。其中很重要的一個方面，就是茅盾對國民黨文化政策含蓄的對抗式言說，以及這種言說與編輯傅東華、撰稿人巴金等的言說形成的輿論合力。

第一卷第一號的作者陣容非常強大，故而該號上既有純文學理論的文章，有評介古書古人的文章，也有小說、詩歌等文學作品，還有「五四文學運動的歷史的意義」專欄、蒙田專欄等。但就在這些文字中，有茅盾在「社談」欄發表的《槍刺上的文化》，也有傅東華複印的普羅米修斯盜火給人類的油畫，以及傅東華以伍實之名寫的介紹等悄悄滲透進去的「雜音」。茅盾在文章中，「不指名地批判了國民黨的摧殘新文學。也說到當時的法西斯德國，說東西方現在的結合點是在發掘那些早在百年前就埋葬在地下的東西，如宗教的權威，神學之類，加以頂禮膜拜；而對於一切附有生命的文化，正在萌芽生長的東西，卻非燒盡不可。陳死的文化所以被看重，因爲既已陳死，不會礙手礙腳，而且還可以作煙幕彈，但是創造的文化卻是有生命，有力量的，所以成爲一切現存勢力的眼中釘。」〔註 62〕顯然，茅盾將國民黨當時復興的傳統文化包括文言指認爲「陳死的文化」、「埋葬在地下的

〔註60〕茅盾：《多事而活躍的歲月──〈回憶錄〉（十六）》，第 20 頁。
〔註61〕茅盾：《多事而活躍的歲月──〈回憶錄〉（十六）》，第 13 頁。
〔註62〕茅盾：《多事而活躍的歲月──〈回憶錄〉（十六）》，第 18 頁。

東西」；國民黨發掘它們，意在「作煙幕彈」；新興的創造的文化，被「現存勢力」即國民黨及其黨徒們所扼殺。而傅東華在介紹中說，「凡想造福人類的就是反抗神權，凡是反抗神權的必遭迫害；但是遭迫害而能始終不妥協，神權必有一天被推倒」。顯然，此處的「神權」與茅盾所言的「宗教、神學」存在呼應關係，而其「反抗神權的必遭迫害」，就是對時人在當時國民黨治下的遭遇的一種解釋。不僅如此，這一期上還刊發了魯迅極具戰鬥品格的《又論「第三種人」》。所有這些，其實都標誌著《文學》一面世就具有的反抗特質〔註63〕。

第一卷第三號至第五號的《文學》連載了茅盾的小說《牯嶺之秋》。在第五號之末，茅盾寫了一則「附白」：「這篇小說原共九章，陸續寫起來，趕應市場。不料第五章至第八章寫成後，過了一夜，不知怎地，忽然不見了，要是我肯找，或許找得到的，然而我不曾找。重寫罷？不高興了。況且本刊第一卷即屆結束，也未必趕得及罷。因想：『史』尚有『闕文』，何況我這小說？就馬馬虎虎將預定的第九章提上來改為第五，並且算是最末一章，給登出去，了此一重公案。」而其真實原因卻是：「我寫完第四章就遇到了困難：第五章以後應該寫這幾個知識分子上了枯嶺，有的趕往南昌參加了『八一』起義，有的則滯留在枯嶺，有的回了上海；在內容上必然要涉及不少當時禁違的東西。這使我很難下筆，因為在十一月間我已風聞國民黨要對左翼文藝書刊大肆撻伐，而《文學》則有被禁的危險。不寫這些內容或者用暗示和側筆罷，又覺得沒有多大意思了。經過反覆考慮，我決定豁捨小說的主要部分，匆匆來一個結束。為了對讀者有個交待，就寫了上面這一段『附白』」。〔註64〕可見，這小說成為「半肢癱」，正是因為受到了檢查制度的惘惘的威脅。而當時虛與委蛇的言說，乃是茅盾不得已而言之，是一種保護《文學》的策略。

我們知道，茅盾在《文學》上寫作了很多書評。「在《文學》第三卷，我主要是寫書刊評論。因為傅東華接手第二卷時有言在先，書評還要我來寫；所以第二卷我一共寫了十篇書刊評論，占該卷『書報述評』欄文章的三分之二強。第三卷，我寫得更多了，計書評十三篇，作家論三篇，各占三分之二和三分之一強。……除了書評、作家論，我還在『文學論壇』欄寫了大量評

〔註63〕茅盾：《多事而活躍的歲月——〈回憶錄〉（十六）》，第18頁。

〔註64〕茅盾：《多事而活躍的歲月——〈回憶錄〉（十六）》，第21頁。

論文章，共十八篇。」〔註65〕表面上看，這些書評文章與茅盾反抗國民黨文網制度無關，但當我們細看他評價的作家作品時就會發現，進入他視野而得到正面評價的，都是左聯作家或進步作家及其作品，進入他視野而他發表的批評意見，與當時左翼文壇中魯迅等人的觀點正相呼應。「……從一卷到五卷，茅盾用東方未明、惕若、味茗、丙申、陶然、陽秋、馮夷、山石、子蓀、何籟等筆名發表的書報評論，有三十四篇之多。」……「反動派是要剿滅這支文藝革命隊伍，茅盾則用書評的方式，把左聯的年青作者向全國讀者推薦。」〔註66〕可見，通過寫作書評的方式扶持青年左翼作家，擴大左翼文學影響，從而積蓄更深厚的反抗國民黨的力量，正是茅盾利用《文學》這一陣地而採取的獨特反抗方式。

通過茅盾，有好些意在表達反抗國民黨的文章得以問世，比如傅東華的《主義與外力》、鄭振鐸（郭源新）的《桂公塘》、巴金（王文慧）的《羅伯斯比爾的秘密》、洪深的獨幕劇《狗眼》。《主義與外力》這篇含蓄隱晦之文中說，「由於自封的主義之命定地得不到響應者而感到惘然，於是乎愈加性急而想借用外力——文藝本身以外之力——來撐支自己的事也是有的……所該注重的是力的掌握者的集團徒為著要對他們自己報銷而無視歷史的昭示而妄想利用掌握中的力來鞭成一種不自然的主義那件事。這種企圖之為徒然而可憐憫，原與在個人作者的場合沒有分別，但它是有消極的效果的，那就是造成文壇的一時荒歉。然而時代的力畢竟比任何種類的力都大些；它所造成的潮流縱被暫時堵遏，終究要沖決出來，而它所要破壞的堤防，也決非任何種類的力可以挽救。」這其中的「『主義』即指國民黨宣傳的民族主義文學，『外力』則指國民黨的法西斯查禁行動。」故而，傅東華該文無疑是對《中國論壇》第三卷一期（1933 年 11 月 7 日出版）上的消息《蔣介石重令禁止普羅文學》的抗議書，「是『文學社』對一九三三年底山雨欲來的國民黨大規模文化壓迫的告誡。」〔註67〕而《桂公塘》、《羅伯斯比爾的秘密》正是鄭振鐸、巴金二人借古喻今或借洋喻今的歷史小說，都隱含著對國民黨的批判。「這，似乎是一幅對比的圖畫，而顯示出某一時代，某一國底某兩種現象。」〔註68〕

〔註65〕茅盾：《一九三四年的文化「圍剿」和反「圍剿」——〈回憶錄〉（十七）》，第 17 頁。

〔註66〕黃源：《左聯與〈文學〉》，《新文學史料》，1980 年第 1 期，第 63 頁。

〔註67〕茅盾：《多事而活躍的歲月》，第 23 頁。

〔註68〕該文是文章發表後蘇蜚來信中所言，見茅盾：《一九三四年的文化「圍剿」和

洪深的獨幕劇《狗眼》，也有「對走狗們的冷嘲熱罵，但那些走狗們（審查老爺們）對之無可奈何。」〔註69〕

四

「如果把我的六十年編輯生涯分成解放前後兩個部分的話，那麼，解放前又可分『良友時期』和『晨光時期』兩個階段。前者主要得益於左聯作家魯迅、茅盾、鄭伯奇、阿英等。」〔註70〕在趙家璧多年後羅列的這份感謝名單中，茅盾是僅次於魯迅的存在，其位置不可謂不顯眼。不僅如此，趙家璧還專門寫有《編輯生涯憶茅盾》一文，談到大系時說出了這樣的話：「今日捫心自問，《大系》如期圓滿完成，首先應歸功於茅盾先生，所以我對朋友們真誠地說，這套《大系》的真正主編者，應當寫上茅盾的大名，而我僅僅擔任了微不足道的跑腿搜集並供應各卷所需資料，通信催稿，編排發印，通讀清樣等編務雜活而已。」〔註71〕這樣的評價不可謂不高。從其回憶中我們知道，「當《大系》在編輯期間，茅盾寫給我的書簡，大約有四五十封之多。」〔註72〕這樣的交流不可謂不頻繁。那麼，從國民黨的文網制度出發來考察，茅盾到底為大系的定型做出了哪些貢獻呢？

（一）支持大系工作，並確定大系選題

1934年10月1日，茅盾發表了《〈中國新文學運動史〉》，對王哲甫這本書進行了詳細批評。其中，他對王哲甫將新文學運動以五卅為界分為兩個時段不以為然，認為以1927年作為第一個時段的下限要妥當些；此外，他說：「我們現在只希望有一部搜羅得很完備，編排得很有系統的記載『史料』的書；這書可以是『編年體』，按年月先後著錄重要的『理論文∥章』及『作品』，記載文學集團的成立，解散，以及雜誌的發刊等等，『理論』文可以摘錄要點，或抄錄全文，『作品』可以來一個『提要』。如果不用『編年體』，也可以用『紀事本末體』，把十五年來文壇上討論過的重要問題詳細記敘它的發

反「圍剿」——〈回憶錄〉（十七）》，第5頁。

〔註69〕茅盾：《一九三四年的文化「圍剿」和反「圍剿」——〈回憶錄〉（十七）》，第6頁。

〔註70〕趙家璧：《老舍和我》，《文壇故舊錄》，中華書局，2008年版，第125頁。

〔註71〕趙家璧：《編輯生涯憶茅盾》，《文壇故舊錄》，中華書局，2008年版，第39頁。

〔註72〕趙家璧：《從茅盾給我最後一信想起的》，《文壇故舊錄》，中華書局，2008年版，第51頁。

端，論爭，以及結束。另外再加兩個『附錄』，一是重要『作品』的各方面的批評及影響，二是文學社團的小史。」他希望能有這樣的書出來，這樣「對於研究現代文學史的人固然得用，對於一般想要明瞭過去到現在的文壇情形的青年也很有益。」〔註 73〕有意思的是，1934 年三四月至七八月間，趙家璧已經有了編輯大系的基本輪廓，「但如何分卷，請哪些人來擔任編選，全未著落。」〔註 74〕在此期間，因出版茅盾的《話匣子》而與茅盾有過交道的趙家璧，在 1934 年秋天把大系的編輯計劃送請他審閱，懇求他擔任小說集的編選者，並請他爲那些棘手問題做出決定。由於二者編輯大系的願望不謀而合，所以，「他非常高興地接受了。他不但答覆了我提出的問題，還爲小說集、散文集如何分工，找哪幾位編選者最適合，給了我明確的知識。他自己也愉快地接受了擔任關於文學研究會成員的小說集的編選工作。」〔註 75〕「他除了自己擔任《小說一集》（文學研究會卷）編選者以外，對整個大系的選題、起訖年限和約請最適當的編選人等許多方面，當時給我這個剛跨入編輯生涯的文學青年以熱誠的指點和無私的支持。」〔註 76〕不僅如此，茅盾於 1934 年 12 月 1 日還發表了《關於「史料」和「選輯」》一文，其中說他想上一個條陳說「來一部新文學運動『史料』的選集！」而且具體言及了體式、內容的選取標準、內容擇取、寫作小史以及如何編等等方面的設想〔註 77〕，從這些具體設想中，恰好可以發現後來大系的雛形。

我們從這些文字中，當然可以看出茅盾對大系的史料價值的提倡，但事實上，茅盾之所以在當時那麼重視對新文學運動的史料進〔註 78〕行搜集，其背景正是當時的文壇所面對的嚴峻形勢，即國民黨的文化圍剿之下復古之風盛行、新文化陣營中分化者反戈一擊，對新文化運動傳統進行歪曲式理解的現狀。

〔註 73〕 茅盾：《〈中國新文學運動史〉》，《茅盾文集》第 20 卷，第 247～248 頁。

〔註 74〕 趙家璧：《話說〈中國新文學大系〉》，《編輯憶舊》，中華書局，2008 年版，第 108 頁。

〔註 75〕 趙家璧：《話說〈中國新文學大系〉》，《編輯憶舊》，中華書局，2008 年版，第 113 頁。

〔註 76〕 趙家璧：《從茅盾給我最後一信想起的》，《文壇故舊錄》，中華書局，2008 年版，第 50 頁。

〔註 77〕 參見茅盾：《關於「史料」和「選輯」》，《茅盾文集》第 20 卷，第 306～307 頁。

〔註 78〕 參見拙文：《國民黨的文化統制政策與中國新文學大系（1917～1927）的誕生》，《學術月刊》，2014 年第 8 期。

（二）支持趙家璧，確定散文一集的編選者

散文集分為兩部，對郁達夫來擔任其中之一的編選任務，鄭伯奇等都無意見，但對趙家璧擬請周作人擔任另一集的編選者一事，有人贊成也有人反對。當趙家璧問茅盾的意見時，他那「《大系》既請了胡適擔任《建設理論集》，散文集請周作人編選一集也無不可。他說，這也是歷史唯物主義態度嘛！」基於「平衡」的考慮，趙家璧才會將散文集的另一位編選者，初步擬定為周作人。現在的態勢中，茅盾再次支持了趙家璧的選擇：「《大系》既請了胡適擔任《建設理論集》，散文集請周作人編選一集也無不可。……這也是歷史唯物主義的態度嘛！」〔註 79〕這種「歷史唯物主義」態度，指出了周作人入選編選陣營的歷史貢獻因素，但在客觀上，這和胡適的入選一樣，淡化了組稿隊伍的左傾色彩，增加了通過國民黨圖書雜誌審查委員會審查的幾率。可以說，正是在茅盾等人的建議之下，大系的戲班子才組建得比較合理。「倘使拿戲班子來作比喻，我們不妨說《大系》的『角色』是配搭得勻稱的。」〔註 80〕今日的我們在承認這個論斷的合理性時，必得承認茅盾所起的重要作用。

（三）保護大系，妥善寫作《小說一集》導言

與選材比起來，更容易受到刪削的，是編選者們的序言。「今年設立的書報檢查處，很有些『文學家』在那裡面做官，他們雖然不會做文章，卻會禁文章，真禁得什麼話也不能說。」〔註 81〕這是魯迅由實際鬥爭經驗得出的結論。事實上，所有編選者在寫導言時，都或多或少注意到了圖書雜誌審查委員會官員們的存在。阿英、鄭振鐸、茅盾等的導言中就一再出現「大系的編輯體例」字樣，從他們當時所處的思想——文化語境出發，我們當能看出這種自我約束的努力〔註 82〕。比如，魯迅在寫給趙家璧的信中就說：「序文總算

〔註 79〕趙家璧：《話說〈中國新文學大系〉》，《編輯憶舊》，生活·讀書·新知三聯書店，1984 年版，第 182 頁。

〔註 80〕姚琪（茅盾）：《最近兩大工程》，《文學》第 5 卷第 1 號，1935 年 7 月。

〔註 81〕魯迅致劉煒明信，王世家、止菴編：《魯迅著譯編年全集》第 17 卷，人民出版社，2009 年版，第 317 頁。

〔註 82〕例如，阿英《序例》中說：「依照《中國新文學大系》的整個編輯計劃，和《史料·索引》冊所能容納的字數的關係，在這裡，我只能很簡略的說一點關於本冊編製經過的話。」茅盾則說：「寫這一篇『導言』的目的，只想說明新文學第一個『十年』裏創作小說發展的概況，以及這一時期文學上幾個主要的傾向」。

弄好了……但『江山好改，本性難移』，無論怎麼小心，總不免發一點『不妥』的議論。如果有什麼麻煩，請先生隨宜改定，不必和我商量了。」〔註83〕這「無論怎麼小心」，正透露了魯迅在寫作序言的過程中的自我警醒。所以，自己把「骨頭」抽去，正是必然的選擇。

　　和其他人一樣，茅盾也要保護大系，使得其正常出版。他的方式，是中規中矩地寫出了《小說一集》的序言，而將「小說一集《導言》中不便講的話」，〔註84〕寫在了另外一篇散文——《十年前的教訓》中。

　　在該文中，他從劉半農的《初期白話詩稿》講起，核心卻在於說些「小說一集《導言》中不便講的話，即對比一下新文學運動的前十年和後十年」〔註85〕。這「前十年」，是 1917～1926 年，而「後十年」，正是從國民黨建立政權的 1927 年直至 1936 年。他說——

　　　　……雖則是「時移世變，情形和當初大不相同」，然而今日和昔日仍舊有相同者在：半農先生早故世了幾個月，不曾看見林琴南的「鬼魂」又在白日出現，而且亦未必無「荊生」！

此處言及林琴南與荊生，是因爲劉半農在其《〈初期白話詩稿〉序》中說：

　　　　……黃侃先生還只空口鬧鬧而已，衛道的林紓先生卻要於作文反對之外借助於實力——就是他的「荊生將軍」，而我們稱爲小徐的徐樹錚。這樣，文字之獄的黑影，就漸漸的向我們頭上壓迫而來……

如果說劉半農重在點出當年林紓寫影射之文《荊生》造就了當年的文字獄，那麼，茅盾就是典型的借力打力，其不太含蓄的言詞中表明的，就是他寫此文的當日與「五四」時期一樣存在文字獄。茅盾的這種思路，與阿英受劉半農《初期白話詩稿》的觸發而寫就《文字之獄的黑影》〔註86〕，正是異曲同工。

　　茅盾接著寫的是——

　　　　不過這都是題外的話了。題內的話：回翻十年前的東西，有幾

〔註83〕魯迅致趙家璧信，王世家、止菴編：《魯迅著譯編年全集》第 18 卷，人民出版社 2009 年版，第 116 頁。

〔註84〕茅盾：《我走過的道路》（中），人民文學出版社，1984 年版，第 283 頁。

〔註85〕茅盾：《我走過的道路》（中），人民文學出版社，1984 年版，第 283 頁。

〔註86〕該文曾被收入 1933 年南強版的《中國新文壇秘錄》，後收入《中國新文學大系史料·索引》時，改題爲《新文學初期的禁書》。

點是頗足為今日的教訓。大約是民十一十二的時候吧，國內文壇上曾有最冠冕堂皇的呼聲：大家自由創作，才可有偉大的作品產生。這是新文學史上要求「文藝自由」的第一次呼聲。第二次是近在前年的事。然而因為時間到底隔了十年，社會環境亦不大相同，所以這兩次的要求本質上並不相同。其二，十年前常有論爭（良友因此特有一本「文學論爭集」），可是在現在看來，當初的論爭除了最初期的文白兩派之爭而外，餘皆為同一方面然而依不同的社會階層所發的反映。這又是跟近來的現象有本質上的不相同。其三，從民六扣算到明年年底，是二十年了，這二十年內，第一個「五年」是比較的寂寞，第二個「五年」卻熱鬧得很，第三個「五年」更熱鬧了，第四個五年尚未完，但熱鬧是不會比前期差多少，卻也已有事實證明。這一現象，從文壇本身上是找不到確當的解答的。如果聯繫到社會現象去考察，可以有相當的結論。

這裡的真實意思很明瞭，那就是，較之十年前，我們更沒有文藝自由；文壇的論爭，不再是同一方面然而依不同的社會階層所發的反映，而是不同階層、政黨之間的鬥爭；現在文壇的「熱鬧」（這個詞在此處應是貶義的），只能從國民黨治下的社會現象去考察，聯繫到文壇，就是其文化統制政策，尤其是圖書雜誌審查委員會對文壇的胡砍亂劈。

所以茅盾說——

這一些，都是可以從十年的總賬中找到的昔日對於今日之教訓。而從這一點，也就得到一個結論：《新文學大系》的使命應該不是「輯逸式」的，不是「修史式」的，而是清算，是批評。然而這個使命也真不容易擔任，尤其在現今。〔註87〕

對通過總結既往的舊賬而批評甚至批判現在、而對現在國民黨的文化統制政策進行清算，正是茅盾對大系寄寓的厚望。這與其將《中國新文學大系》的編輯納入 1934 年的反文化圍剿鬥爭之內來敘述〔註88〕，正相吻合。

經過上述梳理，我們或許可以得出這以下結論：和時人一樣，茅盾對 1933～1935 年國民黨治下的文網制度有著強烈體認；從文網與茅盾此期的文學創

〔註87〕 茅盾：《十年前的教訓》，《文學》第 4 卷第 4 號，1935 年 4 月。
〔註88〕 見茅盾：《一九三四年的文化「圍剿」和反「圍剿」》，《新文學史料》，1982 年第 4 期。

作活動之關係來看，第一、茅盾小說的結集、出版與發行，均遭遇到圖書雜誌審查委員會的刪削，第二、茅盾此期雜文、隨筆寫作的日漸含蓄晦澀，與此期上海全面施行圖書雜誌審查制度密切相關；從文網與茅盾此期介入《文學》的編輯活動之關係來看，在創刊緣由、主編人選確定、出版社的選取，編輯策略以及內容的編輯等方面，茅盾均發揮了重要作用，而又體現出其受文網制約的總特徵；從文網與茅盾此期介入《中國新文學大系》（1917～1927）的編選與出版來看，茅盾通過確定大系選題、確定散文二集的編選者、大系起訖時間，以及撰寫《小說一集》導言等方面，爲大系形成合適的體例、最佳的編選陣營，以及逃過圖書雜誌審查委員會的檢查而順利面世，做出了重要貢獻。可見，茅盾 1933～1935 年間文學活動的特質，固然與其既有的思想、思維與文學表達方式密切相關，也與他生存的具體文學、文化尤其是政治語境密切相關。考量這些來自「文學的周邊」的因素，對深入研究茅盾此期的文學活動而言，因而具有其合理性與建構性意義。

被「消費」的「革命」
——淺論蔣光慈「革命＋戀愛」小說

趙靜（北京師範大學）

　　「革命＋戀愛」是一個老生常談的話題，早在 1935 年茅盾就總結出「革命＋戀愛」與「革命與戀愛」等四種模式，幾乎囊括了所有的革命與戀愛之間的相互關係，也窺視了這類小說創作所存在的公式化、概念化的弊端。甚至如今依然有人在爭論革命與戀愛這一話題到底是否可取。可以說，歷年來關於革命和戀愛的話題此消彼長，爭論不休，革命與戀愛這對「難兄難弟」至今依然是文學寫作長久不衰的創作母題。在研究的過程中也許我們過分執念於戀愛如何交織革命亦或者是革命如何喚醒戀愛，而忽略了他們各自本身的固有內涵。從古到今，我們一直都在致力於追逐與揣摩愛情這一人類最基本的生存話題，但卻忽略了一個最爲重要的追問——革命的含義。

　　國民大革命時期，在上海文壇上湧現了一批「革命＋戀愛」式小說，並且在圖書市場大受歡迎。在這些小說中不僅解決了很多愛情問題，作家也將自己的筆觸伸展到革命的歷史現場。「革命」和「戀愛」一度在當時成爲報刊雜誌和文學創作乃至日常生活間最爲摩登的話題。蔣光慈作爲「革命＋戀愛」小說的開山鼻祖，其作品在當時一版再版，銷售甚好，甚至盜版都賣到脫銷，在海外市場也有極佳的收益。在蔣光慈的這些作品中幾乎無一例外地不談到革命，無一例外地不將戀愛和革命聯繫在一起。但出現在蔣光慈文本中的「革命」意義是什麼？如果是革命，那麼又是代表誰的革命？政治團體的革命？讀者需求的革命？亦或者是作家理解的「革命」？

　　事實上，戀愛和革命必然會發生關係。一方面，戀愛一直以來都是各個時代文學的必談話題，可以說「鐵打的戀愛，流水的時代」。而在國民革命時

期革命作爲時代的大背景以及革命青年的信念追求與職業選擇必然會與他們的七情六欲產生剪不斷理還亂的糾葛；另一方面，從革命與戀愛的情緒上，「浪漫之愛」很容易也很頻繁地轉而服務、作用於革命。故而革命與戀愛之間的諸多可能並不是最主要的問題。「問題」主要出在「革命」本身。魯迅曾經在 1926 年 3 月孫中山先生逝世一週年的演講中談到：「即使主題不談革命，而有從革命所發生的新事物藏在裏面的意識一貫著者是，否則，即使以革命爲主題，也不是革命藝術」。他明確意識到文學中使用的「革命」本身就存在疑問，談不談革命、談多少革命信仰不重要，我們所要求的不是「革命」一詞的出現頻率，也不是言必談革命，懸浮在內容表面的革命是無法切中革命藝術的本質。所以與其說革命和戀愛的形式引發了套作、公式化的流弊，倒不如說文本中的「革命」一環本身就存在可商榷的地方；（雖然我們不能否認跟風之作帶來的嵌套創作，但針對創立這一小說形式的蔣光慈而言則主要並非戀愛與革命之間的問題）與其不斷翻新革命與戀愛到底如何相互作用，倒不如從源頭抓起，回到革命的歷史現場，去重新審視這類小說中的「革命」。按照我們既定思維，傳統上將文本中的革命與現實中的革命兩相對比，看是否寫實，是現實主義評判的一貫手法，但到底沒說清楚類似蔣光慈這些左翼作家運用的「革命概念」的意義，以及他們爲何會選擇這樣一種話語體系來言說革命，而訴說的革命又被多少現實因素所左右？遮蔽了能夠繼續探討的許多話題。其實在蔣光慈的小說中革命的元素已經不單單是一個社會意義或者文學理念，他更多地成爲了一種「文化符號」。在作家的眼中革命作爲一種符號的價值已經遠遠超過了現實中的實用價值。是一個無帶感情色彩的中立概念，蔣光慈的小說中的「革命」實質上是一場「被消費的革命」。

一、革命材料的使用

在中國 20 世紀 20～30 年代的圖書市場，大部分暢銷書中都有一個共同的元素——革命。蔣光慈曾不止一次感謝過這個偉大的革命的時代「給予他許多可歌可泣的材料」〔註1〕，革命是他創作的源頭活水，給予了他寫作無窮無盡的動力。在蔣光慈時間不長的創作時間譜系中，他幾乎極盡革命之能事，無時無刻地使用著「革命」元素。

〔註1〕 蔣光慈：《蔣光慈文集》，上海文藝出版社，1982 年 11 月第 1 版，第 213 頁。

　　在蔣光慈眾多的革命小說中，「革命」元素著墨最多，革命場景展現最為豐富的莫過於小說《短褲黨》，該篇主要聚焦於上海工人武裝大罷工。歷史上1925～1927 年的上海，趙世炎作為上海地區武裝大罷工的主要指導人之一，從參與工作指導之初就提出上海工人組織力不嚴密，不適合戰鬥的問題，並提倡在「組織工作上下功夫」，「吸收所有的革命分子」。他認為宣傳組織工作應當深入群眾，並選用啟發的方式，使他們「有自發的政治覺悟」〔註2〕。在武裝戰鬥方面，趙世炎、汪壽華等一眾領導人認為此次武裝鬥爭最為主要的目的在於爭得更多的經濟權利，增加薪酬，減少勞動時間。而此次革命的主力軍──工人群眾的力量還相對薄弱，不適宜單獨開展武裝鬥爭，為了爭取更大的支持力量，他們轉變目標策略，在前兩次的武裝鬥爭中均「盡力去與虞洽卿他們接洽，要他們以實力來維持」〔註3〕革命，醞釀建立「市民政府」。而在此過程中共產黨也逐漸意識到商人的投機性，並在「市民運動」的過程中與國民黨展開政治競爭。「在最後的將來，全上海日廠的工人，將逼得不能不有最後的行動，而上海的罷工運動，亦將由經濟的變為政治性的了。」隨著目標的明確，上海工人罷工的趨勢也逐漸明朗化，「政治性成分漸多」、「為生活條件而採取浩大形式的奮鬥逐漸減少」〔註4〕。由此看來，自五卅運動開始的上海工人罷工運動從經濟大罷工逐漸演變為政治權力爭奪，為了爭奪上海臨時政府的領導權，共產黨和國民黨對商人的態度也均設定有彈性機制，三方不斷地展開闈作與敵對的政治利益爭奪。

　　不同於現實鬥爭的複雜性，文中罷工則稍顯單調。在小說中，商人均成為了大資本家，而口號中也明顯出現了「打倒資本家，打倒一切反動派」的字眼。這顯然於現實運動中趙世炎提出的「我們可把商界所發表的主張，如拒絕奉、魯軍及市民自治等意思放在傳單上」〔註5〕的建議有些許出入。實際上，蔣光慈此小說寫於1927 年3 月間，而此時的上海政治環境已經趨向於國共對峙的局面，虞洽卿等商人在3 月之前還明顯具有「左傾」色彩，可是從3月開始則為了利益立即轉向，投靠了蔣介石一方。而在當時中共的報告中也開始逐漸放棄其寬容和「右傾」的態度，嚴厲地攻擊「大資產階級」，為商人

〔註2〕 趙世炎：《組織問題與支部工作》。
〔註3〕 中共上海市委黨史資料征集委員會主編：《上海工人三次武裝起義研究》，第144～152 頁。
〔註4〕 趙世炎：《五論上海的罷工潮》，《嚮導周報》，1926 年8 月15 日第167 期。
〔註5〕 趙世炎：《上海最近的罷工潮》。

等群體打上階級化的烙印。蔣光慈的寫作材料來自於中共內部的資料，繼而促使他完成這一份「報告文學」。而在這份報告中蔣光慈顯然已經無法顧及到現實運動中商人的來回倒戈，階級色彩十分鮮明。蔣光慈單單選擇工人階級這一橫截面著手，開出了「無產階級鬥爭」的革命名目，涇渭分明地釐清各色人等，而其判斷標準則是財富的擁有，即經濟因素。

從經濟角度著手，一方面符合馬克思主義唯物史觀，另一方面也與上海工人運動提議的經濟大罷工相謀和，「勞動階級呢，雖然對於民治也很熱心，但根本所要求的，卻是經濟的解放。」〔註6〕，而更重要的是能夠清晰地劃分人群，並且忽視現實鬥爭中商人這一階層所帶來的寫作尷尬，更加凸顯此次「革命」書寫的無產階級化。故而文中鬧革命的均是窮漢，而財富頗豐者均為反動派，些許貪慕虛榮之人則成為了工人階級中的敗類。可是按照喬治·索雷爾的觀點，「要讓工人把經濟衝突視為決定未來的大決戰的前奏，肯定不需要多少殘忍，血流成河更是沒有必要。」〔註7〕陳獨秀也在《我的根本意見》一文中說到「人民愈窮愈革命簡直是胡說」，他認為「壓力愈大反動力也愈大，雖可以運用於社會，而必以被壓迫有足夠奮起的條件」。〔註8〕小說中蔣光慈給予的「奮起」條件明顯為「復仇」。在這份革命的答卷上，蔣光慈加入了個人復仇的理念，形成了「一連串復仇」的革命景觀。趙世炎倡導的「啓發」的工作方法成為了復仇的精神鼓動，文中的月娟作為中共知識階層的宣傳者之一，開導翠英時說「我們應當好好地奮鬥，為死者報仇才是！……」，而在月娟的勸說下，邢翠英的政治覺悟也早已經置換為報仇的理念。「是的，月娟！我們要為死者報仇，尤其是我！」繼而堅定地鼓勵自己「不想別的，專想的是報仇。」，最後確定仇人，「我邢翠英應當去找誰呢？」「反正他們都是一夥——帝國主義者，軍閥，資本家，小走狗！」「但這個題目太大了，我現在辦不到。我還是到北區警察署去，是的我到北區警察署去。」〔註9〕就這樣邢翠英以一己之力，不告知任何組織，單槍匹馬，用個人的暴力泄憤手段完成復

〔註6〕 蔣光赤：《並非閒話：三、過去的人》，《新青年》，1926年第4期，第100～107頁。

〔註7〕 〔法〕喬治·索雷爾著，樂啓良譯：《論暴力》，上海人民出版社，2005年5月第1版，第150頁。

〔註8〕 陳獨秀：《我的根本意見》。

〔註9〕 蔣光慈：《蔣光慈文集》第1卷，上海文藝出版社，1982年11月第1版，第268～271頁。

仇。她的行動動機是爲了報丈夫的被殺之仇，行動的地點在殺死丈夫的北區警察署。蔣光慈開闢了一個宏大的經濟命題，但是卻無從解答，最終只能用個人的暴力手段、窮人造反、報仇雪恨扮演革命性的角色，用孤寂英雄的方式完成戰役。而這樣無視組織紀律，無視集體的行爲卻在文中並沒有受到過多譴責，反而賺取了組織領導者的許多眼淚。

魯迅曾揭露在清末最大的買賣就是造反，而造反並不是革命。〔註10〕他認爲復仇也並非革命，只是革命的前階段，能夠誘發革命的到來。「怒吼的文學一出現，反抗就快到了；他們已經很憤怒，所以與革命爆發時代接近的文學每每帶有憤怒之音；他要反抗，他要復仇。」〔註11〕那麼《短褲黨》這一革命進行時的文學作品，又爲何繼續延續這場「文學的憤怒」呢？事實上，有學者曾經指出中共在面對商人、鄉紳等階級上，雖然內部很清楚其投機性質，但是，他們在「寫報告時，又會有意將其動機階級化。這種實際與理論的矛盾與落差，始終困擾著中共黨人。」〔註12〕而蔣光慈選擇將革命同質於復仇，就很好地在填補了革命時代下現實與寫作之間的落差。個人之間的血海深仇，富人對於窮人的折磨與凌辱，均讓現實中不斷變更的政治形勢與來回的「左傾」、「右傾」，演化爲文學中簡單化的敵對、鮮明化的反抗，無產與有產之間的劍拔弩張。爲何反對商人，因爲他們折磨我親人至死，殺死我丈夫；爲何反對工頭，因爲我們彼此之間有著深仇大恨。「復仇」作爲蔣光慈的寫作策略妥善地處理了革命書寫中統一的「階級化」問題，也使得革命的「流血犧牲」、「暴力行爲」合情合理。故而與其說革命給予復仇合理理由，毋寧說血債血償的復仇賦予了革命暴力手段的合理性和正當性。

蔣光慈曾談到革命的最高道德在於將自己的生命中的所有都奉獻於革命，而死的結果又能夠促成革命事業的成功。復仇這項充滿刺激的行動恰恰是蔣光慈選擇的道德至高點。復仇作爲「有道德力量的冒險事業」，「成爲日常的必要的工作」：《短褲黨》中邢翠英爲了丈夫復仇、《野祭》中陳季俠爲了愛情復仇、《少年漂泊者》中的汪中爲了親人報仇。革命話語與日常生活中的愛恨糾葛、忠孝道義結合，共同譜寫了蔣光慈制定的「革命模型」。「只有發生了新開端意義上的變遷，並且將暴力被用來構建一種全然不同的政府形

〔註10〕魯迅：《魯迅全集》第3卷，人民文學出版社，2005年，第221頁。
〔註11〕魯迅：《魯迅全集》第3卷，人民文學出版社，2005年，第419頁。
〔註12〕馮筱才：《「左」「右」之間：北伐前後虞洽卿與中共的合作與分裂》，《近代史研究》，2010年9月15日第5期。

式，締造一個全新的政治體，從壓迫中解放以構建自由爲起碼目標，」〔註13〕無涉個人利益，那才稱得上是革命。顯然，蔣光慈的「革命模型」與固有之「革命」的距離已越來越遠，最後在他的筆下只能呈現出一些片段化的革命元素、策略篡改後的革命理解。因此有人會說，「蔣光慈的某些作品所寫的是學生式的浪漫，使人讀了可能反而討厭革命。」〔註14〕換句話說，蔣光慈在這場文學生產的過程中，制定出了自己的革命話語體系，同樣在此過程中消費了「革命」這一原材料，衍生出一場被「消費」的革命。

二、革命思想的借鑒

將復仇等置於革命，是蔣光慈選擇的寫作手段，而這也反映了無政府主義思想在蔣光慈內心的存留。有學者曾分析出蔣光慈作品中個人復仇的成分即爲無政府主義因子的影響。而也由於蔣光慈曾明確表明「自己便是浪漫派，凡是革命家也都是浪漫派，不浪漫誰個來革命呢」〔註15〕，故而很多學者認定蔣光慈小說中出現的非革命的部分均爲其「浪漫主義」思想作祟。其實用「浪漫主義」概觀全論的說法明顯顧此失彼，有些牽強附會，而從思想視野來考察蔣光慈的革命小說則又是十分複雜。不單單是無政府主義的思想，蔣光慈的小說中幾乎隨處可見各種思想資源，無論擁護與否均會在小說中留下痕跡。

在革命的定性上，蔣光慈認爲「國民革命固然是資產階級性，但是同時仍不失爲全國民性；無產階級是全國民的一部分，當然有參加的必要。」〔註16〕，雖則此與國家主義提出的「全民革命」的手段有些許相似之處，但從階級、政黨的立場上他又無不在小說中戲謔與嘲諷國家主義者；而自從蔣光慈接觸到馬列思想開始，早前奉行的無政府主義思想被沖淡，但依然不影響蔣光慈在文中對虛無黨人、無政府主義者頂禮膜拜，襃揚他們的「勇敢」、

〔註13〕 〔美〕漢娜·阿倫特著，陳周旺譯：《論革命》，譯林出版社，2007 年，第 23 頁。

〔註14〕 1928 年 3 月《文化批判》上載有讀者來信，指責蔣光慈某些作品內容仍帶有布爾喬亞的意識形態和傳統思想，所寫的革命是學生式的浪漫，使得認讀了可能會反而討厭革命。

〔註15〕 方銘編：《蔣光慈研究資料》，知識產權出版社，2010 年 1 月第 1 版，第 155 頁。

〔註16〕 蔣光慈：《蔣光慈文集》第 4 卷，上海文藝出版社，1982 年 11 月第 1 版，第 312 頁。

「刺激」；縱使是少年時代浸染的陸游詩篇的愛國主義與朱解等俠客的俠道精神也一一併入文中，時刻歌頌著革命者的「俠魂」；面對殺人時的惻隱之心則又是人道主義的泛濫，而最終接受的馬列思想自不必說，幾乎成為男女之間談情說愛的「教條標準」。小說中這些思想並行而立，卻又表面統一。

事實上，思想資源的含混是大革命時期知識分子階層普遍存在的現象。在國民黨的智識階層「組織簡單，分子複雜，思想散亂」〔註17〕，中共雖然組織嚴密，但同樣存在著知識分子思想轉型的矛盾與痛苦。而國家主義派別之中知識青年也經歷著思想更新。觀念的分歧使得這些知識分子為自己的黨派證言立說，用不同的理論觀念解說著革命。「全民革命」、「國民革命」、「全民政治」等概念爭論紛紛。革命征服了無數青年的認識，也打破了他們原有的認知結構，容納了紛繁複雜的革命理論。「國家主義」、「無政府主義」、「共產主義」他們所要表述均為「革命」，而且認定此方為「革命」，反之則為「反革命」。一時間，無數的理論資源席卷了中國的智識階層。那麼作為左翼陣營代表的蔣光慈，又是如何將多元的思想熔於一爐？亦或者說他究竟如何使用這些「革命理論」。

高利克曾評價過蔣光慈對於革命的態度：「在他的關於文學的理論思考中，他的想像佔據了支配權，以至於他對革命的想像如此主觀、與現實格格不入，不能被視為是馬克思主義的概念。」〔註18〕其實蔣光慈對革命的認定從來就不是意識形態化的，「社會」的含義在定義「革命」中尤其突出。對待革命，李初梨從唯物辯證法的觀點出發，提出「理論與實踐統一起來」，「牢牢地把握著無產階級的世界觀──戰鬥的唯物論，唯物的辯證法」〔註19〕，而蔣光慈的思考方式則多借鑒於社會功用論。「實幹」、真正「領受革命」才能在情緒上貼近革命，繼而創作革命文學，此種提法很巧妙地規避了蔣光慈思想理論的混雜，從另一個角度闡說了革命的要求。社會的、階級的、傳習的背景均納入到他的判斷體系中。之於革命，蔣光慈並沒有被「拿來」的各種理論所割裂，他認識核心問題的依據依然是中國傳統的認識方法，從歷史

〔註17〕曾琦：《新革命黨之精神及其黨員應有之修養》，1927年10月，《曾琦先生文集》（上），第130頁。

〔註18〕Marián Gálik: The Genesis of Modern Chinese Literary Criticism (1917~1930), Curzon Press, 1980, p.149.

〔註19〕李初梨：《怎樣地建設革命文學》，《「革命文學」論爭資料選編》（上），人民文學出版社，1981年，第162頁。

的角度切入，結合五四時期的現代的眼光，融入到社會中，從經濟、政治、文化等各個方面去看待問題。隨著經濟形勢的轉變，政治態度的變化，口號、政策、拉攏的政治團體自然會產生一定程度的改變，所接納的思想也會根據社會運動的推進而不斷演進，所以這種認知方式也一定程度上為思想的多元共生提供了有利的承載基礎。

弔詭的是蔣光慈卻沒有真正參加過革命運動，那麼提倡實幹考評革命的蔣光慈又該如何書寫革命？事實上，蔣光慈依然是在「舊資源」內做文章。受到五四「社會」資源的感染與個人意識萌發的影響，蔣光慈的小說框架依然無法跳出「五四」建構，無論從寫作的方式上，運用書信、日記等五四體裁，亦或者是小說的情節安排上，都像是在對答著五四命題。雖則他強調著「革命文學」意在「集體」，本質上卻定位於「個人」。承襲著五四對「個人」的關注，小說中的「革命」呈現出「個性化」的「私人解讀」。對個人的發現，開掘大時代下個人生存的體驗與感悟，給了蔣光慈多角度闡述革命的可能。在《菊芬》中作為「娜拉出走之後」成功生存的代表革命者菊芬心目中的革命可以是「俠義」，可以是「人道主義」的普世拯救，同樣也可以是帶有無政府主義思想的「復仇」與「暗殺」。在菊芬與江霞談論革命的對話中，菊芬的思考視角仍然是個人的生命體驗，而層出不窮的革命理解也隨之產生。

蔣光慈在寫作過程中抱有極強的革命時代「優越感」，五四之為舊，革命之為新，他雖然極力撇清新舊時代的文學，可是卻從根本上無法杜絕五四資源對他認知方法、寫作手法的訓練。不僅是繼續「發現」、「個人」，在實際的操作過程中，蔣光慈更憑藉著自己傳統的、歷史的、社會的認知方法，用自己經歷的「所謂革命」的事跡入文，形成帶有「私人化」情感宣泄的本事書寫。

內　　容	本　　　　事	小　　　　說
偶　　像	在大革命前期蔣光慈偶像般崇拜汪精衛和蔣介石，桌子上擺著兩位的塑像，說他們是中國的列寧和托洛茨基，把廣州當做莫斯科	「偶一擡起頭來看著牆上所掛著的兩張相片，我心中起了莫名的情緒。」他兩老先生的四隻眼睛牢牢地向我望著，似乎在說：「怕什麼呢？勝利總歸是我們的！」〔註20〕

〔註20〕蔣光慈：《蔣光慈文集》第 1 卷，上海文藝出版社，1982 年 11 月第 1 版，第 198 頁。

身　份	作家、革命者	主人公多爲作家和革命者。如《野祭》中的陳季俠，《菊芬》中的江霞等
革命與愛情的方式	革命推動愛情：蔣光慈成爲了眾多革命青年爭相追捧的對象，並促成了他與宋若瑜、吳似鴻的兩段美好姻緣。	革命推動愛情：《野祭》中的陳先生的因爲革命認清誰是自己眞正愛的人；《菊芬》中的菊芬與薛映冰因爲革命眞正走到一起。
俠義精神	自號「俠生」、「俠僧」，渴望殺盡貪官污吏、革命敵人，縱使作了和尚，「也還是做個俠客去殺人」。	「歸來吧，你的俠魂……我將永遠與黑暗爲仇敵。」〔註21〕
無政府主義	早前信奉無政府主義	難道說我華月娟不是他們一類的人嗎？啊！中國的女虛無黨人！……

　　筆者列出上述表格之意圖並非旨在證明其寫作的自傳色彩，這個觀點學界早有定論，無需贅言，其目的主要在於揭示出蔣光慈的書寫革命時的思考邏輯。從上述表格我們可以看出蔣光慈的個人經歷幾乎可以在文本中找出對應關係，而他故事中散亂的思想也正是自我即時性情緒的抒發。《短褲黨》中書寫月娟喬裝正酣，突然神來一筆表達對「女虛無黨人」的崇拜；《野祭》中陳先生爲了祭奠，追尋淑君的腳步繼續革命，忽然筆鋒一轉，歌頌淑君不滅的「俠魂」。這些流動的情緒、自我的經歷不僅豐富了小說的情節，也使得無產階級革命者多種資源解釋「革命」眞實可信。個性化的革命闡釋不僅使五四框架與革命文學內容合二爲一，也保留了不同的思想，最終「突兀」地濃縮於無產階級革命敘事邏輯之內。

　　可以說，社會意義上的革命認知扭轉了革命敘事中單一的思想形態的僵局，五四資源的沿用也從個人的角度眞實地反映了知識分子的精神現狀，本事化的敘事風格也使得散落於文章中斑駁的思想合乎情理。思想之多元，擬定出多樣的「革命」。蔣光慈巧妙地消耗了各種思想的原材料，將本不相容甚至有所牴觸的思想強硬地納入無產階級理論的麾下，使得革命言說如一縷浮萍，無固定的根基，喪失了嚴謹的創作準則，革命表達流於表面，似是而非。最終形成蔣光慈一個人的「革命」。

三、消費中的「兩難」

　　在文學生產中，蔣光慈消耗歷史材料、思想理論的目的正是爲了滿足其自我情緒，而在其滿足的過程中亦受到了干擾，進而陷入闡述革命的兩難境

〔註21〕蔣光慈：《蔣光慈文集》第 1 卷，上海文藝出版社，1982 年 11 月第 1 版，第 378 頁。

地。在蔣光慈的小說中無論是馬列思想、共產主義的積極擁護者、踐行者還是時而殘留著無政府主義思想的革命復仇者幾乎永遠都在「革命行進」中，無片刻休整的時間，而僅有的一個場景下他們的時空是停滯的。如《短褲黨》中的史兆焱生病之時，他第一次對死亡產生了恐懼，莫名其妙地怕起死來，並且最終在這次短暫的生病休息之後重拾了愛情的眞諦。作爲革命情緒的斷點，生病打破小說中革命的行進節奏，營造一種拉回、撤退的效果。而生了病的各位革命者在一個拋開革命、拋開所有社會意識形態，只留下生命、身體的時刻重新審視自身、以及本能的欲望，回到一個最原始、最「個人」、最「自我」的狀態。

其實很多研究者在研究蔣光慈時也注意到了革命者生病的現象，他們認爲蔣光慈「以昂揚的浪漫主義激情鼓吹革命，不僅看到了疾病的感染，同時看到了疾病的痊癒」，﹝註22﹞肺病成爲作者浪漫與政治表達的雙重紐帶。再次陷入「浪漫主義」解釋一切的怪現象。實際上，從蔣光慈自身出發，這恰恰是最原始的人之常情。面對著病痛的折磨關心自己的生死、情愛、以及留戀人間這本就是人的本能反應，是正常人面對病魔的自然的情緒回應，病痛給予了他關照個人狀態、精神、情緒的機會，悲憫地洞察到人性。蔣光慈本就是一名病患，每次在醫院與病痛做殊死搏鬥，在家忍受病痛的他同樣不得不停下手中的工作。疾病的來襲，讓他不得不卸任《拓荒者》的主編工作，有更多的機會去鑽研文學，繼而受到《都霞》的感染寫出了《麗莎的哀怨》。小說中的麗莎染上了梅毒，病體的折磨與生活的壓力讓她的精神備受煎熬，每次麗莎的輾轉反側都成了蔣光慈情緒焦慮的表達，從而使蔣光慈的創作更具有知識分子的視角，更多地去關注革命時代下個人生存的狀況與精神覓求。

《麗莎的哀怨》一經出版，文壇軒然大波，甚至左翼文學陣營內部也開始出現不同的聲音：「《麗莎的哀怨》的效果，只能激起讀者對於俄國貴族的沒落的同情，只能挑撥起讀者由此同情而生的對於『十月革命'的憤慨」，從而產生「人類因階級鬥爭所帶來的災難的可怕之雲無主義信念」﹝註23﹞，蔣光慈無法忍受同一陣營朋友的不理解，拖著病體東渡日本。「自己的創作幾全遭

﹝註22﹞ 黃曉華：《疾病的意義生成與價值轉換——論革命戀愛題材小說中的疾病書寫》，江漢大學學報，2009 年第 1 期。
﹝註23﹞ 華漢：《讀了馮憲章的批評以後》，《拓荒者》第 1 卷第 4、5 期合刊，1930 年 5 月。

查禁，而同志還是如此的不理解。他感到了深刻的悲哀。他的生活狀態，完全的陷於了孤獨的境地，形成了他的內心的無限的苦悶。」〔註 24〕來到日本的蔣光慈帶著被批判的不甘與委屈，渴望用另外一本書證明自己，從而誕生了《衝出雲圍的月亮》。

在蔣光慈的日記《異邦與故國》中他披露了此小說的創作過程。1929 年 9 月 12 日蔣光慈開始著手長篇創作，寫了五千字，預備兩月寫成，而後 9 月 14 日寫完了十張原紙稿，九月二十日，則已寫四分之一，10 月 12 日下午正式完稿。在這持續一個月的時間中，蔣光慈在十月五日的日記中寫到：「今天所寫的一節，眞是太把我難爲住了：又要顧及讀者，又要顧及自己的藝術，又要顧及許多別的……」〔註 25〕通過蔣光慈的寫作過程梳理，對照原文，我們不難估測十月五日寫的這一節正是小說中女主人公王曼英第二次生病之時。王曼英身體的病態伴隨著精神的焦慮，以及自己營造的思想體系的崩塌。這種焦慮表達的背後正是蔣光慈思想尋覓的過程。對於「本我」的原始衝動，蔣光慈依然渴望延續《麗莎的哀怨》的敘事模式，希望摒棄「抱著柱子固定的轉」創作理念。而隻身來到異國，脫離了上海本土，住在安逸的旅店中，沒有上海政治紛擾的現實條件又給予了蔣光慈在「自我」層面滿足「本我」需求的根基。故而王曼英如麗莎一般結著愁怨，伴隨著兩次生病，她逐漸由革命戰士走向幻滅進而萌生了自殺的念頭。在蔣光慈旅日期間，他所接收的資源有限，日本之行沒有給蔣光慈帶來過多新鮮的體驗，不會日語，生病難忍的蔣光慈更多地是用日本懷念上海。最爲鮮活的經歷莫過於與藏原惟人等日本左翼人士的交往。而在交流的過程中蔣光慈不僅整理了他比較散亂的思想，堅定了「馬列思想」的「超我」追求，同樣也深陷於「身份尷尬」的現實焦慮中。一方面「超我」的精神約束，使得蔣光慈的「自我」畏手畏腳，目的性的創作意識並沒有使得蔣光慈原始的心理衝動物化爲現實的「成品」，而是最終選擇拯救王曼英，使得她投入工人群眾中，「洗淨了身子」、收穫了愛情，繼續革命；另一方面於蔣光慈本人而言，他第一次出現了知識分子「轉型的焦慮」，第一次意識到「戰士」與「作家」身份的衝突：「革命文學家與革命實際工作必須有所分工，……文學工作和實際工作是很

〔註 24〕 方英（錢杏邨）：《在發展的浪潮中生長在發展的浪潮中死亡（1901～1931）》，《文藝新聞》「追悼號」，1931 年 9 月 15 日。

〔註 25〕 蔣光慈：《蔣光慈文集》，上海文藝出版社，1982 年 11 月第 1 版第 2 卷，第 476 頁。

難聯合在一起的。」〔註26〕藝術追求與實際工作出現牴觸,如此小說才「難寫」。

事實上,「堅定意志」與「個人焦慮」均是蔣光慈的「潛意識」。小說中的王曼英第一次於革命行軍途中生病,在病體和逃亡的雙重打壓下,前文從未出現過的密斯W死了,而王曼英的意志也開始動搖,她「利用著自己的肉體」向權威、敵人發泄自己的仇恨,墮落自己,報復社會,卻時時陷入「無意識」的焦躁與矛盾中。當她相繼遇到先前一起革命的李尚志、柳遇秋和楊坤秀,無論是愛情還是前路,她再次陷入了無邊無盡地的恐怖之中。兩次三番密斯W在她的焦慮中入夢,作為王曼英另一層面的「潛意識」與現實中的李尚志一起提醒著她真正的「革命方向」。在蔣光慈的意識篩選中,最終「堅定的意志」上昇爲「意識」的部分,時時監督與矯正著蔣光慈的個人情緒,而「現實的焦慮」則未完成轉化,於小說中被壓抑和消解。研究者高俊傑認爲「這部小說的產生是蔣光慈對茅盾〈追求〉的回應,是對〈追求〉的逆寫。」〔註27〕他從比較的視野中清晰地剝落出蔣光慈的《衝出雲圍的月亮》與茅盾《追求》的異同,而拋開茅盾的影響不談,單從蔣光慈個人出發,這部小說也是對於《麗莎的哀怨》有意識的「改寫」。王曼英沒有被憂愁所打倒,繼而焦躁與絕望,她的命運被「革命的光輝」所改寫;王曼英的生病沒有引領著她走向自殺,反而最後在一次次地生病之後減少了她墮落的罪惡感。換句話說,《麗莎的哀怨》著力展現個人在大時代下的掙扎求生史,揭示了當時一部分人的整體生存狀態,而《衝出雲圍的月亮》則徘徊於「意志」與「生存」之間,以作家的身份來「審視革命」的視角還未來得及展開便草草收場,再次轉化爲「革命符號」鑲嵌在小說的字裏行間。

誠如斯言,在這場以「革命」命名的文學生產中,蔣光慈只圖自己說的痛快,而對於革命中應該爭奪什麼、建構什麼幾乎沒有嚴明,更別提瞭解與理解「無數個人、團體命運背後的時代的電流,那最強烈的力量」了。〔註28〕雖然他具備了吶喊「革命」的先機,可是卻並沒有達到預期的效果,在一次次的創作中最終只能停頓於革命話語的「折中地帶」。遺憾的是,蔣光慈一生

〔註26〕夏濟安,莊信正:《蔣光慈現象》,《現代中文學刊》,2010 年 2 月 18 日。
〔註27〕高俊傑:《蔣光慈後革命寫作的策略性——論〈衝出雲圍的月亮〉對茅盾〈蝕‧追求〉的逆寫》,現代中文學刊,2013 年第 6 期。
〔註28〕程凱:《革命文學歷史譜系的構造與爭奪》,《中國現代文學研究叢刊》,2005 年 2 月 3 日。

短暫，之後也沒有再多的時間去打磨他「未完成」的革命話語生產。

四、消費之於「輿論」

　　「消費」革命的並不僅僅是蔣光慈一方，在逐漸「市場化」的民國文學生態環境下，輿論空間對於「革命」的消費也是蔣光慈「革命文學」作品生產中有意識的一環。由於當時中國「急於需要的是富刺激性的文學，不是那些歌舞昇平，講自然，談情愛，安富尊榮不知人間有痛苦事的文學」〔註29〕，故而蔣光慈在創作中喜歡加注革命以「復仇」、「暗殺」之色彩，愛情也被「革命」橋段所包裹。蔣光慈渴望用自己的情緒激蕩起社會的情緒，而他所創作的「革命＋戀愛」小説顯然已經達到了他的心裏預期。郁達夫説：「一九二八、一九二九年以後，普羅文學執了中國文壇的牛耳。光赤的讀者崇拜者，也在這兩年裏突然增加了起來。」〔註30〕蔣光慈消費了片面的革命，帶領人們進入他的「革命」時代，卻也符合了大部分人的心理訴求。蔣光慈小説中的戀愛消費的是他個人的都市生存體驗，而革命則是他個人的經驗以及對於時代的想像和生存感悟。他不求完全寫實，力求紓解情緒。而被貼標籤的革命更易鼓動社會情緒，引起時尚潮流。小説的熱銷，從私有情緒走向公眾情緒，折射出大革命階段人們的普遍文化消費心理以及革命心態。

　　其一，此種「消費話語」反映了國民大革命時期輿論空間之普遍現象。從 1924～1929 年《學生雜誌》、《文藝週刊》、《民國日報·覺悟》、《革命婦女》、《大無畏週刊》上爭相討論「革命與戀愛」的關係，「文學爲革命還是爲戀愛」〔註31〕「不能以革命的招牌壓嚇那些未忘革命事業的戀愛者」〔註32〕等等在當時已經成爲了熱門話題。1928 年，署名「珊」的青年在《策進》上發表文章題爲《革命、戀愛、找工作》。將革命放置於個體生命社會生活休戚相關的事業上，並賦予頭等位置，當時之革命已成爲那時之青年之共同理想。在國民大革命期間，「革命」的概念開始滲透到各行各業，並且作用於人們的日常生活。在當時商會、手工業聯合會、地方慈善團體、社區群體等如若沒有支持革命，那麼他們喪失的不僅僅是自由和權利，同樣也會損害他們所代表的

〔註29〕濟川：《今日中國的文學界（通訊）》，《中國青年》第 5 期，1927 年 11 月 17
　　　　日，第 13 頁。
〔註30〕郁達夫：《光慈的晚年》，載《現代》第 3 卷第 1 期，1933 年 5 月。
〔註31〕維克：《戀愛、文學、革命》，《文藝週刊》，1924 年第 38 期，第 1～2 頁。
〔註32〕澹卿：《戀愛與革命》，《革命的婦女》，1927 年第 10 期，第 9～10 頁。

「社會利益」。「凡賣國罔民以傚忠於帝國主義及軍閥者，無論其為團體或個人，皆不得享有此等自由及權利。」〔註33〕在那樣一個人人談論「革命」，無「革命」而不成的年代裏，眾多關於革命的言說和理解也積極湧現，一時間「非革命話不談，非革命官不做，非革命書不看，非革命事不幹。」而蔣光慈正迎合了此種趨勢，將革命語言注入日常生活，一時間市場銷路直線飄紅，形成了所謂的「蔣光慈現象」。

值得注意的是，與其說這是所謂的「蔣光慈」現象，毋寧說這是當時「以理想型、崇高型為主導的文化現象」。在大革命進程中對於文化的現代建構迫切將「人的生活意義與生存價值引向某個終極目標」，「把人的幸福預約給此生無從見到的將來。」〔註34〕理想主義的革命導致了終極理想化的生活。革命上層建設缺乏對人「現世」生活的足夠關懷，在面對一些革命綱領和口號，普羅大眾自然會根據自身經驗和閱歷將這套邏輯與自己的邏輯對接。提倡的「理想」與跟隨的「理想」內涵早已變質。革命也自然會被掛上「俠道」、「偶像崇拜」、「萬能」等等招牌。在圖書市場的試水下，顯然追隨的「理想」已經成為讀者甚至部分左翼文學的智識階層的共識，並在當時有大舉勝利之勢。而本質上，他們已成為兩種「革命」。真正的革命理想是現代意義上的精英革命理念，而當革命逐漸邁入鮮明的群眾政治風格時，這種通俗化、普遍化也成為事實。自由之革命不得不屈從於生活的必然性，屈從於生命過程本身的迫切性。革命語言武器庫中的「貧困」、「青春」、「激情」、「改變」、「平等」等附加詞成為眾團體、眾勢力爭相搶奪的話語標籤，經過變質後傳遞給普羅大眾，為其理解世界提供一種新的方式，也為各個團體的政治行為提供新的民眾基礎。故而蔣光慈小說的社會功用不在其內容是否「革命」，而在其形式是否是「革命」＋「戀愛」。

其二，文學中的「革命」消費的目的在於打造文壇的群體「偶像」，爭奪有利的話語地位。革命中無論哪種政治團體都願意「將民族的偶像和儀式加以權威化，並進行宣傳」〔註35〕。蔣光慈作為左翼文學陣營推出的「革命文

〔註33〕 費約翰著，李恭忠、李里峰、李霞、徐蕾譯《喚醒中國──國民革命中的政治、文化與階級》，三聯出版社，2004 年 10 月第 1 版，第 258～259 頁。
〔註34〕 姜文振：《都市文化的興起與文學生存方式的新變》，《當代文壇》，2004 年 5 月 22 日。
〔註35〕 費約翰著，李恭忠、李里峰、李霞、徐蕾譯《喚醒中國──國民革命中的政治、文化與階級》，三聯出版社，2004 年 10 月第 1 版，第 31 頁。

學」偶像，他所被要求和希望的是作為「革命」的傳聲筒，以文學的方式宣傳其所在政治團體的「革命理念」。於讀者而言，閱讀蔣光慈的小說，可以增加讀者的閱讀快感，完成「獵奇」的心理，提供了解決此類問題的途徑；而在左翼陣營一方，則牢牢把握住文學宣傳的主動地位。之前蔣光慈的創作巧合性地迎合了兩方的意願，故而他也被逐漸推到了「革命文學」時代的風口浪尖。據蔣光慈的夫人吳似鴻回憶，有一次現代書局和北新書局聯合宴請上海作家，她陪同蔣光慈參加，在那次宴會上蔣光慈十分得意。蔣光慈得意的原因不僅僅在於佳人相伴，更多的是出版界對於其作家身份的肯定，以及社會對於他闡釋權力的認可。在當時蔣光慈和魯迅一樣是為數不多抽拿 20% 版稅的作家，而這對蔣光慈是一種莫大的褒獎和鼓勵，基本上從文學生態上肯定了他所掌握的話語權力。而隨著他「本我」意願的宿求越來越多，作品開始於既定軌道之內出現偏差，他也就自然被其所在的文學陣營所拋棄。而當蔣光慈的作品被查禁，鋪天蓋地的相同套路的革命小說橫空出世之後，蔣光慈也逐漸喪失了讀者內部的吸引力，這種闡釋革命的方式也逐漸被時代所遺忘。

所以，並非戀愛掩蓋了革命，而是「革命」遮蔽了「革命」。相較於當時，之後文壇依然流行了「抗戰＋戀愛」、「戰爭＋戀愛」等類型的小說，戀愛在其中依然有著源源不斷的消費潛質，而被摒棄的則是「革命」的話語體系。可見，當此種消費話語被大眾所接受，「革命」已成為文化消費符號被眾多左翼作家爭相書寫，革命的消費模式和述說方式也淪為「公式」。伴隨著話語權的旁落，此種消費模式也終究被人拋棄。歸根結底，「革命＋戀愛」此種小說類型的衰頹正是由於這種革命話語權力和地位的下移，大眾對於此種革命闡述模式的放棄。

「重要的不是神話講述的年代而是講述神話的年代。」在這樣一個講述革命的年代裏，革命的標記化、符號化卻成為了大革命時代情緒極佳的記錄和表達方式。情緒往往是稍縱即逝的，但卻也是永恆的，他一定程度地保留了歷史現場，反映了那時大眾的精神氣質以及公眾生命體驗，成為公眾情緒的「留聲機」。而公眾的情緒以一種文學的、主流的方式被記錄下來，能夠為我們開闢一條更為廣闊的路徑來進入歷史，感悟文學。借助「國民大革命」的角度重新進入文本，也讓我們對這類小說重新審視。與其說「革命＋戀愛」是一個時代文化符號，毋寧說「革命」本身就具有商品符號特徵。事實

證明，「革命」可以被消費，而左翼作家以何種方式在文學中操作革命則觸及到個人選擇、生存、理想道義與現世關懷以及時代情緒、文化心理等等重要問題。

結　語

革命作為文化符號被消費的現象時至今日依然不勝枚舉。在市場化浪潮的今天，「革命」又作為一個新的消費生長點被很多文學藝術創作者加以模擬和再度創作。而此「革命」非彼「革命」，革命的意義再次發生了變化。其實除卻「革命」這一符號之外，現如今「貪官」、「青春」等等也是消費的熱點，而這些元素的被使用則也折射著創作者的內心與整個時代公眾的情緒和記憶。而此論文通過對蔣光慈「革命＋戀愛」小說中「消費革命」現象的探討，也希望可以成為一面鏡子，對接當下。

民國女兵謝冰瑩的
國民革命經驗及其意義

張堂錡（臺灣政治大學）

一、前言

謝冰瑩（1906～2000）的女兵經驗已然是民國史的一頁傳奇。

民國十五年（1926），由蔣介石率領的國民革命軍由廣東出發，克復了湖南、湖北，在武漢招考中央軍事政治學校（即黃埔軍校前身）第六期，同時招收女生兩百多名，成立黃埔軍校女生隊，謝冰瑩正是其中之一〔註1〕。從參加國民革命的北伐戰爭開始，她就以有史以來第一批女兵的身份寫進了民國史，這第一批兩百多名女兵，雖然都有其個人特殊而精彩的戎馬經歷，但只有謝冰瑩，以她的才氣、文筆和毅力寫出了《從軍日記》、《女兵自傳》〔註2〕

〔註1〕 武漢的中央軍事政治學校於 1927 年 2 月 12 日舉行開學典禮，根據資料，女生隊最初錄取 195 人，以兩湖、四川人數較多，實際入學則是 183 人。1927 年 3 月底，南湖學兵團的 30 名女生編入軍校女生隊，人數擴增爲 213 人。參見於穎慧：〈黃埔軍校首屆女生隊始末〉，《黨史文匯》，2010 年第 6 期，第 32～33 頁。

〔註2〕 《從軍日記》最早是由上海春潮書局於 1928 年出版，1932 年上海光明書店也出版此書；《女兵自傳》上卷爲《一個女兵的自傳》，最早是由上海良友圖書公司於 1936 年出版，中卷《女兵十年》是在 1946 年 4 月於漢口自行出版，同年 9 月在北平紅藍出版社再版，次年春天，在上海北新書局出版。1948 年臺北晨光出版公司微得謝冰瑩同意，將上中兩卷合在一起出版，並改名爲《女兵自傳》。1949 年以後，在臺灣有臺北的力行書局於 1956 年印行過《女兵自傳》；1980 年臺北的東大圖書公司出版獲得謝冰瑩授權的《女兵自傳》增訂本，也是目前在臺灣唯一通行的版本，內容增加了三部分資料：〈我的青年時代〉、〈女兵生活〉、〈大學生活〉。

等膾炙人口的紀實文學，而使她同時走進了現代文學史頁中。正如香港文學研究社出版的《謝冰瑩選集》所言：「在現代中國作家群中，當過兵成名的男性作家為數不少，可是馳騁於沙場後闖入文壇而名滿天下的女性作家，至今卻似乎還只有一位謝冰瑩。」〔註3〕在槍林彈雨中振筆疾書的女兵身影，無疑地是過去未曾見過的動人畫面。林語堂在為《從軍日記》寫的序言中就以他充滿想像的文筆為我們描繪了這個動人的畫面：「只看見一位年輕女子，身穿軍裝，足著草鞋，在晨光熹微的沙場上，拿一根自來水筆靠著膝上振筆直書，不暇改竄，戎馬倥傯，束裝待發的情景。或是聽見在洞庭湖上，笑聲與河流相和應，在遠地軍歌及近旁鼾睡的聲中，一位蓬頭垢面的女子軍，手不停筆，鋒發韻流的寫敘她的感觸。」〔註4〕正因如此特殊的從軍經歷，使這位來自湖南新化的奇女子，和陳天華、成仿吾被譽為「新化三才子」。

謝冰瑩於 1921 年秋天考入湖南省立第一女子師範，但未畢業即投筆從戎，於 1926 年冬考入中央軍事政治學校女生隊，次年參加北伐，這段參戰的經歷體驗，她以日記體的方式寫成《從軍日記》，刊載於武漢《中央日報》副刊，林語堂讚賞之餘譯為英文發表，獲得國內外讀者歡迎，「女兵作家」的形象與地位由此奠定。她曾於 1931 年、1935 年兩度赴日，入東京早稻田大學研究，目的是想學會日文，「把托爾斯泰、迭更斯、羅曼羅蘭、巴爾札克……幾位我最崇拜的作家底全部傑作，介紹到中國來。」〔註5〕然而，她因拒絕歡迎偽滿皇帝溥儀朝日，遭到日警逮捕，囚禁三周，遭受各種酷刑，幸得柳亞子營救而脫險，後來她將這段經歷寫成《在日本獄中》；1937 年對日抗戰開始，謝冰瑩再度發揮女兵精神，組織湖南婦女戰地服務團，赴前線為負傷戰士服務，這段出生入死的經歷被她寫成《新從軍日記》、《第五戰區巡禮》〔註6〕。從北伐的《從軍日記》到抗戰的《新從軍日記》，謝冰瑩強烈的的愛國意識與鮮明的女兵形象可謂深入人心。

1948 年秋，謝冰瑩來臺擔任臺灣省立師範學院教授（後改制為國立臺灣

〔註3〕 謝冰瑩：《謝冰瑩選集‧前言》（香港：文學研究社，1978 年）。

〔註4〕 林語堂：〈冰瑩從軍日記序〉，《從軍日記》（上海：光明書店，1932 年），第 2 頁。

〔註5〕 謝冰瑩：《女兵自傳》（臺北：東大圖書公司，1980 年），第 295 頁。

〔註6〕 《新從軍日記》最早是 1938 年由漢口天馬書局出版；《第五戰區巡禮》則是 1938 年由廣西的廣西日報社出版。後來這兩部書再加上以服務於傷兵招待所經歷寫成的《在火線上》，以《抗戰日記》為名於 1981 年由臺北的東大圖書公司出版，謝冰瑩並對內容作了一些修改、潤飾。

師範大學），1973 年因腿傷退休，次年與丈夫賈伊箴赴美，定居舊金山，過著簡單規律的生活。2000 年 1 月在舊金山平靜走完她 93 年的一生。和大陸時期的蜚聲文壇、享譽盛名相比，來臺後的謝冰瑩雖然依舊筆耕不輟，陸續出版了《冰瑩遊記》、《我的回憶》、《舊金山的霧》、《冰瑩憶往》、《碧瑤之戀》、《空谷幽蘭》、《在烽火中》等多部散文、小說集，但她給讀者的印象主要仍停留在《從軍日記》、《女兵自傳》的女兵書寫。1976 年，臺灣的中央電影製片廠將《女兵自傳》拍成電影，片名爲《女兵日記》，港臺明星凌波、徐楓等演出，其中唐寶雲飾演的「謝冰英」，就是作者謝冰瑩的化身。此片發行海內外，上映後頗受歡迎，如此一來，謝冰瑩幾乎和「女兵」劃上了等號。

二、永遠的北伐女兵

謝冰瑩的女兵形象應該說在北伐時期即已建立，儘管她後來在抗戰時期依然不改女兵本色，在長沙發動婦女到前線爲傷兵服務，雖然沒有和日軍直接拼命作戰，但在抗戰烽火中，她跑遍黃河流域、長江南北，漢口、重慶、徐州、西安、成都、北京等地都留下了她奔波的足跡，而這段既艱苦又悲壯的經歷，使她完成了《新從軍日記》。從書名看來，顯然是因爲《從軍日記》給讀者留下了太深刻的印象，因而沿用此名。許多評論或回憶性文章都以「永遠的女兵」來形容謝冰瑩，但我認爲「永遠的北伐女兵」可能更準確地說明她女兵形象的由來與特性。

謝冰瑩的作品保留了北伐時期國民革命的諸多眞實歷史面貌，她自己就將《從軍日記》定位爲「北伐時代的報告文學」〔註 7〕，特別是她以女性、女兵的角度來描寫國民革命，爲我們理解民國歷史的進展與國民革命的眞實面貌提供了第一手的材料。例如和她同時受訓的兩百多名女同學中，有小姐、太太，也有生過三四個孩子的母親，甚至還有姑嫂、姊妹、母女兩代人，而且其中不少人是纏過小腳，「她們穿著軍服，打著裹腿，背著槍，圍著子彈，但是走起路來像鴨子似的一扭一拐」〔註 8〕，這是多眞實而動人的畫面！這些新女性犧牲舒適的生活來部隊接受嚴格而規律的鍛鍊，謝冰瑩說：「我們的生活是再痛快沒有了，雖然在大雪紛紛的冬天，或者烈日炎炎的夏季，我們都

〔註 7〕 謝冰瑩：〈怎樣寫《從軍日記》和《女兵自傳》〉，《我的回憶》（臺北：三民書局，1967 年），第 157 頁。

〔註 8〕 引自閻純德：〈謝冰瑩：永遠的女兵〉，《女兵謝冰瑩》（閻純德、李瑞騰編選，北京：人民文學出版社，2002 年），第 131 頁。

要每天上操，過著完全和士兵入伍一般的生活，但誰也不覺苦。」「平均每天至少要走八九十里路，晚上有時睡在一張門板上，有時睡在一堆稻草裏。」無懼於生活條件的惡劣，也不怕戰火的威脅，這群滿懷革命熱寫的女兵們，「只覺得明天就是暖和的晴日，血紅似的太陽，前面是光明的大道，美麗的花。」〔註9〕這樣的心情是完全的誠懇真摯，接近於宗教的信仰，對女兵而言，為了革命的信仰，就是犧牲性命也在所不惜的。1927年，謝冰瑩隨中央獨立師葉挺副師長率領的討伐楊森、夏斗寅的革命軍西征，一個月零四天，犧牲了七十多位同學、一百多位教導隊的同志，然而，「我們獲得了好幾千槍枝，建立了革命的基礎，……我們最大的勝利，就是從軍閥手裏得到整千整萬認識我們，信仰我們的民眾。革命的種子，散佈在我們到過的任何地方。」〔註10〕國民革命的勝利是建立在許多流血犧牲的基礎上，這是當時北伐軍共有的不可動搖的信念，包括謝冰瑩在內的女兵們也是如此。

在革命的面前，不僅是生命可拋，愛情也同樣可以捨棄。這群中央軍事政治學校的女兵們，在受訓時都會唱〈奮鬥歌〉，歌詞是：

快快學習，快快操練，努力為民先鋒。

推翻封建制，打破戀愛夢；

完成國民革命，偉大的女性！

謝冰瑩說，每次唱到「打破戀愛夢」時，她們「總是把嗓子特別提高，好像故意要喚醒自己或者警告別人在革命時期不應該戀愛似的。」她很清楚知道，「她們把狹義的愛的觀念取消了，代替著的是國家的愛，民族的愛！……她們最迫切的要求，只有兩個字——革命！她們把自己的的前途和幸福，都寄託在革命事業上面。」〔註11〕即使有人偷偷談戀愛，也是一種「革命化的戀愛」。可以說，革命凌駕一切，身為國民革命的北伐軍，她們感到驕傲，也有一種責無旁貸的使命感。這是中國幾千年來的女性所不曾有過的激昂心理，也是不曾發出的集體怒吼。

謝冰瑩以膝頭為桌，每天利用行軍休息的幾分鐘，或是犧牲睡眠所寫的日記，是北伐時期國民革命的一個真實側面，謝冰瑩用她發自肺腑的赤忱，平實而不誇張地予以呈現，女兵題材的新鮮加上激昂的愛國情緒，使謝冰瑩

〔註9〕 引自閻純德：〈謝冰瑩：永遠的女兵〉，《女兵謝冰瑩》，第131頁。
〔註10〕 謝冰瑩：《女兵自傳》，第91頁。
〔註11〕 謝冰瑩：《女兵自傳》，第77頁。

和她的《從軍日記》轟動一時，從而締造了一個革命時代的女性典型和文學風潮。

三、謝冰瑩女兵書寫的民國史意義

正如謝冰瑩所說：「『兵！』這一個多麼有力的字！真想不到數千年來，處在舊禮教壓迫之下的中國婦女，也有來當兵的一天！」〔註12〕在「民國」的新政體下，在婦女解放、男女平等的思潮孕育下，中國誕生了第一批由國家公開招募、訓練，有思想、有主義、有信念的現代化女兵。身為具有代表性的民國女兵，謝冰瑩的女兵經驗和《從軍日記》的書寫因而有了民國史與民國文學的雙重意義與價值。從民國史的角度而言，其意義有二：

1.這是第一批現代軍事體制訓練下的正規女兵，以救護和宣傳為主要任務，和在戰場上與敵軍正面決戰的部隊軍人不同，但卻同樣扮演著救國愛國的重要角色。這批女兵和明末率軍作戰的著名女將秦良玉、沈雲英不同，也非代父從軍的巾幗英雄花木蘭，更不是小說、戲曲中的楊門女將穆桂英、唐初西涼國女將樊梨花等或真實或虛構的女將。這些傳統女將以個人的勇氣和武藝留名青史，但民國女兵是以集體組織的方式建構而成。傳統女將多為家族聲譽、君王利益而戰，許多是迫於情勢無奈上戰場，但民國女兵或為逃避包辦婚姻，或為爭取男女平等，多是主動加入部隊，且積極接受國族思想、主義教育的洗禮，以成為現代女兵自豪。至於太平天國的女兵，誕生於洪秀全金田起義的 1851 年，設立女營，招募女兵，鼎盛時期擁有十萬女兵，這應該是中國歷史上有史可考的第一支真正意義上的女兵部隊，但這批女兵其實是洪秀全「拜上帝教」的宗教狂熱信徒，多來自廣西貧困農村，最終成為太平天國女將洪宣嬌的私人武力，在盲目個人崇拜下犧牲於戰場。當然，標榜「人人平等」的太平天國女兵，以及清軍攻陷天京時英勇作戰、自焚而死的表現，都改寫了傳統以男性為主的權力格局，但這批女兵終究不是現代意義上的革命女兵。北伐時期的女兵，多為知識女性，從軍不是為個人崇拜或宗教信仰，而是具有國族觀念、婦女解放的劃時代意義。她們是傳統「娘子軍」和現代「革命軍」的綜合體，也是國民革命戰場上新的生力軍。

從民國肇建到北伐前後，有關女子婚姻、教育、經濟、家庭等議題，一直是社會上討論和文學作品中呈現的焦點之一，隨著國共兩黨分合，政黨強

〔註12〕謝冰瑩：《女兵自傳》，第 74 頁。

力宣傳和爭取，青年女性加入政黨的人數急遽增加，婦女運動開始被革命化，強調國民革命是婦女解放的前提，婦女力量因此被視爲國民革命的一股重要力量。而女性之所以願意投入軍旅，一方面固然是婦女解放運動的推波助瀾，另一方面則是當時社會對軍人產生一種崇拜心理和集體氛圍。國民革命軍北伐的順利成功，相對於腐敗的北洋軍閥而言，南方的黃埔軍讓現代軍人的地位和角色大幅提升。一個有趣的現象是，1926 年至 1927 年間，在南昌、武漢地區，流行崇拜軍人的風氣，只要男性擁有皮帶、皮靴、皮包、皮裹腿、皮鞭子、牛皮等「六皮」，往往會讓許多女性著迷，女學生嫁給軍人甚至成爲一種時髦現象〔註 13〕。同樣的，在濃厚的革命風潮下，女性也流行掛斜皮帶、拿皮公文包、皮馬鞭、穿皮靴、打皮裹腿的「五皮」，並因此成爲男性追逐的對象〔註 14〕。謝冰瑩投考的就是武漢的中央軍校的女生隊，這種崇拜軍人的心理，使她對民初流行的一句口頭禪：「好鐵不打釘，好男不當兵」深不以爲然，進而高喊：「好鐵要打釘，好女要當兵」〔註 15〕！

女性從軍，在當時無可避免的遭受許多質疑，先天體能的生理條件、容易感情用事等，成爲女兵性別弱勢下的成見，對此，謝冰瑩並不否認，但是，她同時強調，女兵也有其先天上的優勢，特別是傷兵救護工作、戰地文宣工作，女性溫柔的天性往往能發揮意想不到的作用：「爲了我們的性情溫柔，即使有少數傷兵脾氣壞的，也都不願向我們發洩。」身爲救護女兵，她爲「受傷的戰士洗傷口、敷藥、繃紮、倒開水、餵飯；用溫柔的語言安慰他們，用激昂慷慨的話鼓勵他們，爲他們寫家書，尋找舊衣服給他們禦寒，募集書報給他們看，講述時事給他們聽……」無論是長官或士兵，「只要經過我們醫治過或者慰問過的，大家都有很好的感情，很深刻的印象。」〔註 16〕這是女兵的性別優勢，在謝冰瑩的筆下，可以看到她們充分發揮了這方面的特點。

正因爲對女兵存在許多誤解與質疑，身爲第一批女兵，謝冰瑩的使命感

〔註 13〕 柯惠鈴：《性別與政治——近代中國革命運動中的婦女（1900～1920）》（臺北：政治大學歷史所博士論文，2004 年），第 274 頁。

〔註 14〕 胡蘭畦：〈一段難忘的曲折的女兵生活〉，《武漢文史資料》（武漢：中國人民政治協商會議湖北省武漢市委員會文史資料研究委員會，1980 年），第 138～139 頁。

〔註 15〕 謝冰瑩：〈北伐時期的女兵生活〉，《冰瑩憶往》（臺北：三民書局，1991 年），第 33～34 頁。

〔註 16〕 謝冰瑩：〈在野戰醫院〉，《女兵自傳》，第 313 頁。

和責任心尤勝過男性，軍中女性的愛國意識和男性相比可謂毫不遜色。在 1927年 2 月年隨軍出發鄂西擔任救護隊前，謝冰瑩曾寫了一篇充滿革命情緒的〈出發前給女同學的信〉，發表於武漢的《革命日報》，勸女同學們要把感情武裝起來，爲國捐軀在所不惜，信的部分內容如下：

> 我們現在正式武裝起來了，直接踏上了革命之途，我們的生命，都交給了國家民族，我們的鮮血，都準備著爲痛苦的民眾而流。……

> 我們應該很清楚地知道：我們來學軍事是應時代的需要；現在是什麼時代？是革命的北伐時代，革誰的命呢？革軍閥與帝國主義者的命，革土豪劣紳、貪官污吏、買辦階級的命，革一切封建勢力的命。我們來學軍事政治的目的，是要學習革命的理論，鍛鍊我們的身體，團結我們的精神，統一我們的意志，使我們成爲中國婦女解放的領導者，領導她們都來參加國民革命，因此我們要做一個完美的革命模範女軍人。……

> 我們革命首先要從自己革起！一切不良的習慣、不正確的思想、不規則的言語行動，都要重新改造，成爲一個服從紀律、思想革命化的新我。……

> 要知道我們之所以投筆從戎，一方面固然是爲自己謀求自由平等幸福；但是革命的眞正意義，是爲全國同胞謀求自由平等利益幸福。〔註17〕

這些言詞顯現了一位民國女子對革命殷切的期待與對國家前途的關注，這樣的體認與訴求，完全是現代化革命體制下的嶄新思想，換言之，謝冰瑩所代表的北伐女兵，是一個有思想、有主義、有組織、有紀律的群體。在她所寫的〈女兵生活〉中提到，進武漢分校的第一課就是學會唱一首雄壯的革命歌曲，歌詞是：「三民主義，／始終一致，／國民革命導師：／推翻君主制，／建設共和時，／聯合被壓民族，／努力相扶持；／完成國民革命，／偉大的先知！」她說，在三民主義指導下的國民革命，「像一陣暴風吹倒了滿清帝國，吹醒了夢裏的人們，吹開了革命的鮮花！」〔註18〕在現代革命思想薰陶

〔註17〕 謝冰瑩：〈半世紀前的一封信〉，《冰瑩書信》（臺北：三民書局，1991 年），第 3～8 頁。

〔註18〕 謝冰瑩：〈女兵生活〉，《我的回憶》，第 59 頁。

下，她們表現出和封建帝王時代與軍閥時代截然不同的國家意志與革命精
神。入伍訓練時的步兵操練、閱兵、打野外、放步哨，以及上政治教育課
程，聽名人演講、分組討論等等，都是現代化的軍事基礎訓練，這群女兵因
此脫胎換骨，成爲民國第一批正式訓練下的女兵。謝冰瑩提到，教官經常勉
勵她們：「妳們是中國有歷史以來，第一次的女兵，妳們要做個好榜樣，將來
軍校要不要招收女生，完全看妳們的表現如何。」〔註 19〕值得一提的是，武
漢分校的軍事教育強調政治教育與軍事訓練並重，教導學生「不僅知道槍是
怎樣放法，而且知道槍要向什麼人放」，因此對這批史無前例的女生隊，特別
安排了三十一門政治教育科目，如三民主義、建國方略、國民革命軍歷史及
戰史、中國國民黨黨史、帝國主義侵略中國史、國民革命軍之軍事政治組
織、建國大綱等〔註 20〕。從提倡剪髮、放足到婦女解放，從反帝反封建到打
倒列強反軍閥，邊打仗邊學習，既救護又宣傳，這批女兵就是在這樣特殊的
教育實踐中成長茁壯，爲國民革命盡了一份國民的力量。

　　黃埔軍校女生隊在中國是破天荒的，在世界也是開先河的創舉，斯大林
（斯大林）聽說女生隊成立，曾指示鮑羅廷給予關注，還要求全體女生拍一
張合照送給他，後來這張照片送到了斯大林的辦公桌上。〔註 21〕世界知名作
家羅曼羅蘭在讀了《從軍日記》後，竟然寫信給遠在東方、初執文筆的謝冰
瑩，滿懷熱情地說：「我從汪德耀先生譯的法文《從軍日記》裏面，我認識
了妳──年青而勇敢的中國朋友，妳是一個努力奮鬥的新女性，妳現在雖然
像一隻折了翅膀的小鳥；但相信妳一定能衝出雲圍，遨翔於太空之上的。」
〔註 22〕這當然不是從文學藝術成就角度予以肯定，而是對中國這一批身著軍
裝「新女性」的出現表示感動與鼓舞。

〔註 19〕謝冰瑩：〈女兵生活〉，《我的回憶》，第 62 頁。

〔註 20〕參見于穎慧：〈黃埔軍校首屆女生隊始末〉，《黨史文匯》，2010 年第 6 期，第
35 頁。

〔註 21〕參見于穎慧：〈黃埔軍校首屆女生隊始末〉，《黨史文匯》，2010 年第 6 期，第
38 頁。

〔註 22〕羅曼羅蘭於 1930 年 8 月在法國著名的《小巴黎人日報》頭版發表了對《從軍
日記》的評論文章，題爲〈參加中國革命軍的一個女孩子〉，對此書內容作了
詳細的介紹，但這篇文章並未譯成中文。參見徐小玉：〈從軍日記〉、汪德耀、
羅曼羅蘭〉，《新文學史料》，1995 年第 4 期，第 97 頁。同時，羅曼羅蘭又寫
了一封語多勉勵的信給謝冰瑩，引自朱嘉雯：〈沙場女兵──謝冰瑩〉，《追尋
漂泊的靈魂──女作家的離散文學》（臺北：秀威出版公司，2009 年），第 23
頁。

2. 體現民國體制下，男女平等、全民參與的民主共和特性。

謝冰瑩和五四一代女作家一樣，對父權傳統、封建禮教、包辦婚姻表現出強烈的女性自主意識，幾次逃婚的反抗勇氣使她成了那個時代一個「叛逆的女性」；但她又和五四女作家不同，她為了逃避婚姻，投考軍校，馳騁沙場，使她成了一個「革命的女性」，她身上所具有的「革命性」，不僅是精神上、思想上的，更是身體的、性別的。儘管她曾自言：「在這個偉大的時代裏，我忘記了自己是女人，從不想到個人的事，我只希望把生命貢獻給革命，只要把軍閥打倒了，全國民眾的痛苦都可以解除」〔註23〕，似乎女性主體意識被民族革命意識給沖淡、遮蔽，但事實上這兩者在謝冰瑩身上並沒有如此對立、衝突。她放棄戀愛以追求革命的純粹性，但她並不曾抹滅女性的性別特徵與獨特的生活方式；她試圖與男性一樣從軍報國，但她也體認到女性擅長的是救護與文宣；正因為女性的身份，使她在出征途中看到農村婦女的生活而有較男性更多的同情，因此對女性解放更為關心。

謝冰瑩強烈的女性意識表現在她對男女平等的追求上。她回憶北伐時期的女兵生活，「是和男兵完全一模一樣：穿草鞋，打裹腿，一身灰布軍服，腰間束著一根小皮帶，背著步槍，走起路來，雄赳赳，氣昂昂，一點也沒有女人扭扭怩怩的姿態。」她特別提到一件有趣的小事，由此可以充分看出謝冰瑩力爭與男兵平等的積極心態：「那時我們唯一與男生有區別的，便是在左臂上用兩分寬的紅布縫成一個 W 形的記號；這記號眞害苦了我們，男同學都向我們大開其玩笑，說我們女同學是他們未來的 Wife，把我們氣壞了！我曾經冒險代表全體女同學向楊連長請求，希望他能把 W 改為三道直線，代表眞、善、美。他說：『這是上級命令，不能改的！』」〔註24〕這裡的男女平等，並非要使女性男性化，也不是完全泯滅性別界線，而是強調女性自身的覺醒與獨立價值。新時代與舊時代的差異之一，就是女性不再是無聲的一群，更不是男性的附庸。「民國」的建立，讓女性自主、男女平等成為一種可能。

謝冰瑩在 1979 年接受採訪時明確提到，當初會志願成為女兵的動機有三：第一、參加國民革命；第二、爭取女權平等；第三、反對婚姻制度。可見男女平等的意識很早就在她心中萌芽，她說在學校接受三民主義的課程

〔註23〕引自閻純德：〈謝冰瑩：永遠的『女兵』〉，《女兵謝冰瑩》，第 131 頁。
〔註24〕謝冰瑩：〈女兵生活〉，《我的回憶》，第 58 頁。

時，就已經體認到：「在這樣理想的社會裏，女子和男子一樣享有人生樂趣，再也不受封建思想的壓迫，那該是多麼幸福。真要感謝國父給婦女們開闢了一條光明大道，從此，我們的人格獨立，思想自由，像男子一樣，可以把智慧、能力貢獻給國家，爲社會人群謀福利。」〔註 25〕她之所以反對「父母之命，媒妁之言」的婚姻制度，也是源自於她力爭婚戀自主的反抗意念，認爲女子應該和男子一樣受教育，而不是在家繡花縫針線等著出嫁。

對於國家的未來，身爲女性不應無動於衷，置身事外，她意識到新的國家是屬於全體國民，而不是以男性父權爲主的封建政體。這種新的思想來自對「國民革命」的認識與嚮往。孫中山對「國民革命」的本質有明確的闡釋，認爲是「由全國國民發之，亦由全國國民成之」，這和古代革命由英雄發之、帝王成之迥然不同，也和近代歐洲革命，如英法之資產階級革命，俄國的無產階級革命差異極大，正因其不同於帝王革命和階級革命，其主體是全體國民，故稱爲「國民革命」。〔註 26〕謝冰瑩加入的革命女兵，成員來自農民、工人、軍人、教師、醫生、商人、地主家庭，說明了這是一批由不同出身、不同階級的女性所組成的革命隊伍，和民主共和的新政體一樣，這就體現出不分性別、階級、全民共同參與的民國特性。

正如論者所指出，這批女兵的出現「是首開先河的驚人之舉，是順應歷史潮流的偉大變革，是在婦女解放的歷程尚處在乍暖還寒時節盛開的一朵奇葩，女生隊雖然曇花一現地成爲歷史，卻留下了鏗鏘的時代迴響。女生隊不僅在黃埔校史中有特殊意義，在大革命中做出一定貢獻，也標誌著婦女解放發展到了一個新的高度，開闢了中國軍事教育史的新紀元。」〔註 27〕

四、謝冰瑩女兵書寫的文學史意義

謝冰瑩的女兵書寫，既是慷慨激昂、戰場素描的「兵」的文學，也是婦女解放、獨立自主的「女」的創作。整體而言，謝冰瑩的女兵書寫看不到五四女作家如冰心、凌叔華、廬隱等的溫柔委婉，而是接近於丁玲的豪爽率真。

〔註 25〕秦嶽：〈女兵回響曲——作家謝冰瑩訪問記〉，原載臺灣《明道文藝》，1979年第 1 期，收入《女兵謝冰瑩》，第 187 頁。

〔註 26〕參見《中華百科全書》線上典藏版「國民革命」詞條，中國文化大學製作，1983 年。

〔註 27〕于穎慧：〈黃埔軍校首屆女生隊始末〉，《黨史文匯》，2010 年第 6 期，第 37頁。

在內容上，以北伐、抗戰前線的戰鬥經歷見聞爲主，建構出女性文學中少有的女兵文學；在體裁上，她的女兵書寫主要是日記體和傳記體，兼具文學與報導的藝術表現，使這些作品成爲出色的報告文學。而她以文學表達出對革命的熱烈追求與嚮往，特別是《從軍日記》，可以視爲 1928 年以後革命文學興起前的一個先兆。不論從女性寫作、報告文學或革命文學的成就來看，謝冰瑩的女兵書寫都有著鮮明的文學意義與豐富的歷史內涵。

　　1. 創作以國民革命爲題材的女兵文學，在民國文學史上具有開創性價值，對報告文學、女性文學的發展有突破性的意義。

　　謝冰瑩一生出版的作品計七十餘種，字數有一千多萬，但她留給讀者最深刻的作品依然是早期的《從軍日記》和《女兵自傳》。《從軍日記》使她北伐女兵的形象建立，從文學藝術的角度看，這些日記不免過於粗糙、平面，但由於時代浪潮的激盪與新思想的需求，這部作品成功了。謝冰瑩回憶道：「封面是豐子愷先生的女兒軟軟畫的，剛出來不到一個月，一萬本早已賣光，於是再版、三版一直到十九版，銷路還是那麼好。」〔註28〕因爲這本書的成功，使謝冰瑩決心走上寫作之路，才有後來《女兵自傳》的誕生。

　　謝冰瑩對自己的處女作《從軍日記》顯然並不滿意，她多次提到這些日記在文學藝術表現上的缺失與不足：「每次遇到有人提起《從軍日記》，我便感到怪難爲情，眞的，這本書是我的處女作，論文字，寫得太幼稚了，一點也談不到結構、修辭和技巧」〔註29〕，在寫給林語堂的信中，她也直言「那些東西不成文學」，認爲並無出版的價值。但林語堂有他的見解：「自然，這些從軍日記裏頭，找不出『起承轉合』的文章體例，也沒有吮筆濡墨，慘澹經營的痕跡；……這種少不更事，氣概軒昂，抱著一手改造宇宙決心的女子所寫的，自然也值得一讀。」〔註30〕其實謝冰瑩後來也意識到所寫日記的時代價值，她說：「對於前線的生活和當時的民眾，那種如火如荼的革命熱情，很少有報導的，除了我那十幾篇短短的文字外，很難找到當時的材料。」〔註31〕

　　謝冰瑩將《從軍日記》定位爲「北伐時代的報告文學」，儘管一般研究者

〔註28〕謝冰瑩：〈怎樣寫《從軍日記》和《女兵自傳》〉，《我的回憶》，第 164 頁。
〔註29〕謝冰瑩：〈怎樣寫《從軍日記》和《女兵自傳》〉，《我的回憶》，第 157 頁。
〔註30〕謝冰瑩：〈怎樣寫《從軍日記》和《女兵自傳》〉，《我的回憶》，第 161 頁。
〔註31〕謝冰瑩：〈關於《從軍日記》〉，《謝冰瑩文集》（艾以、曹度主編，安徽文藝出版社，1999 年）上卷，第 287 頁。

的共識是要到 1936 年夏衍〈包身工〉、宋之的〈一九三六年春在太原〉、蕭乾
〈流民圖〉等作品出現，報告文學才算達到成熟的水準，但她的北伐書寫，
因爲是以其親身經歷爲素材，個人的主觀性、寫實性較強，同時其文字也充
滿激情、具有可讀性，因此雖然當時還未出現嚴謹定義下的報告文學，但就
題材、體例和表現手法而言，這部作品可以和 1920 年代瞿秋白的《俄鄉紀
程》、《赤都心史》、茅盾〈五月三十日的下午〉、鄭振鐸〈街血洗去後〉、朱自
清〈執政府大屠殺記〉等視爲早期報告文學的先驅之作，從這個角度看，這
部作品已經具備了開創性的文學史意義。

　　《從軍日記》的戰場速寫，以日記的形式表現，報告文學應該具備的眞
實性獲得充分的保證，但在行文技巧的文學性則被相對忽略。謝冰瑩說：「我
只有一個希望，那就是把我所見所聞的事實，忠實地寫出來。……當時我寫
從軍日記，腦子里根本沒有任何希望，並不想拿來發表，只覺得眼前所看見
的這些可歌可泣的現實題材，假如不寫出來，未免太可惜了。」〔註 32〕也就
是說，從動機上就不是從文學出發，這決定了她的北伐書寫必然是史學價值
要大於文學價值。以時效性而言，由於這些日記都是她在行軍途中利用休息
空檔，靠著膝蓋搶時間寫出來的，「那時我的腦子根本沒有推敲字句的念頭，
只管想到什麼就寫什麼，看見什麼就寫什麼」〔註 33〕，對前方戰事的情況、
民眾的革命熱情、救治傷患的處理、心理的衝擊和思考等，都是第一手的迅
速報導，她扮演了戰地記者的角色，寫完就寄給孫伏園發表，讓讀者第一時
間瞭解北伐的進展，而且不管是故事或人物，她都保留生活原型，因而能帶
給讀者最眞切的感受。

　　《從軍日記》之後，謝冰瑩的報告文學書寫一直持續到抗戰結束，僅 1938
年，她就出版了《在火線上》、《戰士的手》、《第五戰區巡禮》、《新從軍日記》
四部報告文學作品，足見她對報告文學寫作的高昂熱情。寫於 1942 年的長篇
報告文學《在日本獄中》，詳細紀錄了他於六年前在日本因愛國反日而被捕入
獄的經歷，對日本警察局、法院的陰險毒辣、日本平民的反戰思想、生命受
到的威嚇，透過具體的事例娓娓道來，既發洩了她的滿腔悲憤，也深刻地表
露出對國家富強的渴望，不論是材料取捨、情節安排、語言運用等方面，都
使這部作品具有報告文學動人的深度與力度。從北伐到抗戰，謝冰瑩同時扮

〔註 32〕謝冰瑩：〈怎樣寫《從軍日記》和《女兵自傳》〉，《我的回憶》，第 161 頁。
〔註 33〕謝冰瑩：〈怎樣寫《從軍日記》和《女兵自傳》〉，《我的回憶》，第 162 頁。

演了戰地女兵與戰地記者的角色，直到她不再親上前線，才中止了報告文學的寫作。整體來看，《從軍日記》使 1920 年代剛萌芽的報告文學創作留下珍貴的成果，而寫於抗戰時期的那些戰地題材的報告文學作品，則擴大了報告文學的創作格局，使謝冰瑩成爲當時眾多報告文學作家中出色的一位。

謝冰瑩的女兵書寫沒有閨閣風、女兒氣，但字裏行間流淌的仍是女性的視角與思索角度，從女性文學的角度觀察，這些作品揭示了女性不再被個人小我情感所左右，而是走出傳統女性狹隘的世界，將個人命運與國家危亡、時代風雲一起融入筆端，從而確立女性在新時代中的人生價值與位置。研究 20 世紀中國女性文學的學者喬以鋼就反對以「雄化」來概括包括謝冰瑩這類在戰亂頻仍時期創作中忽略自己性別角色的現象，她認爲：

> 就其本質言，這些女作家主體意識結構及創作面貌的改觀，並不是來自以男性思維、男性風采爲範式的一種趨同，而是女性自身由「人」的覺醒所必然帶來的社會參與意識在特定歷史條件下與現實劇烈碰撞的結果。應該說，她們身上的女性意識於此並未消失，而是注入了政治、經濟、文化等多重內涵，從而變得更爲豐滿。〔註34〕

這樣的見解是令人省思的，因爲以傳統性別眼光中所隱含的男性尺度，確實很容易對女性這類創作做出錯誤的判斷。

當《從軍日記》於 1928 年出版的同時，另一位女作家丁玲於《小說月報》發表了對女性意識覺醒影響深遠的小說〈莎菲女士的日記〉，同樣是採用日記體，同樣觸及女性解放議題，但莎菲式的女性雖然力圖掙脫封建牢籠，卻仍醉心於個人幸福愛情的謳歌，掙扎於婚姻、家庭和情慾的矛盾困擾之中，反觀《從軍日記》則體現出更爲強烈的女性覺醒意識，從反封建禮教出發，到反封建軍閥、反日本帝國主義，她的女性書寫明顯地走在時代的前端，和五四女作家的作品相比，更爲堅決，更爲徹底，和傳統女性文學的纖秀柔弱相比，更是一種超越與反叛。

主編《女兵謝冰瑩》一書的學者閻純德也認爲：「這些日記體、書信體的文章，表現了當時轟轟烈烈的偉大時代，反映了青年們的愛國熱忱、人民對革命的支持和擁護，表現了新時代女性的思想、感情及其艱苦的生活。」儘

〔註34〕喬以鋼：《低吟高歌──20 世紀中國女性文學論》（天津：南開大學出版社，1998 年），第 18 頁。

管如謝冰瑩自己所批判的存在許多缺失，「但《從軍日記》在讀者中確實產生了巨大影響，它不僅在作者的生命史上留下了痕跡，而且攝下了歷史風暴的一個側影，作者那顆對民眾的愛心和對土豪劣紳、地主、軍閥的仇恨，還是表現得明明白白的。」〔註35〕和近代許多以戰爭為題材的小說如《西線無戰事》、《戰爭與和平》、《齊瓦哥醫生》等相比，謝冰瑩的女兵書寫和這些以男性為主體，強調戰略兵法、壯烈犧牲、英勇殺敵、時代風雲的書寫模式不同，而是以強烈的自我意識、女性追求主體自由的精神和特殊的女兵題材，突出於世界戰爭書寫的作品之列，展現了獨特的文學魅力。

2. 民國早期「革命文學」的典型之作。

「五四」所掀起的文學風潮，激昂中帶著新鮮銳氣，洶湧中有著共同的理想，思想解放，文化革命，締造了一個「大時代」，一個衝破網羅、翻天覆地的時代，在此來勢洶洶的狂潮下，作家無不受到衝擊和影響，張愛玲在寫於 1944 年的一篇文章〈談音樂〉裏就真實地描繪了她對「五四」的感受：

> 大規模的交響樂自然又不同，那是浩浩蕩蕩五四運動一般地衝
> 了來，把每一個人的聲音都變了它的聲音，前後左右呼嘯喊嚓都是
> 自己的聲音，人一開口就震驚於自己的聲音的深宏遠大；又像在初
> 睡醒的時候聽見人向你說話，不知道是自己說的還是人家說的，感
> 到模糊的恐怖。〔註36〕

謝冰瑩寫《從軍日記》時，正是文壇從「文學革命」向「革命文學」轉向的階段，儘管「五四」對於「個人的發現」是它「最大的成功」〔註37〕，但不可否認的，它也同時形成了一種集體的氛圍，透過民主、科學、啟蒙、解放等名詞共構出了一種時代的共名，而在文學上也追求一種宏大敘事的姿態，這種姿態在革命文學到來時更加確立，到了抗戰時期則巨大到成為無所不在的使命感。這從謝冰瑩的《從軍日記》到《抗戰日記》，就可以清晰地看到這條路線的轉變。

郭沫若於 1926 年發表的〈革命與文學〉，慷慨激昂地呼籲青年：「我希望

〔註35〕閻純德：〈謝冰瑩：永遠的『女兵』〉，《女兵謝冰瑩》，第 132、133 頁。

〔註36〕張愛玲：〈談音樂〉，《流言》（臺北：皇冠出版社，1981 年），第 196 頁。

〔註37〕郁達夫說：「五四運動最大的成功，第一要算『個人』的發見。」見《中國新
文學大系・散文二集・導言》（臺北：業強出版社重印本，1990 年），第 5 頁。
這套大系原由趙家璧主編，1935 年至 1936 年間由上海良友圖書印刷公司出
版，業強出版社於 1990 年根據原版重印。

你們成爲一個革命的文學家，不希望你們成爲時代的落伍者，……你們要把自己的生活堅實起來，你們要把文藝的主潮認定！你們應該到兵間去、民間去、工廠間去、革命的漩渦中去，你們要曉得我們所要求的文學是表同情於無產階級的社會主義的寫實主義的文學……」〔註 38〕；蔣光慈在〈死去了的情緒〉中也提到：「革命這件東西，倘若你歡迎它，你就有創作的活力；否則，你是一定要被它送到墳墓中去的。在現在的時代，有什麼東西能比革命更活潑，光彩些？」《從軍日記》打破了傳統女性文學的婉約格局，堅決徹底地擺脫以往女性的束縛，其「革命性」、「反叛性」是無庸置疑的，由在愛國情操、戰鬥氣息文字底下的革命活力來看，完全可以將它視爲早期的「革命文學」典型之作。

《從軍日記》卷首〈編印者的話〉就清楚指出：「文學如果是以情感爲神髓的，而革命文學又是革命者情感的宣露，那這一部《從軍日記》的內容，庶幾當的住革命文學的稱號。」在這部作品裏處處可見謝冰瑩對革命運動的熱烈嚮往，例如〈寄自嘉魚〉：「伏園先生，可惜我的情緒不是從前那種幽美的纏綿的，而是沸騰騰的革命熱情，殺敵衝鋒的革命熱情，我再也寫不出什麼美的文章美的詩歌來了。」〔註 39〕又如〈從峰口至新堤〉中借朋友季黎之口道出：「我們要把我們自己的生命看得很寶貴的，我們的一個生命，就是我們黨的一個細胞，死了我們一個，就是死了一個黨的細胞。」〔註 40〕還有稍早前寫的〈出發前給三哥的信〉也有一段眞實的自剖：「我決不是爲慕虛榮，……爲陞官發財，……想外出瀏覽風景而參加北伐，我實在是因爲我確實認清了我出發的目標，所以才敢不顧一切的往血中奔去。」那目標就是看護傷兵、宣傳革命，以期北伐早日成功。正是這顆赤裸的革命之心，眞誠的革命之情，使她拿起筆來敘寫親見耳聞的革命之事：「我便想多多利用我這枝筆，寫一些當時轟轟烈烈偉大的革命故事出來，以反映當時青年們是怎樣地愛國，民眾們是如何地擁護我們的革命軍和革命政府。」〔註 41〕也正是這樣的革命色彩與愛國精神，使 1920 年代興起的革命文學潮流，多了《從軍日記》

〔註 38〕 郭沫若：〈革命與文學〉，原載 1926 年 5 月 16 日《創造月刊》第 1 卷第 3 期。引自王訓昭等編：《郭沫若研究資料》（北京：知識產權出版社，2010 年），第 187 頁。
〔註 39〕 謝冰瑩：〈寄自嘉魚〉，《謝冰瑩文集》上卷，第 301 頁。
〔註 40〕 謝冰瑩：〈從峰口至新堤〉，《謝冰瑩文集》上卷，第 312 頁。
〔註 41〕 謝冰瑩：〈怎樣寫《從軍日記》和《女兵自傳》〉，《我的回憶》，第 160 頁。

這一個動人、激越的浪頭，有論者就認為：「《從軍日記》之所以會這樣風靡文壇，很重要的一點，就是因為它是『革命文學』，題材新，思想新，充滿了純正剛健的戰鬥氣息。」〔註42〕

北伐時期，作家投入實際革命運動者多，兼及文學創作者少，而在少數的革命文學作品中，不可避免地存在思想簡單化、情感公式化、文字口號化的缺失，相較之下，《從軍日記》固然也有幼稚、粗糙的一面，但以 1920 年代革命文學的成果而言，這部作品和蔣光慈的小說如《鴨綠江上》、《少年漂泊者》等堪稱是這個時期較受矚目、也較有代表性的革命文學之作。正如楊聯芬所言：「《從軍日記》的一炮而紅，……在讀者中獲得的強烈反響，使我們確信，在『革命』已經成為時代聚焦點的 20 年代後期，作者親歷沙場的對革命的直接書寫，至少使那些上海文人虛構的『革命文學』黯然失色，因其『真實』而深受歡迎。」〔註43〕當許多從事革命文學創作的作家還在「革命加戀愛」的圈子裏打轉之際，謝冰瑩的北伐書寫已然跳脫此一寫作模式而形成它獨特的時代價值與藝術魅力。

五、來臺後的女兵「改寫」

二度從軍、三度入獄、四次逃婚的謝冰瑩，以其女兵書寫活躍於 1920～1930 年代，不論是女性覺醒的象徵，還是革命文學的左翼形象，都巧妙地被包裝在從軍愛國的政治正確身份下，並因此在當時產生過重要的影響。1948年，她離開北平轉往臺灣，在大學中文系任教，講授「國文」、「新文藝習作」等課程，直到退休赴美。來到臺灣之後的謝冰瑩，以其黃埔出身的女兵血統，加上愛國形象的深入人心，其散文〈蘆溝橋的獅子〉被選入中學國文課本，同時，透過報刊專欄，發揮自身累積深厚的婦運影響力，鼓吹女權思想，喚醒女性在經濟和婚姻裏的獨立性別意識。然而，敏感的謝冰瑩很快意識到戰後的臺灣已經是政治戒嚴時期，反共文藝已是官方政策，婦女運動也納入政府管控，儘管還是國民政府，但換了時空，也變了面貌，這讓她不得不做出相應的調整，甚至修正。最明顯的例證是，她開始對過去的女兵書寫進行隱晦的改寫。1955 年由力行出版社印行的《女兵自傳》大幅修改了 1930 年代的

〔註42〕蔣明玳：〈一個女兵的心靈之路——謝冰瑩創作簡論〉，《南京廣播電視大學學報》，1999 年第 3 期，第 45 頁。

〔註43〕楊聯芬：〈女性與革命——以 1927 年國民革命及其文學為背景〉，《貴州社會科學》，2007 年第 10 期，第 93 頁。

《一個女兵的自傳》和 1940 年代的《女兵十年》，以往文中不斷出現的「革命」口號減少了，曾有的激進社會主義立場也修正爲溫和社會主義，更重要的，她曾經參與過左翼社會革命運動的文字被全數刪除，和北方左聯的關係被淡化或否認，這些改寫文字的背後，是作家心境與思想的微妙表達，其中難言的隱痛值得進一步挖掘討論，這是一個有趣的議題，但只能另撰他文來詳細分析了。

走向革命洪流的文學批評家
——論茅盾文學批評生涯之 1920～1927

張霞（西華師範大學）

在五四新文化運動的影響下，茅盾主動學習和引進西方文化，自覺地將傳統文化思想中的「治國平天下」精神同社會現實需要相結合，調整並轉化成為一種適應新的歷史文化語境的價值追求，一種積極有為的文學追求和政治理想。在 60 多年的文學批評生涯中，茅盾始終把自己的政治熱情融注在文學批評的字裏行間，這使他的文學批評與政治產生了複雜的關係。政治、文學之間的矛盾和傾斜，既是茅盾文化人格中最為突出的特徵，也是茅盾文學批評發展的內在線索。根據茅盾與社會政治運動的關係，其文學批評的發展歷程可以南昌起義和抗戰爆發為界分為三個階段。南昌起義前，茅盾有著文學批評家與政治活動家的雙重身份。這兩種身份最初在茅盾身上能夠和諧共存，但隨著革命形勢的發展以及生存處境的變化，茅盾開始更多地投入社會政治運動，其雙重身份就不平衡了。南昌起義到抗戰前，作為黨外左翼文人，茅盾的文學批評時而偏重文學自身特性，時而片面追求文學的政治功利價值，在政治與文學的矛盾中逐漸向政治傾斜。抗戰爆發後，受政治環境的影響，茅盾主要以政治功利價值為文學判斷的標準，成為政治化的文學批評家。

聚焦於茅盾 1920 年至 1927 年 7 月的人生軌跡，可以發現，在茅盾文學批評生涯的第一個階段內，由於政治語境及生存境遇的轉換，茅盾的文學批評在數量和內容上都有明顯的變化。生存境遇與個人性格、理想抱負相結合，讓茅盾走向革命洪流，其文學批評寫作逐漸讓位於政論、雜感類寫作，其「為

人生」的文學主張也逐漸被「爲革命」的主張所取代。這一發展與變化軌跡，在茅盾這段文學批評生涯中留下了清晰的印跡。

一

從 1920 年代初開始，茅盾既高張「爲人生」的大旗，提倡「表現人生、指導人生」〔註1〕的現實主義文學，又關注社會政治的發展並親身投入到社會政治活動中。這使茅盾有著文學批評家與政治活動家的雙重身份。他既加入上海的共產黨小組又參加北京的文學研究會；既是文研會「爲人生」文學觀的理論代表，又是早期共產黨內宣傳馬克思主義的筆桿子。這種雙重身份與生存境遇相結合，決定了茅盾這一時期文學批評的內容特徵和發展趨向。

1920 年 1 月，茅盾發表第一篇文學論文《現在文學家的責任是什麼？》，初步表達了自己「爲人生」的文學觀。他說：「文學是爲表現人生而作的。文學家所欲表現的人生，決不是一人一家的人生，乃是一社會一民族的人生」。茅盾還進一步指出「表現人生」的文學是「『血』和『淚』寫成的，不是『濃情』和『豔意』做成的，是人類中少不得的文章，不是茶餘酒後消遣的東西！」〔註2〕茅盾不僅重視文學反映社會現實、揭露社會黑暗的功能，更強調文學在「表現人生」的基礎上應具有「指導人生」的能力。「能夠擔當喚醒民眾而給他們力量的重大責任」〔註3〕，能指示人生向更善美的將來。對文學「指導人生」的強調，清晰地呈現了茅盾「爲人生」文學觀強烈的社會政治功利取向。這種功利傾向強烈的文學觀主要是在俄國現實主義文學的影響下形成的。十九世紀俄羅斯現實主義文學家強烈的社會責任感和參與意識本來就與中國傳統的「治國平天下」、「以天下爲己任」的價值觀念有著精神上的相通，又契合了「五四」新文化運動的精神追求，從而受到茅盾的熱烈推崇。俄國文學家把文學看作是「民族的秦鏡，人生的禹鼎」，提倡文學「不但要表現人生，而且要有用於人生」〔註4〕的觀點，使茅盾在自己的傳統文化思想和現代性的文學追求之間找到了「爲人生」的中介。「表現人生」，「指導人生」，成爲茅

〔註1〕 茅盾：《新舊文學平議之評議》，《茅盾文藝雜論集》，上海：上海文藝出版社，1981 年，第 12 頁。
〔註2〕 茅盾：《現在文學家的責任是什麼？》，《茅盾文藝雜論集》，第 3 頁。
〔註3〕 茅盾：《「大轉變時期」何時來呢？》，《茅盾文藝雜論集》，第 160 頁。
〔註4〕 茅盾：《俄國近代文學雜譚》，《小說月報》第 11 卷第 1、2 號。

盾早期文學批評判斷文學價值的重要標準。

　　作爲文學研究會的理論代表，茅盾一開始就把「爲人生」的矛頭直指以文學爲遊戲消遣的鴛鴦蝴蝶派。他說：「文學不是作者主觀的東西，不是一個人的，不是高興時的遊戲或失意時的消遣。……文學的目的是綜合地表現人生」〔註5〕。茅盾不僅在文學觀念上明確反對舊式文人的思想立場，擔任《小說月報》主編之後，更以實際行動反對舊文學，封存《小說月報》已買下的鴛鴦蝴蝶派文人的稿件，拒絕刊發他們的作品，這招來了鴛鴦蝴蝶派文人的攻擊和謾罵。爲了剷除這股影響新文學健康發展的舊勢力，茅盾發表了著名的《自然主義與中國現代小說》一文，從文學思想、創作方法方面批判了以鴛鴦蝴蝶派爲代表的舊派小說。他準確地抓住該派文人「記帳式」的敘述和嚮壁虛造的作風，揭露他們「思想上的一個最大的錯誤，就是遊戲的消遣的金錢主義的文學觀念。」〔註6〕爲了使中國現代小說克服「記帳式」的敘述和嚮壁虛造的作風，使新文學創作在描寫方法上擺脫舊小說的束縛，茅盾主張新文學作家應借鑒自然主義實地觀察與客觀描寫的方法。在他看來，自然主義最大的目標是「眞」，特別注重事事實地觀察，並把所觀察的客觀地描寫出來，這種方法正好用來救治中國現代小說「不知道客觀的觀察，只知主觀的嚮壁虛造」〔註7〕的作風。

　　茅盾倡導自然主義的客觀描寫，主要是針對舊派文人的創作，但同時也針對新文學初期創作所暴露出來的問題。作爲《小說月報》主編，茅盾每天要接觸大量的文學作品。新文學初期創作中大量用意淺顯、內容單薄、題材雷同的觀念性、說教性作品，引起了茅盾的重視。他認爲新文學創作題材過分集中、描寫缺乏個性的原因，主要是由於作家生活經驗不夠，缺乏相應的把握和表現生活的能力，缺乏客觀的描寫方法所造成的。因此，茅盾表示：「我對於現今創作壇的條陳是『到民間去』；到民間去經驗了，先造出中國的自然主義文學來。否則，現在的『新文學』創作要回到『舊路』。」〔註8〕他還進一步指出，僅僅記述「人生實錄」算不上藝術作品，「自然派的精神並不只在所描寫者是實事，而在實地觀察後方描寫」，因此，新文學家「亦惟先做過綿

〔註5〕　茅盾：《文學和人的關係及中國古來對於文學者身份的誤認》，《茅盾文藝雜論集》，第24頁。

〔註6〕　茅盾：《自然主義與中國現代小說》，《茅盾文藝雜論集》，第90頁。

〔註7〕　茅盾：《自然主義與中國現代小說》，《茅盾文藝雜論集》，第96頁。

〔註8〕　茅盾：《評四五六月的創作》，《茅盾文藝雜論集》，第61頁。

密的觀察而後寫出來的,方才同做一題而內容不雷同。」〔註9〕

　　應該指出的是,茅盾提倡自然主義有著明確的實用目標和選擇態度。他是針對舊派小說的弊病和發展新文學的需要,提倡在表現手法上借鑒自然主義的實地觀察和客觀描寫,以增進新文學創作表現人生的真實性。難得的是,茅盾對自然主義能取既有借鑒又有批判的客觀態度。他特別反感左拉那種專在人間看出獸性的偏見,一再強調自然主義寫作方法與自然主義思想的區別:「自然主義是一事,自然派作品內所含的思想又是一事,不能相混。採用自然主義的描寫方法並非即是採用物質的機械的命運論」〔註10〕。可見,茅盾雖提倡自然主義,卻沒有放棄「為人生」的立場。他對自然主義寫作方法的提倡,仍然是從文學應該真實地表現人生這一基本觀點出發的,根本上還是為了使文學在真實表現人生的基礎上能夠實現指導人生的目的。

　　為了響應「五四」思想啟蒙的時代潮流,茅盾還大力宣揚文學、文學家在鼓吹、宣傳新思想方面指導人生的作用。他說:「自來一種新思想發生,一定先靠文學家作先鋒隊,借文學的描寫手段和批評手段去『發聾振聵』」,而「把德謨克拉西充滿在文學界」則是新文學家的積極責任〔註11〕。他還直接表明自己「是主張用文藝來鼓吹新思想的」,認為「凡是一種新思想,……定須借文學的力量,就是在現實人生裏找尋出可批評的事來,開始攻擊,然後這新思想能夠『普遍宣傳』。」〔註12〕此外,茅盾還主張通過表現理想來達到文學指導人生的目的。他認為「藝術作品決不能完全不帶一些理想」〔註13〕,文學描寫人生,「猶不能無理想做個骨子了。」〔註14〕在茅盾看來,自然主義現實主義忠實暴露社會黑暗,不加作者主觀的見解,不能調劑人的感情,會使讀者悲觀失望。因此他提倡表象主義,認為新浪漫派「的確有可以指人到正路,使人不失望的能力」〔註15〕。儘管茅盾此時對「表象主義」、「新浪漫

〔註 9〕 茅盾:《一般的傾向》,《茅盾文藝雜論集》,第 78、79 頁。

〔註 10〕 茅盾:《自然主義與中國現代小說》,《茅盾文藝雜論集》,第 96 頁。

〔註 11〕 茅盾:《現在文學家的責任是什麼?》,《茅盾文藝雜論集》,第 5 頁。

〔註 12〕 茅盾:《對於系統的經濟的介紹西洋文學底意見》,《茅盾文藝雜論集》,第 14 頁。

〔註 13〕 茅盾:《藝術的人生觀》,《茅盾全集》第 18 卷,北京:人民文學出版社,1991 年,第 36 頁。

〔註 14〕 茅盾:《文學上的古典主義浪漫主義和寫實主義》,《學生雜誌》第 7 卷第 9 號。

〔註 15〕 茅盾:《我們現在可以提倡表象主義的文學麼?》,《茅盾全集》第 18 卷,第 28 頁。

派」等概念的認識還不夠明晰和準確,但可以看出,他鼓吹文學宣傳新思想、表現理想,是出於對文學宣傳作用的深刻認識,這充分體現了其「為人生」文學觀追求文學社會政治功利作用的特徵。

早在 1920 年 10 月茅盾就加入了共產黨小組,但出於生存問題的考慮,茅盾在 20 年代初關注更多的是自己賴以謀生的文學工作。文學工作帶給茅盾的不僅是經濟上的保障,還有事業成功的喜悅與滿足。從 1920 年編輯《小說月報》「小說新潮」欄起,茅盾寫了大量的文學評論文章,積極宣傳《新青年》的思想和主張,關注新文學的創作與發展。這種緊跟時代潮流、宣傳新文學的舉措契合了商務當局盈利的需要,給茅盾帶來的直接利益便是榮升《小說月報》主編。《小說月報》改革的成功及其在社會上引起的巨大反響,給茅盾帶來了極大的聲譽,他成了文學研究會的理論代表、著名的編輯和文學批評家。「青年時甫出學校,即進商務印書館編譯所,四年後主編並改革《小說月報》,可謂一帆風順。」〔註16〕茅盾晚年回憶這段經歷時,成功、滿足之感仍不減當年。回顧茅盾這段生活經歷,是想說明:雖然政治活動家的身份會對其 20 年代初期的文學批評產生影響,但茅盾此時最得意的身份──文研會理論代表、著名編輯和文學批評家──決定了他對文學功利作用的追求更主要的是從「為人生」文學觀的倡導者而不是政治活動家的立場出發的,其雙重身份因此相互獨立又和諧共處。強烈的現實主義思想與積極的政治參與意識相結合,使茅盾的文學批評在「為人生」文學觀的指導下更為貼進五四反傳統的時代潮流和新文學發展的現實需要。

二

在 1928 年 10 月發表的《從牯嶺到東京》一文中,茅盾有一段自我總結較少為人注意:「在過去的六七年中,人家看我自然是一個研究文學的人,而且是自然主義的信徒,但我真誠地自白:我對於文學並不是那樣的忠心不貳。那時候,我的職業使我接近文學,而我的內心的趣味和別的許多朋友──祝福這些朋友的靈魂──則引我接近社會運動。我在兩方面都沒專心;我在那時並沒想起要做小說,更其不曾想到要做文藝批評家。」〔註17〕

〔註16〕茅盾:《我走過的道路·序》,見《我走過的道路》(上),北京:人民文學出版社,1981 年。

〔註17〕茅盾:《從牯嶺到東京》,《茅盾論創作》,上海:上海文藝出版社,1980 年,第 29 頁。

「在過去的六七年中」，茅盾先後以文學批評家和作家的身份蜚聲文壇。但考察茅盾這期間的社會活動，可以發現他對於文學的確「不是那樣的忠心不貳」。茅盾一足踏上文壇，同時也一足踏入社會政治運動。1920 年 7 月，茅盾結識陳獨秀等人，此後經常參加他們的聚會。在這些政治人物的影響下，茅盾內心深處強烈的政治興趣開始表現出來。1920 年 10 月加入上海共產黨小組後，茅盾更把自己大量的業餘時間花在社會活動中，他宣傳和介紹共產黨的理論，擔任中共中央的聯絡員，參加各種社會政治活動。茅盾的職業使他接近文學，成爲一名文學批評家，而內心的政治興趣，則使他同時又成爲一名積極的政治活動家。可茅盾卻說「我在兩方面都沒專心」。從茅盾 20 年代從事文學批評的實績與參加政治活動的熱情看，他這話似乎有些謙虛，但結合茅盾的生存狀況來看，倒也頗符合實情。茅盾早年經歷的家道中落及家庭變故使他強烈地期望通過自己事業的成功來改變家庭的生存狀況，代替父親支撐門庭，給母親以精神上的慰藉與依靠。生存的需要使茅盾被動地選擇了文學的職業後又主動地投入到對文學事業的追求之中。儘管內心的政治趣味使他一早就參加了共產黨，熱心地投入社會政治運動。但是，出於生存的考慮，他在守著《小說月報》主編之職時，不可能全身投入政治運動，仍把主要精力放在作爲全家經濟來源的文學編輯、文學批評工作上。這使他早期在社會政治運動方面不夠「專心」。其文學批評儘管重視文學的社會功利作用，但主要還是從文學自身出發，尊重文學的藝術特徵和規律。政治活動家的身份並沒有使茅盾直接把文學看作政治宣傳的工具，反而在一定程度上開闊了他的視野和思維，使他在文學批評實踐中十分關注帶政治意味和社會色彩的作品，並從與時代的聯繫中考察作家作品的得失。作品的思想內容及其對社會現實、時代特徵的反映成爲茅盾關注的焦點。在 20 年代初的文學批評界中，茅盾的文學批評一開始便顯露出一種大氣磅礴的現實精神，並以其鮮明的時代精神和戰鬥性特色贏得了當時眾多作家、讀者的好評。

如果說，在考慮生存問題的基礎上，茅盾文學批評家與政治活動家的身份在 20 年代初期相互獨立又相得益彰，其文學批評因此在政治與文學之間獲得了一定程度上的和諧，那麼，這種和諧很快便被生存的壓力破壞了。1922年底，在與鴛鴦蝴蝶派文人的衝突中，商務當局背信棄義，迫使茅盾辭去了《小說月報》主編之職。這使尚沉浸在個人事業「一帆風順」的喜悅中的茅盾受到了極大的打擊。他在憤怒之餘，深感自己個人力量的渺小，生存處境

的艱難。對個人事業的追求、改變生存處境的決心使茅盾開始把大量的精力投注到社會政治活動之中，期望通過集團的力量來實現自己的個人事業，改變自己的生存處境。從 1923 年 7、8 月起，茅盾由過去的白天搞文學、晚上搞政治，發展到白天也要搞政治。1925 年 5 月 31 日，茅盾親自參加了五卅運動示威遊行。1925 年 12 月，茅盾受共產黨中央的指示，與惲代英一起籌備組織兩黨合作的國民黨上海特別市黨部執行委員會。1926 年元旦，赴廣州參加國民黨第二次全國代表大會，在這期間他被商務印書館辭退。會後，留廣州任國民黨中宣部秘書，接編國民黨政治委員會的機關報《政治周報》。1926 年底，赴武漢，任中央政治軍事學校武漢分校的政治教官，4 月初，擔任《漢口民國日報》總主筆。生存、事業、理想和革命形勢讓茅盾走向革命洪流，把他逼成了一個職業革命者。

三

從兼顧政治活動到全身投入革命洪流，茅盾文學批評家與政治活動家的雙重身份逐漸呈現出不平衡。這在茅盾 1920～1927 年間的文學批評及政論、雜感寫作方面中留下了清晰的印跡。

職業狀況	編輯、主編《小說月報》			留任商務			全身投入革命工作	
年　份	1920	1921	1922	1923	1924	1925	1926	1927（1～7 月）
文學批評篇數	13	28	48	21	10	7	3	2
分段總計		89			38			5
政論、雜感篇數	20	43	16	11	142	4	11	38
分段總計		79			157			49

如圖表所示〔註 18〕，茅盾編輯、主編《小說月報》的 3 年，批評文章共89 篇；不編《小說月報》但留任商務的 3 年 38 篇；被商務印書館辭退後全身投入革命洪流的一年半中僅 5 篇，其中序言就有 3 篇。從 1923 年起，茅盾的文學批評文章逐年減少，而響應共產黨文學主張的文章卻越來越多。1923 年10 月，惲代英、鄧中夏等人剛剛提出文學要配合革命發展的需要，茅盾便發

〔註18〕 本圖表的數據統計依據收錄文學批評（1920～1927）的《茅盾全集》第 18、19 卷，北京：人民文學出版社，1991 年；收錄政論、雜感（1920～1927）的《茅盾全集》第 14、15 卷，北京：人民文學出版社，1987 年。

表《「大轉變時期」何時來呢？》加以響應。1924 年，泰戈爾訪華，茅盾根據中共中央的意思寫了《對於泰戈爾的希望》、《泰戈爾與東方文化》等文章，批判泰戈爾的東方文化復興論。1925 年 5 月，茅盾又發表《論無產階級藝術》，闡述無產階級文學思想，響應「革命文學」的潮流。在隨後的《文學者的新使命》一文中，茅盾儼然以無產階級文藝家的身份呼籲：「文學者目前的使命就是要抓住了被壓迫民族與階級的革命運動的精神，用深刻偉大的文學表現出來」，「感召起更偉大更熱烈的革命運動來」，「為無產階級文化盡宣揚之力」〔註19〕。比較茅盾在第一篇文學論文中說「文學是為表現人生而作的」、文學家所欲表現的人生「乃是一社會一民族的人生」那種寬泛而籠統的論調，茅盾此時確實已顯示出了「頭角崢嶸，鬚眉畢露」〔註20〕的無產階級藝術精神了。

統計 1920～1927 年 7 月茅盾所作的政論、雜感類文章，如圖表所示，1920～1922 年 79 篇，主要是談論五四新文化運動提出的熱點問題，如婦女解放、男女社交、自由戀愛、家庭改制等。留任商務期間尤其是 1924 年，這類文章在數量上激增，3 年達 157 篇。或批判北洋政府、或揭露曹錕賄選、或批判軍閥混戰，文章大多篇幅短小，但針砭時政卻鋒芒畢露。1926～1927 年 7 月的 49 篇中，除議論北伐、批判蔣介石、批判四一二政變外，還有政治運動報告類文章。由討論普泛的社會文化問題逐漸轉入具體政治事件、政治人物的針砭，從內容上的變化可以看出，茅盾政治活動家的身份意識隨著其政治活動的深入在不斷加強。

從數量上對比茅盾這一時期的政論、雜感類文章和文學批評類文章，更能呈現其雙重身份由和諧到不平衡的發展狀況。統計顯示，編輯、主編《小說月報》的 3 年，茅盾的文學批評類文章和政論、雜感類文章在數量上差距不大。失去主編之職後的 3 年，文學批評類文章比前 3 年減少了一半多，而政論、雜感類文章卻比前 3 年多了將近一倍，政論、雜感類文章是文學批評類文章的 4 倍多。1926～1927 年 7 月間，茅盾忙於革命事務，兩類文章都不多，但政論、雜感類文章卻近 10 倍於文學批評類文章。可見，從 1920～1927 年 7 月，茅盾經歷了一個從專心文學批評、旁騖政治活動到專心政治活動以至幾乎放棄文學批評的過程。改變個人生存處境的強烈願望使茅盾在這過

〔註19〕茅盾：《文學者的新使命》，《茅盾文藝雜論集》，第 219 頁。
〔註20〕茅盾：《論無產階級藝術》，《茅盾文藝雜論集》，第 184 頁。

程中一反自己冷靜、穩重的性格，通過文學批評甚至直接的政治活動狂熱地追逐革命潮流。這使他對文學問題和政治問題都缺乏深入的思考，而顯示出與其性格相悖的激進與盲目。在這方面，《論無產階級藝術》一文最具代表性。

《論無產階級藝術》對無產階級藝術的歷史形成、產生條件、範疇、內容、形式等五個方面作了系統的探討。不少研究者認爲該文標誌著茅盾實現了「爲人生」文學觀向無產階級文學觀轉變。轉變確實有，但其原因和程度卻需要仔細探討。從茅盾的生存境遇看，造成茅盾文學觀念轉變的動力主要是生存壓迫導致的政治訴求，而不是思想認識發展提高的結果。儘管茅盾晚年自稱寫作該文「有清理一番自己過去的文學藝術觀點的意思，以便用『無產階級藝術』來充實和修正『爲人生的藝術』。」〔註21〕但有足夠的證據證明該文並不是茅盾深入思考、分析文學問題之後所作出的理論闡釋。據日本學者白水紀子考證，茅盾這篇文章是根據蘇聯文學家亞・波格丹洛夫的《無產階級藝術的批評》轉譯加工而成的〔註22〕。從批評實踐看，1925 年以後，指導茅盾文學批評的仍然是「爲人生」的文學觀。如在 1926 年的《中國文學不能健全發展之原因》、1927 年的《魯迅論》、1928 年的《王魯彥論》和《從牯嶺到東京》等著名文章中，茅盾主要仍以「表現人生」、「指導人生」的準則批判傳統文學、評價魯迅等作家，在指出革命文學的種種弊病時，也主要以「爲人生」的文學觀爲參照。這說明，茅盾此前的文學觀儘管在向無產階級革命文學觀靠攏，但並沒有實現根本意義上的轉變，《論無產階級藝術》最多能證明茅盾政治思想上的馬克思主義立場。正如許道明說，我們完全沒有必要將茅盾此時對無產階級文學思想的把握估計得太高，雖然馬克思主義文藝理論確實已進入了茅盾的視野，但它們大體上還是從屬於他的政治立場，是作爲某種文學理想出現在他的言論中的。〔註23〕因此，茅盾倡導「無產階級藝術」，不過是站在共產黨員的立場上，根據惲代英、鄧中夏等人提出的「革命文學」話題，借助一些蘇聯文學材料，而作出的一種理論上乃至階級立場上的表態而已。正是這次激進而盲目的表態，讓茅盾在後來的「革命文學」

〔註21〕茅盾：《我走過的道路》（上），北京：人民文學出版社，1981 年，第 286 頁。
〔註22〕〔日〕白水紀子：《關於〈無產階級藝術〉出處的說明和一些感想》，《茅盾研究》第 5 輯，北京：文化藝術出版社，1991 年，第 513～518 頁。
〔註23〕許道明：《中國現代文學批評史》，南京：江蘇文藝出版社，1995 年，第 224 頁。

論爭中陷入了被動的局面，錢杏邨等人因爲茅盾主張文學也應該表現小資產階級，把他稱作小資產階級的代言人，批判其政治立場上的倒退。

結　語

　　追求個人事業的迫切心理所強化的政治參與意識，與茅盾性格上的膽小、柔弱之間的矛盾決定了他既不能成爲一個忘我的文學批評家，也不能成爲一個完全獻身革命鬥爭的政治活動家。大革命運動的失敗與流血犧牲給茅盾精神上以沉重的打擊和震懾，使他自動從革命的洪流中退了出來，就充分說明他並不具備一個職業革命家的心理素質和獻身精神。他對於革命事業也像他對文學事業那樣，並非「那樣的忠心不貳」。茅盾說自己在文學工作和社會政治運動「兩方面都沒有專心」，是因爲他對二者的選擇主要是從個人的生存境遇出發的。生存境遇與個人性格、理想抱負相結合，讓茅盾的雙重身份從和諧到不平衡，也無可避免地讓茅盾 30 年代的文學批評陷入政治與文學的兩難。

作 品 論

反赤、反帝與修辭
——萬國安的《國門之戰》與中東路事件

姜飛（四川大學）

萬國安在 1930 年代是與黃震遐並稱的「民族作家」〔註1〕，「生長在北國的草原地帶」〔註2〕，曾在東北軍梁忠甲旅任下級軍官，在 1929 年親歷中東路事件，抗擊蘇聯紅軍於札蘭諾爾和滿洲里〔註3〕。後南下加入中央軍教導第二師，參加中原大戰，與黃震遐等民族主義文學作家往還〔註4〕，曾在上海寫作爲生。1934 年短暫離開上海赴江西，隨軍採訪國民黨部隊圍剿共產黨紅軍的行動〔註5〕。

萬國安受黃震遐和《前鋒月刊》編輯影響而致力於民族主義小說寫作，發表過《刹那的革命》〔註6〕、《國門之戰》〔註7〕、《準備》〔註8〕、《義和屯之戰》〔註9〕、《索倫山》〔註10〕、《東北英雄傳》〔註11〕和《三根紅線》

〔註1〕《兩個民族作家？黃震遐與萬國安》，《紅綠》（上海），1936 年第 1 卷第 2 期。
〔註2〕萬國安：《老祖母：鄉居雜記之一》，《新人周刊》（上海），1935 年第 2 卷第 12 期。
〔註3〕黃震遐：《國門之戰・黃震遐的序》，《前鋒月刊》（上海）第 1 卷第 6 期。
〔註4〕黃震遐：《隴海線上》，《前鋒月刊》（上海）第 1 卷第 5 期。
〔註5〕萬國安：《籐沙碉堡線上：隨軍散記之一》，《空軍》（南京），1935 年第 146 期；萬國安《強襲龍岡：隨軍散記之二》，《空軍》（南京），1935 年第 147 期；萬國安《記寧都之行：隨軍散記之三》，《空軍》（南京），1935 年第 150 期。
〔註6〕萬國安：《刹那的革命》，《前鋒月刊》（上海），1931 年第 1 卷第 5 期。
〔註7〕萬國安：《國門之戰》，《前鋒月刊》（上海），第 1 卷第 6 期。
〔註8〕萬國安：《準備》，《前鋒月刊》（上海），1931 年第 1 卷第 7 期。
〔註9〕萬國安：《義合屯之戰》，《民族文藝》（上海），1934 年第 1 卷第 1 期。
〔註10〕萬國安：《索倫山》，《矛盾月刊》（上海），1933 年第 2 卷第 4 期。
〔註11〕萬國安：《東北英雄傳》，大華書局（上海），1933 年。

〔註 12〕等小說。其中《國門之戰》是其成名作，曾引起左右翼文藝界的關注，尤其是左翼因其「進攻蘇聯」等問題而曾將其與黃震遐的詩歌《黃人之血》相聯繫予以激烈批判。

從 1927 年底蔣介石宣佈與蘇聯絕交〔註 13〕，到 1932 年底兩國復交，蘇聯一度是國民政府的雙重敵人，被稱爲「赤色帝國主義」，在意識形態和國家利益兩方面都與國民政府存在深刻的矛盾，矛盾的雙重性表現於 1929 年的「中東路事件」，也呈現於萬國安的《國門之戰》，甚至體現於左翼對《國門之戰》和「中東路事件」本身的尷尬反應。在「中東路事件」中，蘇聯的形象是雙重的，而《國門之戰》的民族主義敘述，也顯示出雙重的意義指向，它在讓左翼的批評家尷尬地顧左右而言他之際，也使自身淪於尷尬的處境：作爲國民黨文學思想的敘事標本，《國門之戰》致力於用民族主義的意識形態描述戰爭，製造英雄幻想，振作民族精神，然而對戰爭進程和相關歷史信息的修飾，卻被眞實的戰爭和歷史信息指證爲虛弱的意識形態鼓吹。沒有根據的鼓吹固然有對民族振作的善意期許，然而在具體的歷史處境之中，在需要信仰與特定信仰之不足恃之間，慘淡的實質雖盡力地塗飾而終難眞正地遮掩。

一、民族主義：反蘇與反帝

《國門之戰》主要敘述的是「中東路事件」發生後，東北軍與蘇聯紅軍在札蘭諾爾和滿洲里一帶的軍事衝突。黃震遐在爲《國門之戰》所作序言中，曾經從民族主義的角度談到，「我國自鴉片戰爭以後，紙老虎的眞面目拆穿，歐洲各國逐本其 19 世紀政治侵略的方針」，「屢次用優勢的武力向中國壓迫」，「統治中國的滿清政府既毫無對外的抵抗力可言，全國民眾又絲毫不明民族存亡的利害關係，所以結果中國便遭受了隨便哪一國也沒有這樣多的國恥，陷入了奇恥大辱的次殖民地地位」，直到《國門之戰》所述的「中俄滿洲里之役」，「華軍雖以寡不敵眾而敗，但已加敵軍以重創」，「在這接二連三的國恥戰史裏，其中顯然露出不滅之光榮來的，自然不用說也是中俄之役」，《國門之戰》是「我國對於赤色帝國主義兇猛抵抗的一頁記載」。

〔註 12〕萬國安：《三根紅線》，四社出版部（上海），1934 年。
〔註 13〕1927 年 12 月 13 日，蔣介石在上海發表談話：「此次廣東共產黨作亂與外交極有關係，我們不得不重訂外交的方針」，「對俄絕交」。羅家倫《革命文獻》第 6 輯，中國國民黨中央黨史委員會（臺北），1984 年，第 109 頁。

　　在國民黨官方 1927 年以後的意識形態論述中，民族主義既是反共產主義的，也是反帝國主義的，而蘇聯是赤色帝國主義，因此在「中東路事件」中，反赤與反帝合二為一。

　　按，所謂中東路，即是「中國東方鐵路」，在歷史上也稱「東清鐵路」、「東省鐵路」。沙皇俄國在 19 世紀末脅迫清政府簽訂《中俄密約》、《旅大租地條約》之後，徵用廉價中國勞工以十年時間修成西起滿洲里，中經哈爾濱，東抵綏芬河的中東鐵路幹線，以及從哈爾濱南下，過瀋陽，達旅順口的中東鐵路支線，幹線和支線總長逾兩千公里，與俄境的西伯利亞大鐵道相連，俄國試圖以中東鐵路為基礎而在戰略上控制中國東北。其時日本奉行「大陸政策」，欲攫取中國東北以解決其自身所謂的人口和資源問題，日本的戰略與俄國衝突，最終引發了 1904 年到 1905 年間的日俄戰爭。俄國戰敗後，與日本簽訂《樸茨茅斯條約》，將中東鐵路支線的長春至旅大段讓渡給日本，是為「南滿鐵路」。從此，日俄兩國的勢力盤踞中國東北，施行殖民統治和經濟掠奪。十月革命以後，中東鐵路的控制權曾經歷過短暫的複雜時期，到 1920 年，蘇俄發表對華宣言，宣佈「以前俄國政府歷次同中國訂立的一切條約全部無效，放棄以前奪取中國的一切領土和中國境內的俄國租界，並將沙皇政府和俄國資產階級從中國奪得的一切，都無償地永久歸還中國」〔註14〕，其中也包括中東鐵路。然而後來蘇俄改變其政策，與中國政府在 1924 年簽訂《中俄解決懸案大綱協定》和《中俄暫行管理中東鐵路協定》，且與實際控制東北的張作霖訂立《奉俄協定》，對中東鐵路從立即無償歸還中國變為實行中蘇共管共營。然而，即便是中東鐵路的所謂共管共營也未真正貫徹：利潤由蘇俄支配；中東鐵路繼續使用俄文、俄幣；蘇俄局長任意簽署命令；鐵路員工未依據協定的平均配備原則，總共近三千名職員，中方只占四百名，且職位低下；另外，非鐵路本身之營業，如廠礦、企業、圖書館、天文臺、學校等，蘇俄也未按協定交還中國政府。蘇俄憑藉中東鐵路，繼續掠奪中國東北的物產和資源。凡此說明，革命後的蘇俄固為「新俄」，但在相當程度上卻依然繼承了「舊俄」的侵略利益。國民革命軍北伐，南京國民政府成立之後，東北方面張學良宣佈歸順南京，中國實現形式上的統一，隨後國民政府和東北方面傾向於收回中東鐵路主權，與蘇俄的既得利益發生剛性衝

〔註14〕《中國對外關係史資料選輯（1840～1949）》下卷第一分冊，上海人民出版社（上海），1977 年，第 18 頁。

突，在 1929 年 7 月激成「中東路事件」。國民政府以蘇俄在中國東北宣傳共產等事項為由強行收回中東鐵路，蘇聯發出通牒無效，之後，蘇聯紅軍遂在布留赫爾將軍指揮之下進入中國東北邊境，擊敗張學良的東北軍，迫使中東鐵路恢復事變之前狀態。

　　中蘇軍事衝突最激烈的部分是發生於滿洲里、札蘭諾爾的西線戰事，萬國安的《國門之戰》敘述了這部分戰事的具體過程，並以東北軍將領梁忠甲所率的東北軍第 15 旅的抗蘇戰鬥突出民族主義文學思想中的「民族精神」。至於戰事背景，萬國安的敘述則是反帝反赤的黨化語言、官式宣講：「赤俄看滿洲里就是他們的殖民地，他們經營很大的商店，把持路政，差不多就公然宣傳共產主義」，「冠冕堂皇的《非戰公約》維繫不了蘇俄好戰的野心，它們甘願作破壞和平的罪人」，「赤俄不顧國際信用，侵我邊陲，欲赤化我國土」，「敵旅抱定為民族奮鬥，打倒赤色帝國主義侵略的決心」，「向獸性的赤俄進攻，一朝勝利，還我河山」。雖然事件的具體起因尚有諸多可議之處，但是《國門之戰》只是直接援用國民黨官方的聲音，對所謂「赤色帝國主義」，在反其「帝國主義」的同時，也反其「赤色」，因為蘇俄不僅損我主權，而且「宣傳赤化」：譬如對中東路事件和相關事項，國民政府對外表示，「北滿一帶共黨領袖在駐哈蘇聯領館開共產國際宣傳大會，經東省特區行政長官當場查獲，搜得破壞中國統一、組織暗殺團，在南京、遼寧及其他要埠實行並組織秘密破壞軍，實行炸毀中東鐵路各項密謀文件，以及種種宣傳赤化，助長內亂之鐵證」〔註15〕，蔣介石曾宣示，「第三國際和中國國民黨的利益，當然是衝突的，蘇俄和中國的利益，也當然是衝突的」，「世界上無論哪一國，只要他是帝國主義者，他與我們中國的利害一定是衝突的」，「查蘇俄政府藉駐華官辦營業機關，潛伏共黨，不獨宣傳赤化，且圖危吾國本」，而國民政府外交部長王正廷也曾講，「要知中東路事件之發生，由於俄人在哈爾濱之共產密謀」，「世界各國之對於共產宣傳，雖有禁有不禁，而吾國法律，實在必禁之列」，「中俄兩國均為簽字於《非戰公約》之國」，「俄如對吾用武，是對《非戰公約》之犯罪行為」〔註16〕。《國門之戰》是國民黨文學思想的戰爭小說標本，其對戰事緣由的敘述顯然是統攝於國民黨政策方針之下，自動歸化而成官方樣式的「政治正確」。

〔註15〕南京國民政府外交部《外交部公報》第 2 卷第 4 號，第 55 頁。
〔註16〕中央要人對中東路交涉之言論《新紀元周報》，1929 年第 20～23 期。

然而，《國門之戰》的「政治正確」卻不是左翼文學陣營的「政治正確」，左翼在公開場合不僅認爲反赤是反動的，且認爲蘇聯並非赤色帝國主義而是幫助中國人民實現民族解放的偉大友邦，從而反蘇也就不是反帝而是反動，即便是在 1931 年，左翼對《國門之戰》的批判依然是以中共中央 1929 年對中東路事件的方針爲標準，核心即是「武裝擁護蘇聯」。檢閱文獻可知，中東路事件發生以後，中共中央多次在宣言、通告和其他文件中指出，「中國國民黨沒有一天不在犧牲中國民族獨立解放的利益，來買好帝國主義，現在它對蘇聯進攻的時候卻無恥的高唱民族利益的口號」，「我們要武裝保護蘇聯，以革命戰爭來消滅進攻蘇聯的戰爭」，「中東路事件很明顯的是反映著現在世界的蘇聯社會主義與其他帝國主義的主要矛盾，就是全世界資產階級對無產階級的殘酷的鬥爭，帝國主義有計劃的進攻蘇聯的表現，如果認爲這是『中俄兩國間的糾紛』，或者是『國際糾紛問題』，這就離開了階級的觀點，走入了社會民主黨的，實際上就是資產階級的國家觀點」，國民黨雖然「拿出『擁護中國』與我們『擁護蘇聯』的口號對立起來」，但是欺騙不了「廣大的群眾」，中央要求各地黨組織「號召群眾反帝鬥爭，準備武裝擁護蘇聯，反對瓜分中國」，宣傳口號不僅要提「擁護無產階級祖國蘇聯」，更要提「擁護幫助中國民族解放的蘇聯」，在東西兩線的戰事結束之後，中央通告仍在部署「執行武裝保護蘇聯的實際策略」〔註 17〕。

左翼對《國門之戰》的批評以瞿秋白和茅盾的文字爲典範，他們的觀點高度一致，高度遵從中央兩年前的方針，認爲《國門之戰》反映中國的反動派「受了美國洋錢的諭旨」而「反對蘇聯」，「打勞動國家」，或者「仰承著帝國主義的意旨」而「進攻蘇聯」，其民族主義可謂「蒙汗藥」，「麻醉」人民群眾〔註 18〕。

根據史料和史學界的研究，在中東路事件中，所謂國民政府和東北方面受美帝國主義的驅使而進攻蘇聯的問題並不成立，當時的政治人物自然是各有企圖也各有對策分析，然而大體是在國家形式上基本統一之後試圖實行「革

〔註 17〕 中央檔案館編《中共中央文件選集》第五冊，中共中央黨校出版社（北京），
　　　　 1990 年，第 331、332、389、427、461、463、561 頁。
〔註 18〕 史鐵兒（瞿秋白）：《屠夫文學》，《文學導報》（上海），第 1 卷第 3 期（1931
　　　　 年 8 月 20 日）；史鐵兒：《青年的九月》，《文學導報》（上海），第 1 卷第 4 期
　　　　 （1931 年 9 月 13 日）；石崩（茅盾）：《黃人之血》及其他，《文學導報》（上
　　　　 海），第 1 卷第 5 期（1931 年 9 月 28 日）。

命外交」、收回主權。同時，美國方面維護其所倡議的《非戰公約》，反對中蘇之間的戰爭，戰爭爆發以後又參預調停，並未對國民政府發出進攻蘇聯的「諭旨」〔註19〕。反而是共產國際指示了當時的中共中央：「中東路問題發生後，中央曾得到國際的一個短電的指示，告我們要加緊中心城市工作特別是哈爾濱工作及擁護蘇聯的宣傳，我們在這個指示下，並得到國際代表團的幫助，已經集全力向著這路線工作。」〔註20〕至於左翼批評家所謂「進攻蘇聯」的說法，自然是直接來自中央的方針，間接也來自共產國際的指示，然而以其所處時代的人民大眾的思想境界，需要深文周納方能讓人理解此類方針和指示，畢竟中國軍隊一直是在中國境內，反是蘇聯紅軍越境作戰，「進攻」了左翼批評家和右翼作家共同的中國；如果說收回中東鐵路是「進攻蘇聯」，則應當注意到中東鐵路是在中國大地上延伸，它是帝國主義強加給中國的不平等條約的產物，而蘇聯繼承了帝國主義的侵略利益。其實在中東路事件發生以後，相關的國際指示和中央方針即便是在左翼文藝陣營，也不是所有人都能接受。茅盾事後批判《國門之戰》宣揚「進攻蘇聯」，而在此之前，其夫人對「保衛蘇聯」卻不甚理解，據夏衍回憶：「在立三路線統治時期，我也以『左』為榮，以『左』為正確，誰都喊過『武裝保衛蘇聯』之類的口號」，「有一次我所在的一個小組，晚上到三角地小菜場附近去寫『武裝保衛蘇聯』之類的標語，當時下雨路滑，同組的孔德沚（茅盾的夫人）不小心滑倒，弄得滿身泥水，我們把她送回家去的時候，她發牢騷說，『連自己也保衛不住，還說什麼保衛蘇聯』，我們還批評了她」〔註21〕。夏衍是左翼文藝陣營的忠誠戰士，其晚年回憶錄的語態說明他也不認為當年所謂的「武裝保衛蘇聯」是不能質疑的，而即便是在當年，在中國收回中東路主權而與蘇聯發生戰爭的時候，左翼文藝陣營中的民族主義意識也未必完全被無產階級國際主義意識所取代，事實上劉少奇關於資產階級民族主義和無產階級國際主義的權威論述，

〔註19〕 譬如顧維鈞《顧維鈞回憶錄》第 1 分冊，中國社會科學院近代史研究所譯，中華書局（北京），1983 年，第 401～408 頁；申巧云：《中東路事件新探》，南京大學學報（南京），2002 年第 6 期；左雙文：《再論 1929 年中東路事件的發動》，《民國檔案》（南京），2004 年第 2 期；楊奎松：《蔣介石、張學良與中東路事件之交涉》，《近代史研究》（北京），2005 年第 1 期；曹雪梅：《中東路事件中的美國政策探析》，《通化師範學院學報》（通化），2012 年第 7 期。
〔註20〕 中央檔案館編：《中共中央文件選集》第五冊，中共中央黨校出版社（北京），1990 年，第 412 頁。
〔註21〕 夏衍：《懶尋舊夢錄》，三聯書店（北京），2000 年，第 95、121 頁。

也是許多年以後才正式發表〔註22〕。

在批判《國門之戰》的時候，最引人注目的或許是瞿秋白截取第15旅處決蘇俄間諜的一段而指控其爲「屠夫文學」，認爲「《國門之戰》裏面唯一真正真摯的情感，大概就只有這一點兒吃人肉喝人血的精神」：「大家圍著這六個間諜，旅副瞪大了眼睛望著，旁邊還有幾個高而且大的兵，手裏拿著巨斧，旅副停了半天說——我看再找一把刺刀來切切他們看，……不大工夫，兩個老兵擡著一把俄國的喂馬切刀放在地下，旅副下令將他們眼睛上的蒙布拿下來，叫他們也認識認識我們中國的手段怎樣。我一看那幾個間諜，三個俄國人，三個不知國籍的人，嘴裏塞滿了東西，眼睛露出很凶的神氣，似乎他們很歡迎死。旅副叫我先收拾一個，我那時吃了點高粱酒，並且看見了仇人是很喜歡殺掉他們，我用了一把大斧，掄起來照著綁在屋裏左邊上的長黑頭髮的人太陽上就是一下，差不多斫到鼻梁上了。那個人的頭上著了這一斧，太陽立時陷落下去，斧刃的四圍都成了白色，我把斧子拿下來，紫色的血跟著就飛射出來，那人臨死的哀鳴也就很小而短促的一叫就完了。不大工夫，我們這幾個屠夫弄的血肉狼藉，一股血腥的氣味，要不叫吃酒也就嘔出來了。」茅盾則評論，「國民黨軍人在哈爾濱殘殺無辜的蘇聯人民的獰相在這篇《國門之戰》裏表現得淋漓盡致」（按，茅盾所記不確，地點不是在哈爾濱後方而是在滿洲里前線）。小說文本和批評文本中各自的言說態度自然與作者的立場有關，一則仇俄，一則親蘇，不過從一般的人間道義和戰爭規則而論，小說中的描寫無疑是殘暴而不講道義的，何況被殺者是俘虜。

然而，其時左翼革命文學敘述中的無產階級革命暴力也與之相侔，譬如蔣光慈的《短褲黨》在寫到魯正平率領工人糾察隊抓到逃亡途中的直魯聯軍大刀隊隊長和另一人的時候，敘述道：「這時圍聚了許多觀眾，各人的臉上都呈現著一種慶幸的神情。在眾人的歡呼聲中，李阿四手持著大刀，不慌不忙地，走上前來將這兩位被捕的人劈死了。一刀不行，再來一刀，兩刀不行，再來三刀。可惜李阿四不是殺人的行家，這次才初做殺人的嘗試，不得不叫這兩位老爺多吃幾下大刀的滋味了。」蔣光慈隨後寫到了魯正平的心理：「魯正平見著這兩具被砍得難看的屍首躺在地下，一顆心不禁軟動了一下，忽然感覺得有點難過起來，但即時又堅決地回過來想道，對於反革命的姑息，就是對於革命的不忠實，對於一二惡徒的憐憫，就是對於全人類的背

〔註22〕劉少奇：《論國際主義與民族主義》，《群眾》，1948年第2卷第45期。

叛。」〔註23〕如果深入體會，殘殺俘虜以後的心理抒寫如果與萬國安的文字
相比，蔣光慈的敘述顯得有隔而輕佻，倒是親歷過戰爭冷酷的萬國安寫得克
制、眞切和精確：「黑暗的街道里走著我們這前五分鐘當過劊子手的幾個人，
我們這勇快的腳步走出這雜亂偏僻的小街道。晚上的涼風吹到我這沉醉的臉
上，熱烘烘的輕輕拂上了一層涼氣，我斗的眼前明亮了許多，但是那慘白而
可怕的垂死的面色是在我心版上永久永久不能磨滅的。」這一段文字瞿秋白
並未引用。

左翼批評家指控的所謂「受了美國洋錢的諭旨」是不確的，「進攻蘇聯」
也是可議的，而《國門之戰》的立場本身是反帝國主義的，即是梁忠甲勸勉
「馮庸殲俄義勇軍」時所說的「赤白帝國主義」，既反赤色帝國主義，也反白
色帝國主義。然而左翼批評家卻以對《國門之戰》「反赤」、「殺俘」的嚴正指
控而技巧性地避免在堅持民族主義、反對帝國主義和捍衛國家主權之類問題
上的糾纏，其深度邏輯是無產階級的人權高於民族國家的主權，保衛蘇聯就
是保衛全世界無產階級的正義事業。不過，歷史地看，其深度邏輯同時也是
其深度尷尬，20 世紀的歷史已經證明了蘇聯的帝國主義性質，斯大林時代的
外交官僚莫洛托夫即曾回憶道，「我認為，作為外交部長，我的任務是盡量擴
大我們祖國的疆域，我和斯大林在完成這件任務上似乎幹得不錯」，斯大林曾
快意於中國的旅順口、大連和中東鐵路「是我們的」（按，「我們」指蘇聯）
〔註24〕，甚至在 1950 年代初，斯大林更「建議」把中國東北和新疆實際劃為
蘇聯的勢力範圍〔註25〕。中東路事件六十年後，鄧小平會見戈爾巴喬夫也提
到，蘇俄在「十月革命後還有侵害中國的事情，例如黑瞎子島就是 1929 年蘇
聯從中國占去的」〔註26〕，鄧小平所指的正是中東路事件。至於宣稱蘇聯是
全世界無產階級的祖國、指示中國的無產階級及其先鋒隊「擁護蘇聯」的共
產國際，其最大功能也是維護蘇聯的國家利益，晚近解密的共產國際和前蘇
聯檔案證明，「以國家利益為軸心來認識蘇俄和共產國際的對華政策，有許多

〔註23〕 蔣光慈：《短褲黨》，《蔣光慈文集·第一卷》，上海文藝出版社（上海），1982
　　　　年，第 297 頁。
〔註24〕 〔前蘇聯〕菲·丘耶夫：《莫洛托夫秘談錄》，劉存寬等譯，社會科學文獻出
　　　　版社（北京），1992 年，第 1 頁。
〔註25〕 〔前蘇聯〕尤金：《與毛澤東同志談話》，李玉貞譯：《國際社會與經濟》（北
　　　　京），1995 年第 2 期。
〔註26〕 鄧小平：《結束過去，開闢未來》，《鄧小平文選·第三卷》，人民出版社（北
　　　　京），1993 年，第 293 頁。

複雜問題也許可以迎刃而解」，「共產國際執行委員會的政治指示首先取決於蘇聯外交上的需要，季米特洛夫發出的包括發往中國的指令，都是與蘇聯領導人特別是斯大林商量過的」，「從國家利益的角度，更容易、至少是部分地理解共產國際動輒拋出的『反蘇』政治帽子掩蓋著的內容」〔註27〕。

左翼批評家批評「反蘇」而掠過「反帝」問題，因為他是左翼批評家。右翼作家寓「反帝」於「反赤」的敘述之中，所以他是右翼作家。

二、內在張力：戰爭中的戰爭

茅盾曾認為《國門之戰》「是謠言說謊的結晶，一切戰爭小說裏應有的謊都有在那裡」，「蘇俄利用女子作間諜，早已成為帝國主義國家說破了作用的謠言了，可是在政治幼兒的中國國民黨及資產階級還當是靈驗的寶貝，國民黨的報紙時時在散佈在發明這樣的莫須有的女間諜，因而《國門之戰》內的主人公──作者萬國安也就有一個言語不通的俄國女間諜的老婆，並且他因為『民族意識』的激發，槍斃了這間諜老婆，及她的同黨三四人，而這事件，可在戰時後方的哈爾濱發生」，如果事情是真實的，「何以當時中國資產階級以及國民黨的報紙上竟沒有片言隻字提及這樣一件『熱心愛國』，『大義滅親』的大事件呢？是國民黨的宣傳部太發昏呢，還是萬國安的造謠，二者必居其一的」，「國民黨宣傳人員決不會發昏到如此地步，造謠而露馬腳，民族主義的作家真正一切太蠢」〔註28〕。

不論是小說主人公「殺俘」還是「殺妻」，也不論茅盾是故意還是無意，他都把「案發地」從前線的滿洲里移到了「後方的哈爾濱」，他的移動客觀上增強了指控的力度，「殺俘」而在後方，足見其「獰相」，「殺妻」而在後方，足見其「說謊」。而從敘述學的角度看，茅盾的批評還另有其失誤之處，或許小說敘述是第一人稱的緣故，他將小說作者萬國安等同於小說主人公「萬國安」了。至於萬國安是否有過以及是否斃過一個「俄國女間諜老婆」，不妨礙他在小說《國門之戰》中為達成某種敘述目的（譬如製造傳奇色彩、迎合獵奇趣味，或將私人敘事意識形態化、將意識形態敘事私人化）而寫出一個「大義滅親」的故事。故事是否作家的實錄也跟宣傳部是否「發昏」和萬國安是

〔註27〕 李玉貞：《國民黨與共產國際》，人民出版社（北京），2012 年，第 5、10、15 頁。

〔註28〕 石崩（茅盾）：《黃人之血》及其他，《文學導報》（上海），第 1 卷第 5 期（1931 年 9 月 28 日）。

否「造謠」全不相涉，寫札蘭諾爾、滿洲里的戰事，其自由是有限的，但是寫附麗於戰事之上的私人故事，即便是與戰事有關的「間諜」，萬國安的敘述自由已近無限了。

其實，在《國門之戰》中，滿洲里前線東北邊防軍第 15 旅第 51 團第 3 連的「萬國安連長」槍斃其「俄國女間諜老婆」，乃是小說關涉人性思考的關鍵，故事本身的篇幅不到《國門之戰》的十分之一，卻是貫穿小說而最富張力的標本，可以揭示民族主義意識形態在小說敘述中的工具化，以及有限性。

1931 年底，上海的《星期文藝》在一篇評論《國門之戰》的文章旁邊劃出版面，登載了一則形同徵文啟事的文字：「近日暴日侵佔我們東北，藉強權壓迫我國接受辱國喪權條件，當此亡國迫在眉睫（之時），只有為國犧牲的馬占山將軍，孤軍禦侮，冀圖保全我國大好山河；其妻娶矮（倭）女，恐軍事緊急之際，作日軍間諜，毅然槍殺，以杜後禍。這種為國毀家的義舉，與《國門之戰》的作者殺死其俄妻流波，恰成相印。我們讀這篇《國門之戰》，對於我國不死的民氣，更能激勵憤發。關於此次暴日侵佔我東北事件，當能有更多的材料足供描繪，本刊很希望能有此類偉大的戰爭文學作品出現。」所謂馬占山將軍槍殺倭妻事，如今已難查證，考其源流，或出吳起殺妻的傳統：「齊人攻魯，魯欲將吳起。吳起取齊女為妻，而魯疑之。吳起於是欲就名，遂殺其妻，以明不與齊也。魯卒以為將。將而攻齊，大破之。」〔註 29〕相較於史書所載的吳起殺妻「就名」，杳不可考的馬占山殺妻「救國」更顯高尚和偉大，但若換個角度觀察，二者實為同類敘述，此類敘述傾向於將所謂的「妻」符號化，風乾甚至取締其人格和感受，然後將事情的過程簡化成一個「殺」字，沒有內心的張力，「大義」和大事一舉蕩平了私情和小節。然而，如果相應的事件寫入小說且詳為敘述，則「妻」不論是齊妻、倭妻還是俄妻，勢將無法壓縮成沒有質量、溫度和情感的符號，而事情的過程必將無法迴避主體的內在矛盾，於是相關文本也將成為某種意識形態是否控制敘述以及控制是否有效的標本，譬如《國門之戰》的主人公處決俄妻一事。

萬國安筆下的小說主人公「萬國安」，娶得「俄妻流波」，「萬國安」的體會是「依紅偎翠」，色彩穠麗而「滋味」濃鬱，敘述的文字偏欲而寡情。然而中東路事件爆發，中蘇開戰在即，其上司在新年聚會的時候直言：「我們現在

〔註 29〕司馬遷：《史記》，中華書局（北京），1959 年，第 2165 頁。

戍守這重要的國防，並且赤俄不時宣傳主義，我要你們認清了女人的背景，不致將來有什麼意外的不測，我聽說萬連長的夫人是赤俄呢。」可見「流波」一出場，已經被提煉成了簡約的符號：赤俄。「俄」是大戰當前的敵人，「赤」是意識形態的敵人。儘管主人公「萬國安」為「流波」辯護，但是悲劇已無法避免，悲劇的深刻深達小說家萬國安或主人公「萬國安」的潛意識，悲劇感的浮現也就不是意識層面的情感，萬國安的敘述也就不淪於膚淺的情感抒寫，而是冰涼的知覺化呈現，非有體驗，或者非有相類體驗，或者有而不深，或者深而沒有表現力，則無以道出──譬如，那晚聚會之後的情形，「萬國安」即以戰爭以後的時態和經驗，以凝練克制的筆法敘述：「午夜的寒風吹送著我們，街燈陰慘慘的亮著，我們兩個人坐在馬車裏，身上圍著一件很大的皮氈，我們互相抱著，車輪碾軋著地下的雪聲音裏，夾著一種細小嬌嫩的聲音，『磨牙留不留』（我愛你）。我到現在回憶起來，似乎這種聲音又在我的耳旁震動。」

戰爭開始的時候，「萬國安」率部守衛札蘭諾爾，而他內心也開始了戰爭。「萬國安」內心的戰爭可謂戰爭中的戰爭，分為兩個階段：第一階段表面上是大義與私情的戰爭，然而準確一些也普遍一些，則是人與人之間在加入了愛的成分之後爆發的信與疑的戰爭；第二階段則是意識和潛意識的戰爭，潛意識浮出悲劇感和罪惡感，而意識則祭出祖國之類的大詞不斷合理化，不斷鎮壓潛意識的擾攘。

戰爭中的戰爭，第一階段的細節幾乎都是「萬國安」企圖無限推延愛和信任的崩潰時限。「萬國安」本是軍官，理性和勇氣構成其職業素質，他關閉了發現真相的理性，也取消了面對真相的勇氣，然而理性因大詞而探頭探腦，勇氣以大義而蠢蠢欲動。

譬如，「流波」從滿洲里的家中喬裝趕到札蘭諾爾，進入「萬國安」的陣地，並且「詳細看了多時」札蘭諾爾的防禦圖，而「萬國安」雖前有長官的提醒，後見妻子對佈防圖興趣強烈，如此反常竟能聽之任之，非割除了理性和勇氣不能如此，非深有私情則不能割除理性和勇氣。然而理性和勇氣的復蘇是必然的，雖然不在當面：「她和勤務兵走後的晚上，我倒在草地上，忽然就像靈機一動似的，一個可怕兇狠的流波在我腦子裏蕩漾」，「她那天來時完全不像兩個月前的她了，她動作舉止是完全變了，她為什麼中國話也會講了許多？她更注意地圖是什麼道理？我真懷疑她，我的確有點不相信她，更回

憶正月裏在團長公館聚餐的景況來」，「現在要用清醒的頭腦，不能貽誤了全局——翻來覆去睡不著的我似乎靈感這樣告訴了我，結果沉沉睡去，自入陣地以來，是我最擔心的一夜」。

再如，十五旅從札蘭諾爾移防滿洲里，途中，「萬國安」的「腦子裏一幕一幕的短劇又演起來了」，「第一次和流波接那軟綿綿的吻時是怎樣值得回憶」，「她到札站化裝的英武又值得欽佩，這種女子的勇健眞是奇怪」；「但是她留心地圖態度的改變，出乎意外中國話會講了不少，——一發炮彈落在我的左邊，眼看著我兩個親愛的弟兄就炸的血肉橫飛了去——更有一個模糊的消息，聽說蘇俄這次攻擊的失敗是因爲滿站間的報告失實才有此失，還聽說槍斃了幾個間諜——等等往事，就像潮水般地湧上來」，「我極力地壓制著我的腦府，不讓它再想」。

其實越到後來，「流波」作爲間諜的形跡越發顯著，然而「萬國安」內心的戰爭卻一直停留於拉鋸戰而非決戰，他反覆驗證而停留於驗證，並且有意識地壓制頭腦以免深入推想和追問。「萬國安」對她「的確有些懷疑」，而且還告誡自己「要決心……」，但一聽說捉到一個「破壞水樓子」的俄國女間諜之時，「心不覺一動」，及至探得年齡與「流波」不符，「又覺放心了」。內心的戰爭使得「萬國安」的「心中就像受了重創似的」，「不大痛快」。然而決戰必將來臨，內心的延宕敵不過外在的壓力，旅參謀長下達最後通牒：「你那個俄國女人就是間諜，前天司令部捉住的奸細，我已經問的有頭緒了，你不要狐疑了，你不去辦，我也有辦法。」參謀長也提醒他事情的嚴重已經從「流波」波及其自身：「司令對我說，你尚有嫌疑，我竭力替你辯護，你要決心。」即便是接到最後通牒，「萬國安」也未想到洗脫自身的通諜嫌疑，而是企圖繼續延宕和迴避眞相：「參謀長，你既是肯定她是間諜，你派別人去辦好了，我不去。」然而「萬國安」必須親自偵查出「流波」的間諜實據，他的理性被上峰強制撬開，他必須自賦勇氣以正視「淋漓的鮮血」。「萬國安」的連長職務也被免除了，這是上峰的策略之舉：貌似演給「流波」看的苦肉計，同時也迫使「萬國安」痛下決斷以復職，若不決斷則不僅免職成爲事實，且因戰爭期間的通敵嫌疑而有性命之憂——他和「流波」都被監視了，在他回家的路上以及他家「屋角的暗影裏」、「牆角里」都是鬼影幢幢。

「萬國安」內心的決戰展開於他與「流波」絕望的歡愛，然而決戰時刻的悲劇性敘述卻不是一般左翼作家或者右翼的概念化作家那樣花哨絮叨，而

是舉重若輕。若非深得內心的隱奧與克制的法門，便是經歷過相似的事件和時刻而據實以錄：「我心裏有點快活，事情有了頭緒。但是我又不願意曉得她的秘密，眼看著她流血」，「這時我真愛她，白白的嫩臉，掩映著淡墨色的頭髮，紅紅的嘴唇，帶著磁石的掀動，我有點沉醉了」。「流波」顯然被嚴重物化，「萬國安」的所謂「愛」自然顯得相當膚淺，然而膚淺不意味著事情本身沒有深刻的悲劇感，萬國安在「萬國安」下手前夕寫其「沉醉」，如此張力彌滿的描述也見於另一句話，即「萬國安」佯稱願意入夥之後：「流波對我是親熱的狠，因為是一家人了。」「流波」與「萬國安」本是「一家人」，然而「家」的語義和疆域在特殊的時刻已經劇烈變遷，「一家人」早已超越個體意志可以決定的限度而成為「兩家人」，倘若「兩家人」要復歸為「一家人」，則必須以一方背叛或者說改變國家認同為代價。「一家人」的語義張力還在於：「萬國安」割除理性和勇氣的全部努力是為了維護個體意義上的「一家人」，而在「流波」那裡早已是「兩家人」，那時候，「萬國安」在欺騙自己；而當「流波」以為在國家認同的意義上與「萬國安」成為「一家人」從而在個體意義上也與之復歸為「一家人」並為之欣然的時候，在「萬國安」這裡卻徹底成了「兩家人」，這時候，「萬國安」欺騙了「流波」。然而豐富的意義和強大的力量盡在不動聲色的一句：「流波對我是親熱的狠，因為是一家人了。」戰爭中的戰爭，其深刻性在於可以改變語詞的意義，萬國安實錄了這場改變。

戰爭中的戰爭，其第二階段開始於「萬國安」槍殺「流波」之後。小說不過是一場回憶，當然，文學也不過是回憶。回憶意味著態度，也意味著對某種經驗的重新經驗和由此而生的新經驗。不論是萬國安的回憶還是「萬國安」的回憶，殺掉「流波」之後的敘述，不能迴避在事件發生後對事件本身的「合理化」，因為：第一，槍殺「流波」不是自願的行動，卻畢竟是「萬國安」自己的行動，外在的一切壓力只會造成事件的結果，即是結果「流波」，但是事件的後果卻是執行者一力承擔，執行者執行的是死刑；第二，「流波」是赤俄也是人，是間諜也是妻子，而且行刑者「萬國安」自始至終長愛「流波」；第三，行刑者「萬國安」欺騙了「流波」並使之在國家和個體的兩重意義上重獲希望，而欺騙在欺騙之時已經剝奪了「流波」的全部希望（不僅「流波」想像中的「一家人」虛假地曇花一現，她也因「萬國安」的欺騙而擔上了雙重間諜的「嫌疑」，失去組織的信任），「萬國安」的欺騙是「流波」走上

末路的較爲切近的緣由。從《國門之戰》的敘述語態可以讀出,「萬國安」的潛意識一直在提醒他直接作孽製造了悲劇,他有罪過。於是戰爭第二階段便是「萬國安」在意識層面將事件的所有部分「合理化」,「合理化」的內在需要讓他事後發現了新論據,產生了新經驗和新觀點,「萬國安」將以此說服潛意識,從而平定內心,歸於自我肯定。

萬國安對「萬國安」槍殺「流波」以後的敘述簡潔而深入:「街上的燈光一閃一閃的耀著,我們幾個人走的很快,我覺著眼前黑影裏隱隱約約的有個流波和瑪利亞走著,我心中有點害怕和難過。不知怎的耳邊似乎有個人說了句,『你勝利了,你的祖國勝利了』,我的精神陡的振作了許多,司令部樓上的國旗也不覺在我眼前顯現著了。」瞬間麻木過後,「害怕和難過」成爲最初的痛感。然而並無任何現實威脅,「害怕」什麼呢?「萬國安」害怕自己,他甚至出現了幻視。顯然,潛意識打算問罪了,需要一份答辯,於是答辯以幻聽的形式降臨於「萬國安」意識的平原:祖國勝利。潛意識的問罪尖銳如矛,而意識則執「祖國」之盾暫且抵擋。萬國安的安排如此精確扼要如同深刻經驗的擇要浮出,只需撈取,毋庸剪裁而自然天成。小說隨後在後文還有對同僚的解釋,同樣以祖國爲藉辭:「她爲她的祖國,我爲我的祖國,我們應盡的責任。」作爲民族主義意識形態富有情感色彩的指稱,「祖國」有一定程度的安撫創傷的功能,以及出借意義的功能。

《國門之戰》有兩段重複的情節敘述,那便是槍殺「流波」的過程。第一次敘述是這樣的:「我用手將褲袋裏的勃朗林一面拿住,即將保險機扭開,很快的對準瑪利亞,不提防流波陡的從衣袋裏拿出一個手槍來,我沒等她端平,我覺著我的頭嗡嗡的聲就像一堆火燒似的,手稍向右一斜,照著流波,砰的一聲,我的眼前一團火一閃過去,流波倒地下了。瑪利亞剛要跑,我心一動,算了吧,又一舉手,砰的一下,瑪利亞也倒下了。」幾頁之後,又敘述道:「那天我當時看見她們兩個人走進來,向我怒目而視,我總以爲槍在瑪利亞手裏,所以我拿出槍來先就對準了瑪利亞,想叫她將槍交出。哪知道我剛剛將槍對準瑪利亞說了一句,『手舉起來』,猛然我看見流波右手從大衣袋拿出一枝手槍。我覺著忽的下子就像一盆火似的傾在我的頭上,眼睛也紅了,我沒等她的槍端平,我稍將槍往右一順,因爲她和瑪利亞一併立著,大概她沒看見我的槍口移動,而我的槍卻已經響了,她一聲沒響倒下了。後來我一想她是安心親手打死我,因爲她受了嫌疑,隊裏說她私通中國,所以她

好親手打死我，以明心跡。」前一段是重在敘事（也解釋），後一段重在解釋
（也敘事）。後一段的解釋是針對同僚，特別是一個上士文書的說法：「『連
長，你真狠心，打死了兩個女人』，正伏首辦公的老上士手裏尚寫著字，嘴裏
很快的說了這麼一句。」解釋是回應上士，也是繼續回應潛意識的質詢，因
為「狠心」和「女人」兩個詞刺目刺耳刺心。「萬國安」的解釋要點為兩條：
第一，開槍之前的瞬間，「我的頭嗡嗡的聲就像一堆火燒似的」，「覺著忽的下
子就像一盆火似的傾在我的頭上」，瞬間的錯亂感受拒絕理性，軍人的職業素
養和自衛本能支配瞬間行動，也可以說，是潛意識的行動，何故問罪於意
識；第二，所謂「後來我一想」，顯見事件已經內化為「萬國安」的心事，
「想」的結果表面上是為流波找到了掏槍的依據，而實質上是解除「萬國安」
的負疚感而將一切歸為「流波」的自作孽。可知抽象的「祖國」只是臨時用
藥，時間稍長，則需要具體的理據作為意識的信念，以杜絕潛意識的經常問
候，這便是將事件「合理化」為自衛而不僅是衛國，由此，「萬國安」的意識
獲得了雙重保障：「她為她的祖國，我為我的祖國」；「我要不打死她，她就把
我打死。」

　　萬國安對「萬國安」槍殺「流波」的敘述表面上看也是屬於民族主義的
敘述，因為其間涉及「祖國」；而實質上是人性的敘述，「祖國」只提供表面
和暫時的歇腳處而不解決「萬國安」內心的長期居住問題。《國門之戰》的戰
爭情景敘述自然也有其真實性，然而最為真誠的敘述則不過是散見於數萬字
中的一則數千字的故事，數萬字是戰爭，數千字是戰爭中的戰爭。戰爭中的
戰爭無所謂勝負，戰場上的孑遺所收穫的永遠是負數，幸存者的戰後主題永
遠是對負數的精細處理。事涉個體最隱秘的內心真實，而個體的內心需要的
是認同和安全感，需要的是意義與合理化，於是常常乞靈於民族主義意識形
態。然而內心真實的真切抒寫卻又常常突破民族主義意識形態的空洞陳述，
沛然特出，不可方物。

三、敘述重構歷史：民族主義的新寫實主義

　　在《國門之戰》的序言中，黃震遐也曾提及真實性問題：「作者是這次作
戰最烈的十五旅梁忠甲部下的一個連長，他以關外人的熱血，軍人豪爽的性
格，直率地寫出了他的種種印象，處處充滿了愛國的精神」，「其中如軍人實
際的生活，赤衛軍的凶蠻，炮擊時的緊張情緒，以及最後突圍時慘烈的種種

犧牲」、「《國門之戰》的好處，除掉作者的技巧方面不計外，就是它的『真實』，因為事實都由作者親身經歷得來，也可以說就是他的一部份生活史，一篇壯烈的日記」〔註30〕。

　　黃震遐與萬國安同為右翼文人，自然惺惺相惜，不過，當時政治立場相對中立的批評，也認為《國門之戰》貴在真實：「雷馬克的《西線無戰事》與《西線歸來》之所以為人傳誦處是他暴露出軍隊生活與殘酷戰爭的真實，我們看了自然把非人的軍隊生活與戰爭的罪惡厭惡起來。《國門之戰》的長處也在他沒有一點捏造，真實的軍人情感，軍人頭腦，描寫出來，他並不喊千萬條口號標語，他並不『跳在半空中』怒罵赤俄，但也能使弟兄們勇猛衝鋒陷陣，自生敵愾，誓滅朝食，而使閱者拔劍起舞起來。」〔註31〕「文章的可取處就在於實感兩個字（實是真實，感是情感），因其能實感才可以動人，我想，無論為人生而藝術也好，為藝術而藝術也好，若是作品不能動人，那根本上便要失了它的效用，所以若是自命為一個普羅作家，卻在軟玉溫香裡面，做出文章，只拼命地喊著工人們的可憐，資本家的可惡，像這種文章是沒用的，它斷不會引動人的心弦。因此，我對於普羅主義作品並不反對，民族主義作品也不附和，只要是一篇實感的作品能夠扣動我們的心弦，使我們深刻了一個永久的印象，我們便值得對於它的讚頌，《國門之戰》是一篇段段描寫真實，處處表現著熱烈感情的作品。」〔註32〕

　　雖然黃震遐和其他人士的批評盛讚《國門之戰》如同「生活史」，甚至「段段描寫真實」（現實主義）、「處處表現著熱烈感情」（民族主義），但是小說敘述卻以其民族主義的意識形態關切而在實質上重構了歷史甚至使得文本自身也出現裂痕，不是以藝術的原則而虛構了故事，而是以民族主義的意識形態原則虛構了歷史。《國門之戰》是小說，即便涉及歷史，也有其自由，但是對戰爭進程、歷史人物、軍隊面目以及相關數據的敘述，其自由卻是有限的，畢竟它所敘述的中東路事件、札蘭諾爾和滿洲里的中蘇戰事是真實的，特定的，重大的，完全自由的敘述不是造成讀者的誤會，就是引起讀者的拒斥。倘一定要在相關問題上歪曲、錯置或者誇大其詞，或者在真實的基礎上有所歪曲、錯置和誇大其詞，則可能有其與藝術創造本身無關的原因，包括意識

〔註30〕黃震遐：《國門之戰‧黃震遐的序》，《前鋒月刊》（上海），第 1 卷第 6 期。
〔註31〕破屏：《國門之戰》，《濤聲》（上海），1931 年第 7 期。
〔註32〕遊絲：《國門之戰》，《星期文藝》（上海），1931 年第 22 期。

形態的原因，值得追問。

　　《國門之戰》的開篇即是象徵性的宏大敘事：「雄壯巍峨的國防軍總司令部紅色樓房的尖頂上面，豎著一面青天白日滿地紅的旗幟，在挾著飛沙的狂風裏不住舞動，表現出這是統一後的中華民國國土。」這是寫實的文字，同時也傳遞出國家認同的消息，這是民族主義文學的通常路徑。雖然小說敘述的已經是中華民國十八年，但是滿洲里歸入統一的中華民國，服從國民政府，懸掛「青天白日滿地紅」的國旗，卻不過幾個月，萬國安刻意置特定的象徵符號於篇首，目的無非引啓對於民族國家的神聖情感，「青天白日滿地紅」的國旗，「中華民國」的國名，在回收國權、激蕩人心的歷史時刻，飛沙狂風，國旗獵獵，更使片言居要的這些象徵性的符號本身富有「確切性和生動性」，可以「在特定的民族群體中喚醒人們內心特有的、鮮活的歷史感和使命感」，「並且通過共享的歷史記憶、神話、價值觀等共同形象把民族內部所有成員團結起來」，實現民族的獨立和認同，以及國家的統一〔註33〕。

　　《國門之戰》多處動用特定的象徵性符號以引發的激動和想像，無疑都有其意識形態性的運思，然而卻也可能只是戰後展開敘述的時候產生的新體驗。在萬國安以東北軍身份參加戰爭與以小說的形式回顧戰爭之間有時間差，而在此期間，萬國安從東北南下投效國民黨中央軍，在南京接受了軍事和黨義教育，且與黃震遐同赴隴海線參加中原大戰，新的教育和經歷形成了萬國安新的意識形態化的體驗方式、觀照方式，由此而將札蘭諾爾、滿洲里的戰事以及諸多細節做了意識形態化的重新組織而形成了《國門之戰》的敘述。

　　然而以次生的觀點和方式敘述前事，極易產生敘述的裂縫，在敘述出來的對象與敘述之前的對象之間易生柄鑿和齟齬。譬如在八月中旬蘇軍進攻札蘭諾爾之前的備戰動員階段，在敘述「我連」和「我團」的同袍之時，萬國安寫道：「我連弟兄的份子比別的連好，體格也好，因為他們都是前任連長的同鄉，都在東山裏打過（當土匪），平日講學科是不行，但是要講打仗，他們喜歡的連後腦海都開花，所以他們聽說要打仗了，尤其是打這全世界公認的敵人——紅黨，他們恨不得立時就看見敵人打一個痛快」，「我們如狼似虎的一團人，好像張開了大嘴要吃人的樣子，更似乎非得拿紅黨的血來潤潤乾

〔註33〕〔英〕安東尼・史密斯：《民族主義：理論、意識形態、歷史》，葉江譯，上海人民出版社（上海），2011年，第7～9頁。

喉」。按照萬國安的敘述,「弟兄們」無疑是經由「鬍子」而「奉軍」而東北邊防軍,中華民國統一之後已成標準的「黨軍」,遵循黨義,反蘇反赤,對消滅「全世界公認的敵人——紅黨」充滿熱情。但是,這不是「弟兄們」的聲音,只可能是敘述者的聲音,是萬國安的主觀性注入了過去的故事。即便萬國安的聲音是心聲,對於東北軍而言,也只是個案,不代表一般,何況寫作的時候他已是受過中央軍訓練的前東北軍連長。

其實,雖然前一年底東北當局的張學良、張作相、萬福麟、湯玉麟、翟文選、常蔭槐聯名發表易幟通電,表示「遵守三民主義,服從國民政府,改易旗幟」〔註34〕,但只是形式上的「改易旗幟」,而非觀念上的「改易」實質,即便是東北軍確有上層人物在觀念上已經「改易」,短期之內,其改易也很難收效於「萬國安」的「弟兄們」。其實,即便是東北軍統帥張學良,在意識形態上也沒有真正改易,張學良「統率東北軍的思想基礎是倫理上的忠孝,是綠林中的俠義」〔註35〕,而非三民主義,以張學良和東北軍有民族意識或者國土意識或可,以其有深刻的反共意識或非。甚至其民族意識也未必強烈,「他們主要的思想,就是個人的陞官發財,此外部落式的封建思想很濃厚,對於三民主義無認識,對於政治無堅決的主張」〔註36〕。東北軍是軍閥張作霖的遺產,即便其統帥變成張學良,也沒能真正成長為熱情反共、「打紅黨」的黨軍。直到西安事變以後,國民政府在《分期整理東北軍計劃大綱》中才打算從事於「糾正過去東北軍封建觀念,使逐漸變成國家武力,能擔負國防上責任,以作為收復失地之先鋒」,「灌輸各級軍官之國家民族思想及服從中央擁護領袖之精神為主旨」〔註37〕。

於是可以認定,反共熱情是 1930 年在南京受訓之後的萬國安利用作者的權力強行賦予了 1929 年的前「鬍子」和前「弟兄」。國民黨的民族主義意識形態,以及國民黨的民族主義文學思想,都有強烈的反共傾向,萬國安以這樣的傾向重構了歷史,讓「萬國安」的「弟兄們」一改其真實面目而在小說

〔註34〕秦孝儀:《中華民國重要史料初編——對日抗戰時期,緒編》(一),中央文物供應社(臺北),1981 年,第 234 頁。

〔註35〕中國社會科學院近代史研究所:《西安事變資料》第 2 輯,人民出版社(北京),1981 年,第 274 頁。

〔註36〕秦孝儀:《革命文獻》第 94 輯,中央文物供應社(臺北),1983 年,第 300 頁。

〔註37〕秦孝儀:《革命文獻》第 95 輯,中央文物供應社(臺北),1983 年,第 159 頁。

中化作「打紅黨」的意識形態符號，其反共熱情雖顯得「政治正確」，然終屬莫名其妙。

《國門之戰》的主色調昂揚悲壯，渲染反共熱情，崇尚「集團」價值，讚美爲國家「效死」，「舍己爲群」的風範，一概符合民族主義文學思想的形式和精神主張。從札蘭諾爾到滿洲里，「弟兄們」無不慷慨赴死，譬如「在一片殺……殺和衝鋒的號音裏，這一群紅了眼睛的兵，怒潮激岸似的打回去，迫擊炮準確的彈子大雨傾盆的落下，就在這麼疾雨狂風似的當兒，到底將這已經佔有陣地的敵人撑回去」，「我們兵都打得高興起來，我親眼看見一個兵的手打傷了，醫生在戰場給他臨時包裹上，叫他到野戰醫院去，他反倒將醫生罵了」，「千鈞一髮的時候，我能去休養嗎，只要有一口氣，能動就得打去」；甚至在華而不實如同文工團出現在戰場的「馮庸殲俄義勇軍」中，十四歲的學生也一樣崇尚犧牲，「『我只要團體的名譽，我各人先不要，等到我眞打死了，那一天我的名字自然你會知道』……我自己咀嚼著這小朋友的對話，的確是認清了民族的道路」。與「弟兄們」的犧牲精神、集團奮鬥相比照的是後方的「大官」，《國門之戰》爲此而寫出了似有批判色彩且在其正面積極敘述之中顯得突兀的幾段文字，從一定程度上呈現了民族主義意識形態敘述的尷尬情形：

其一，「第二軍的軍長王樹常……我們十五旅就是直接隸屬在王軍長的指揮之下，軍部設在海拉爾，……又愼重派了一連野炮（四門），滿站兩門，札站兩門，這種兵大概都彈無虛發，對於防守任務總能達到。更是本著『人不犯我我不犯人』的宗旨，派了一連工兵去安置地雷，也是札、滿各半，茶壺般大小的地雷一共帶了五六十個。後來有人說是這地雷太不便於攜帶，並且殺雞焉用牛刀的蘇俄兵，也用不著大的地雷去炸，有違人道主義。所以他們這些軍事長官們，從長計議的結果，便將命令下傳。無論在前方的官兵是怎樣危急，後方的大官卻老是嚷著不怕——死幾個小官和牛馬樣的兵是不要緊的話。」

其二，「更常常看到敵方有軍隊行動……邊防上增兵更屬重要，可是這坐鎮西線的王軍長竟置之不顧，大有邊境重地也能隨便犧牲的樣子。——後方怎麼兵不派來呢？敵人攻擊一天一天的多，我們怎樣的守呢？——戰壕中時常聽到這種聲音，就是東邊開來一列車，弟兄都伸長了脖子望，嘴裏在禱念，——兵車來了……——結果都是失望。弟兄們都證實了司令部來兵是假話，

但是失望中尚留著實現的熱念。」

其三，「我們在戰壕裏時常看見灰色制服的健兒，臉上都充滿了笑意，天空上這回也盤旋著畫著青天白日記號的飛機。似乎靈感告訴了我們，——戰爭的犧牲品，你們不要望了，你們的祖國已經知道一尺一寸的國土是由光榮的祖先拿熱血換來，決不忍得丟棄，現在已加派重兵援助你們了——不講理的蘇俄，不久就要妥協的了——但是俗話說的好，紙裏頭包不住火，慢慢就知道了——沒有根據的宣傳是不能長久的。事實證明了宣傳的虛偽，西洋鏡終於拆穿了。義勇軍不過三百餘名學生，飛機兩架也不能作戰，高射炮大概是在海拉爾保護軍長的臥室，滿洲里——國門——是用不著的，三十多架戰鬥機的隊長是有點膽子小，或者是以逸待勞，等待札滿危急的時候再說：暫時住在海拉爾，醇酒婦人的樂幾天吧。許多的炮隊想是跑射程太遠，不必運到前線上，我們只好日夜希望後方的炮彈從頭上飛去，爆炸在敵人的戰壕裏。夢境裏的樓閣絕不會實現，紙老虎嚇人是沒永久性的，敵人的飛機又來巡邏了，並且更比先前更多（三至五），他們大概是來會客的吧。」

其四，「忽然一個上士很驚駭的說，『連長，你看看這通報，壞了……』，……我們很急促的目光，看通報上寫的什麼。——東北邊防軍據國民政府通報，逆賊馮玉祥已受蘇俄賄買，唆使攪亂中國，該逆甘心賣國，已於某日開始叛變，破壞大局，政府已決心討伐……。一個一個字似乎在我眼前跳動起來，我們很快的看完，大家這時都不知不覺的沉默了，小小的掩蔽部裏空氣立時沉寂了，每個人的心裏似乎都重重壓上了一個鐵蛋。」

萬國安極力鼓吹而膨脹起來的民族主義精神，甚至殺妻以救國、滅赤俄而朝食的「決心」，所有的鋪陳和誇飾，有被這幾段話刺破而洩氣之虞。救國需要真實的而非想像的民族主義精神和力量，《國門之戰》的敘述不論如何展開其民族主義修飾，也始終無法妥帖地結合堅實可靠的現實力量以謳歌、以鼓舞，原因正在於，當時沒有這樣的一以貫之捍衛國權的強大力量。《國門之戰》意在歌頌，滿目大詞，然而真實的歷史無法匹配大詞，堅硬的現實無法追及榮譽。檢閱中東路戰史，韓光第所率第十七旅和「萬國安」所在的梁忠甲第十五旅之所以分別在札蘭諾爾和滿洲里被殲，與蘇軍兵力和武器的絕對優勢有關，也與他們獨立撐持，盼援不至有關〔註38〕，犧牲可謂注定，也可稱無謂。戰前張學良低估了蘇軍在遠東的實力，及至開戰又發現蘇軍力強，

〔註38〕張德良、周毅：《東北軍史》，遼寧人民出版社（瀋陽），1987年，第147頁。

於是畏敗怯戰。軍閥終究不以犧牲消耗其實力為智，隨即向南京報告請求避戰，聲稱：「值此甫告統一之際，元氣未充，百務待舉，但有避免紛爭之術，總以避免為宜，非為東北一隅而言，實為全國前途著想」〔註39〕。東北軍統帥既已缺乏戰爭意志，札滿軍人的處境自然險惡：他們的犧牲，可證東北軍力抗暴俄；而緩援或不援，則雖犧牲他們卻可保東北軍的大部實力。然而問題不只在東北軍上層，中原還有馮玉祥反蔣，南京中樞的蔣介石集結重兵以西向，集中精力於內戰，不可能派兵出關奔赴中東路戰事，於是，小說寫道，滿洲里前線官兵「不知不覺的沉默了了」。更有甚者，在中東路戰事愈趨險惡的時候，蔣介石的中央軍非但不能北援東北軍，反而要求東北軍派重炮援助中央軍討伐馮玉祥：「惟攻擊潼關，須要重炮，可否由兄處速藉重炮若干營，由現有官長帶來助攻潼關，該關一破，則西北瓦解，不難一鼓蕩平。」〔註40〕蔣介石自然有其戰略考慮，然而其如滿洲里前線官兵何？當然，萬國安未必盡知內情，何況民族主義文學敘述大抵是「擁護中央」、「打倒軍閥」的觀點，故不可能在《國門之戰》中對南京中樞發表看法，甚至對張學良也無直接批評，然而卻再三對東北軍的次一級長官王樹常施以抨擊和嘲諷，責其坐視前方陷入危局而不施援手，怯戰自安。

在中東路戰事中，札蘭諾爾、滿洲里屬西線戰場，而西線的總指揮是防俄第二軍軍長胡毓坤，按照規劃，梁忠甲旅也歸胡毓坤指揮，而胡毓坤也的確是怯戰援遲，致使梁旅最終隨滿洲里一同陷落。《國門之戰》稍違史實，讓負責東線戰事的防俄第一軍軍長王樹常替代胡毓坤承受了萬國安的肆意譏刺。當然，萬國安的失誤不妨礙他以王樹常代言「大官」和上層，他們對戰爭與和平有決策性的力量，如果他們是堅定的民族主義者，那麼，在萬國安的敘述和暗示中，也許最終是偉大光榮的勝利而非英勇悲壯的失敗：「我猛然向司令部的樓上望瞭望，模糊中，青天白日滿地紅的旗子，一點一點的降落了。」現實不能提供持久可靠的力量和信念，民族主義文學的展開便呈現為虛熱的狀態，空轉激情而不能真正鼓舞人心，民族主義文學論者和作家的大詞由此而淪入尷尬，顯得可笑。

按照《國門之戰》的敘述，理想軍人的標本，除了殉國的韓光第等人，

〔註39〕秦孝儀：《中華民國重要史料初編——對日抗戰時期，緒編》（二），中央文物供應社（臺北），1981年，第239頁。

〔註40〕秦孝儀：《中華民國重要史料初編——對日抗戰時期，緒編》（二），中央文物供應社（臺北），1981年，第249頁。

自然是梁忠甲。小說中的梁忠甲其人，「精明幹練」，「治軍嚴整」，尤其是勸諭青年學生則說，「祖國有用的孩子們，留著熱血吧，灑在扶桑三島或者鴨綠江中，這回讓我們來幹吧」，反俄反日，既能擔當，復有遠見。及至最後在滿洲里孤旅被圍，小說借書信的形式寫道：「我們忠於國，勇於戰的梁旅長忠甲」，所率的十五旅只餘「一千五百餘名有為的青年」，在俄匪重重圍困，彈盡援絕，進退維谷之際，他只覺得「失地喪師，愧對祖國」，有玉碎之心，但是雪地上無數下跪的百姓向「正在沉思的旅長」哀告，「懇請他收回犧牲的成命，保全全市居民，免被蘇俄屠殺」，「素日愛民」的旅長深受「震動」，而日本領事「也在旁邊吹噓」：「旅長你留此有用的部下作將來復仇的後盾」，槍械「敝國可以保存，以俟戰事結束即行完璧」。屈辱之際，梁忠甲拔槍自戕，小說寫道：「哪知道可恨的日本領事，不但將他手槍奪過來，並且如楚王劫宋盟的一個樣子，三五個日本鬼子，加上那些怕死的百姓，推推擁擁將他擡上汽車，呼的一聲一陣風似的，開向日本領事館去。剩下這千餘健兒，一看旅長叫日本人劫了去，如群龍無首一樣，主戰主降，莫衷一是。結果，光榮的十五旅，旅旗隨著沒落的太陽也消滅了。」之所以出現這個場面，按照小說陳述，原是蘇軍統帥布留海魯擔心梁旅做困獸之鬥，於是「買囑喪心病狂的日本領事，出面調停，將梁旅長強劫了去」。小說繼續寫道，即便蘇軍壓縮包圍圈，十五旅最後的一千多人被收繳了武器，還有陳樹藩等人徒手反抗，「為民族而奮鬥，為祖國而犧牲」；即便是被趕上火車開往蘇聯的伯力，士兵還在火車上反抗，將幾個蘇俄士兵扔下火車。此外，小說還以書信的形式回顧了十七旅韓光第及其部下殉國之壯烈。

英勇壯烈的敘述固然可以昂揚出民族精神，但始終繞不開梁忠甲十五旅在滿洲里被俘的事實，基於民族主義意識形態，《國門之戰》以此為羞恥，於是巧為改寫，卻留下了敘述的病徵。梁忠甲被圍之後進入日本領事館部分，小說所寫與當時的新聞報導和後來的紀實文字、悼念文字在總體上有相似之處，譬如《申報》所刊載的《滿站血戰追記》寫道：「計自二十日起至二十三日，與敵肉搏前後二十七次，自梁司令以迄軍士商民，均粒米未曾入口，甚是精神勃勃，奮力抵禦，古今苦戰，殆無逾於此矣。時日領忽前來調停，並語梁氏云，『貴軍已山窮水盡，援軍又已絕望，此時非暫繳械，無以自全，願君自思之』。梁當慨然，當曰，『我軍子彈雖絕，尚有絮槍可與賊相見，但有梁某在，決不能安然使赤俄殺我商民。且赤俄吾敵也，安能以吾之武器，供

給敵人』。日領謂，『不能供給敵人，亦敝領事所樂聞，但交由敝領事保管，
當無他說，並願擔保商民性命財產暨全部軍士之生命』。梁氏聞之，泣不可
抑，並以手榴彈自擬，幸日領抱之急，未得自戕。日領當勸之日，『留得千金
軀，爲將來報國用，前途尚未可限量，大丈夫豈可邃萌短見，死又何益？』
此時左右軍民皆嚎啕大哭，均跪於梁氏之前，有至淚盡繼之以血者，梁亦痛
哭流涕，兩目盡腫。日領乃將梁氏擁至日領館。軍民皆徒手回。」〔註41〕相
形之下，其與《國門之戰》的敘述大致一律，區別在細微之處，新聞寫欲用
手榴彈自戕，而小說則是用手槍，以突出梁忠甲的「愛民」，畢竟在當時的
情況下用手榴彈自戕可能傷及眾人。然而更重要的區別在於，按照《申報》
的報導，是日本領事將梁「擁」入日本領事館，而小說則爲日本領事等人
「劫」、「強劫」了梁忠甲，「如楚王劫宋盟」。楚成王劫持宋襄公的比擬雖然
在字面可爲梁忠甲開解，卻並不恰切。周襄王十三年，宋襄公與楚成王本是
擬定沒有武力色彩的「乘車之會」，楚成王卻在會盟之處「伏兵車」，以武力
劫持了宋襄公〔註42〕。然而梁忠甲當時縱然被圍困於滿洲里，尚餘軍隊七千
餘人〔註43〕，即便是小說爲了極言第15旅的苦戰犧牲而只給梁忠甲剩下「一
千餘名有爲的青年」，若非梁忠甲自願接受日本領事的居中調停而放棄抵抗並
進入日領館等待蘇俄代表前來談判，僅以日本領事、「三五個日本鬼子」和「怕
死的百姓」，如何從第15旅軍人的護衛中「劫」走深得軍心的梁忠甲。倘日
本領事等人能如小說所寫那般輕易從軍隊中「劫」走梁忠甲，則血戰滿洲里
的第15旅又怎能如小說所鼓吹的那般偉大光榮。

此外，小說對中蘇雙方傷亡的記錄也耐人尋味。自蘇軍8月16日進攻札
蘭諾爾，以迄「萬國安」突圍、滿洲里陷落，統計《國門之戰》的敘述，第
15旅傷亡約3,000人，而單是在「萬國安」所眼見身歷的札蘭諾爾、滿洲里
的戰鬥中，蘇軍傷亡則在12,000人以上，特別是寫到蘇軍11月17日以後的
進攻，「敵騎」動輒損失數千人：譬如，敵騎「五千人」，而「我們打靶演習
似的，一個弟兄也沒傷亡，而對方是剩了一千多名的殘敵跑回去了」；再如，
「我們剛慶風波停息，那正南面的敵騎又起始攻擊了，五千多名的騎士又被
一陣子子彈打的差不多全數消滅，殷殷的血跡，都留在漫漫的冰雪上」；等

〔註41〕《滿站血戰追記》，《申報》，1929年12月7日，第8版。
〔註42〕《春秋公羊傳注疏》，《十三經注疏》，浙江古籍出版社（杭州），1998年，第
　　　　2256頁。
〔註43〕《梁旅被俘於伯力》，《申報》，1929年12月21日，第9版。

等。第 15 旅如此輕易便可大規模殺敵，戰鬥力如此強悍，胡毓坤、王樹常乃至張學良何至於怯戰，而東北軍又何至於慘敗。然而事實卻是，蘇軍在西線投入的兵力爲 4 到 5 萬，而札蘭諾爾、滿洲里前線的東北軍兩個旅則爲15,000 人左右，蘇軍飛機數量超過東北軍十幾倍，大炮也占絕對優勢，且有數十輛坦克爲前導。蘇軍有現代化的壓倒性優勢，而札蘭諾爾、滿洲里一線的東北軍又無易守難攻的地利之便，且在訓練和戰術等方面東北軍也未見得超過蘇軍，既乏強力，復無巧智，則小說所述中蘇雙方傷亡數字的對比無疑稍嫌奇異。中東路事件中的蘇軍統帥布留赫爾（加倫將軍，小說中的譯名爲「加倫布留海魯」）曾向蘇聯特別遠東軍革命軍事委員會報告西線戰果：「儘管敵人進行了空前頑強的抵抗，並構築了永久性工事，但有 15,000 人的第15、第 17 混成旅被我們完全粉碎了。戰鬥中共俘獲 8,000 餘名負傷（約 1,000名）與未負傷的戰俘，其中包括梁忠甲本人及其司令部約 250 名軍官，打死約 1,500 名，衝出包圍者不到 2,000 人。繳獲大炮 30 門，裝甲列車 2 輛，以及大量的軍事物資。我軍戰死 123 人，負傷 605 人。我們打了一場漂亮仗。」〔註44〕而另有蘇軍統計則記載，在中東路戰爭中，包括東西兩線，「蘇軍陣亡143 人，失蹤 4 人，傷 665 人，共計損失 812 人」〔註45〕。即便蘇聯的統計有較大的誤差，其在西線的傷亡也遠不至於是東北軍的四倍。《國門之戰》在蘇軍的傷亡數字上不尋常的誇大，揭示的是文學敘述的權力，而非中東路戰事的眞相。作爲民族主義文學，《國門之戰》的誇大可以理解，其主旨原本是要展示十五旅的民族精神和戰鬥意志甚至戰鬥力，增強「民族自信」，使國人能夠寄望於其軍隊，正如黃震遐的序言所「號召」、所比擬：「中國人，信仰你自己的武力吧」，「希臘人有色木巴里山峽裏的三百名勇士，日本人有旅順山下的大和魂，土耳其有普來佛那的奧斯門巴沙，法國人有滑鐵盧至死不屈的警衛軍，英國有巴剌格剌伐的輕騎兵——我們也有我們滿洲里冰天雪地裏的英雄了」。

　　小說自然不是歷史，也無需比照其與歷史資料的吻合程度以判斷其水準。然而寫特定歷史的小說與歷史記錄之間的細節差異，卻是一條有意味的

〔註44〕 薛銜天：《民國時期中蘇關係史》，中共黨史出版社（北京），2009 年，第 247頁。
〔註45〕 劉志青：《恩怨歷盡的反思——中蘇關係七十年》，黃河出版社（濟南），1998年，第 190 頁（依據的是科里沃舍耶夫主編的《蘇聯武裝力量在歷次戰爭中、軍事行動中、軍事衝突中損失揭秘》）。

裂縫，從裂縫中可以透出敘述的秘密，以及作家的文學觀念。《國門之戰》的敘述是以現實主義的方式展開，但是其實質構造則是 1920 年代末興起於左翼而影響到右翼的新寫實主義。新寫實主義之所以新，是由於政治意識形態參與了敘述，甚至控制了敘述，它使現實主義的敘述變爲穿著現實主義外套的敘述，它被導向某種政治目的。國民黨的民族主義意識形態重構了萬國安的經驗，控制和修飾了歷史，《國門之戰》說明意識形態的寫作不會忠誠於歷史，唯有效忠於意識形態本身。然而這種效忠可謂艱難困苦，意識形態與現實是割裂的，而從事寫作的人不可能眞正地、完全地無視現實，於是民族主義文學的從業人員只能重構現實以書寫虛弱而可疑的「信仰」。民族主義文學的一大功能是製造英雄，誇飾武力，即便大幅度地有違眞實並且遭遇眞實的挑戰和反證也在所不惜。揆諸歷史背景，追問作家的運思，有深刻的悲哀從歷史的深處破卷來襲。

現代家庭空間中的創造與趨超
——重讀《創造》

康斌[*]（四川大學）

　　茅盾的第一部短篇小說《創造》作於《幻滅》和《動搖》之後，《追求》之前，卻沒有完全共享《蝕》中「幻滅，悲觀，消沉」的情緒，如茅盾後來所述，他意欲在有限的文本中，通過描寫「各人的戀愛行動」來探討「一些重大的問題」，「透露出各人的階級的『意識形態』」〔註1〕。這種堅信文學能夠解釋歷史重大問題、把握歷史本質的論述可謂淵源有自，但亦是一種極其浪漫和理想的觀點：這不僅取決於作者的思想是否具有歷史的穿透力，也與作者將思想轉變爲文學符號的能力息息相關。可即便如此，因爲文本自身的獨立性，作者意圖和文本呈現之間亦絕非鏡照關係。茅盾顯然也意識到了這些困難，他在談到《創造》時，多次強調創作時的艱難以及心力不足的遺憾：「那時的我笨手笨腳」〔註2〕，「寫短篇小說不是很容易的事」〔註3〕。反諷的是，這種「遺憾」雖然一方面證實了作爲作家的茅盾對創作的苛求，卻同時爲作爲批評家的茅盾此後不斷對《創造》進行重評敞開了可能：《從牯嶺到東京》中尚未用《創造》沖淡《蝕》三部曲階段的頹唐苦悶；到《野薔薇》出版時，《創造》中的「嫻嫻」已經成爲接受新思潮、在條件允許下能夠革命的女性；1933年，《創造》被認爲「在題材上和技術上」，「實在可說是浪費筆墨」

* 康斌（1982～），男，湖南衡陽人，四川大學文學與新聞學院博士研究生，四川大學錦江學院講師，研究方向：中國現當代文學與現代文化。

〔註1〕茅盾：《寫在〈野薔薇〉的前面》，原載《野薔薇》，大江書鋪，1929年。
〔註2〕茅盾：《我的回顧》，原載《茅盾自選集》，上海天馬書店，1933年。
〔註3〕茅盾：《茅盾選集》自序，開明書店，1952年。

〔註4〕。到 1979 年，《創造》取代了《虹》，成了茅盾「在寫了《幻滅》之後的第一次思想上的變化。」〔註5〕當我們重新閱讀《創造》時，曾經為茅盾敞開的批評可能仍然在為我們敞開著，但是我們必須面對和清理文學史尤其是茅盾本人對文本的解釋。這是文學行旅必須穿行的迷霧，也可能是達到彼岸的渡口。

一

在《創造》中，茅盾說嫻嫻「還不能擺脫舊習慣；他究竟還是奢侈嬌貴的少奶奶」。在短篇小說集《野薔薇》的序言中，茅盾又說：「《創造》描寫的主點是受過新思潮衝擊的嫻嫻不能再被拉回來徘徊於中庸之道」〔註6〕。有的研究者則直接在「中庸之道」前加上了「傳統」二字。〔註7〕雖然小說文本和理論闡述之間、作者和研究者的論述之間存在差異，但他們顯然都在有意引導人們得出如此結論：嫻嫻所處的乃是夫權當道家長專制思想陳腐的舊式家庭。可當我們接觸到《創造》提供給我們的家庭話語時，我們會發現，這個家庭並不是舊的，而是新的。它作為社會基本單元已經經歷了辛亥革命的衝擊和「五四」新文化運動的價值重估，它儼然是一個現代的充滿現代情調的新式家庭。

最集中體現現代特徵也最容易被人忽略的是這個家庭的成員組織結構。就社會學一般概念來說，「父母子所形成的團體，我們稱作家庭」；但是在「我們中國，一般所謂家庭常指較父母子構成的基本團體為大。有人用小家庭來專指父母子構成的基本團體，用大家庭來指較廣的親屬團體。」〔註8〕。中國歷史上廣泛而長期存在的大家庭制度是與小農經濟的生產方式是相適應的，它有利於加強勞動力的互助合作、生產生活資源的優化配置和針對天災人禍的抵抗能力。但是大家庭的經濟存在方式又與宗法制這一社會思想體繫緊密相連，這構成了大家庭中老人對青年、男性對女性、強勢對弱勢的經濟文化乃至人身宰制。隨著中華民國的建立和專制政體的瓦解，尤其是一

〔註4〕 茅盾：《我的回顧》，原載《茅盾自選集》，上海天馬書店，1933 年。
〔註5〕 茅盾：《兩本書的序》，《當代》，1979 年第 3 期。
〔註6〕 茅盾：《寫在〈野薔薇〉的前面》，原載《野薔薇》，大江書鋪，1929 年。
〔註7〕 張霞：《「革命文學潮流中女性解放問題的探索與反思」——茅盾短篇小說〈野薔薇新論〉》，西華師範大學學報，2010 年第 6 期。
〔註8〕 費孝通：《鄉土中國・生育制度》，北京大學出版社，2010 年，第 163～164頁。

系列現代法律的制定推出，舊式大家庭逐漸失去了存在的政治基礎和法律依據。而其後的新文化運動則從思想文化角度質疑了傳統大家庭存在的合理性。如李大釗所說：「中國現代的社會，萬惡之原，都在家族制度」〔註 9〕。經濟發展、政治變革、觀念更新等原因共同推動了中國現代家庭尤其是城市家庭的大規模出現，「家庭規模開始由大型化向小型化轉型，家庭成員結構、年齡結構、權力結構以及經濟、教育、宗教、娛樂等功能都發生了前所未有的改變。〔註 10〕由此，我們自然不再驚訝於《創造》中君實和嫻嫻組成的家庭何以如此簡單。這是作者的有意為之，也是當時現代城市家庭在文本中的反映。

這個簡單的家庭，乃是一種獨特的現代城市空間。在這個空間中，現代生活方式隨處可見，即從女主人放在停火几上的小對象便可見一斑：「小手帕，香水紙，粉紙，小鏡子，用過的電車票，小銀元，百貨公司的發票，寸半大的皮面金頭懷中記事冊，寶石別針，小名片」和一本雜誌「《婦女與政治》」。現代市民生活的印記凌亂地刻寫在這個家庭的每一個角落，而諸如婦女解放的現代觀念也成為這個家庭中的重要文化議題。

需要進一步指出的是，《創造》中的簡單家庭模式雖然有對現實的鏡照，但要比現實的家庭結構更純粹。1926 年，在對上海的 317 名城市居民進行家庭問題調查時，社會學家潘光旦發現：儘管舊式大家庭制度已經基本得不到贊同，但是純粹由父母子組成的核心家庭也被超過半數人反對，而更多的人傾向於折衷家庭或小家庭（祖父母與父母由子孫輪流同居奉養或不同居奉養）。〔註 11〕而《創造》中的家庭結構顯然區別於當時大多數普通的城市家庭。這首先體現在父母家長的缺位：君實的父親早已去世，母親也從未被提起過；嫻嫻未嫁時有完整的家庭，但是對這個二人小家庭完全沒有現實介入。其次，家庭中的第三代孩童也尚未看到出現的可能，這裡的婚姻和家庭完全遠離社會學所要求的撫育後代的目的。不僅如此，這一空間中也沒有魯迅《傷逝》中愛無所附麗的經濟困窘，沒有巴金《寒夜》中偏狹而執著的婆媳吵鬧，也不存在冰心《兩個家庭》中亟需改善的子女教育問題……那麼茅盾想借這個極簡空間討論的最有可能的議題只能是兩性關係。

〔註 9〕 李大釗：《萬惡之原》，《每周評論》第 30 號，1917 年 7 月。

〔註 10〕 陳蘊茜：《論民國時期城市家庭制度的變遷》，《近代史研究》，1997 年第 2 期。

〔註 11〕 潘光旦：《中國之家庭問題》，新月書店，1929 年，第 40～42 頁。

確切地說，是現代家庭空間中不平衡的兩性之間的「創造」與「趕超」的關係。

二

　　小說的前半部分頗似一個現代版的皮格馬利翁的故事，「創造新女性」是這個故事的主題。

　　君實作爲這個現代家庭空間的男主人，家產頗豐、學識較廣、思想維新，在晚年茅盾的闡釋中他是一個「進步分子」，是「創造者」，「在思想上他是嫻嫻的帶路人」〔註12〕。君實試圖「找一個理想的女子做生活中的伴侶」，而所謂「理想的」，是指此女子的性情見解在各方面都和他一樣。然而，時光蹉跎，當理想始終無法在現實社會實現時，他才決定以表妹嫻嫻爲藍本創造一個他所期待的新女性。因此這個故事看似古希臘神話的複寫，其實具有強烈的現代意義。神話中的皮格馬利翁因爲某種原因對凡間女子頗多不屑，然而他對自己迷戀的女性雕塑也缺乏現代男性持有的性別尊重與平權意識，熱烈浪漫的愛情也非這個故事中必不可少的內容元素和敘事動力。君實不然，他將愛情視作人生中非常重要的內容，又將男女雙方相互理解、互相欣賞當作愛情的必要條件。愛情在這裡已經不再只是欲望的施展和實現，而如李歐梵所言，「已經成爲新道德的整體特徵，成爲被視爲外在束縛的傳統禮教的自在的替代品。作爲解放的總趨勢，愛情成了自由的別名，在這個意義上說，只有通過愛，只有通過釋放自己的激情與能量，個人才能成爲完整的人，自由的人。」〔註13〕

　　君實對嫻嫻的「創造」，是現代愛情的一種想像和呈現，同時也是思想啓蒙的一種設計和實踐。在君實的精心指導下，一個在政治傾向、思想性格和行爲方式上都有巨大改變的「新女性」出現了：君實誘導嫻嫻讀各家的政治理論、留心國際大勢，批評國內時事，三個月就把不喜歡政治、連報紙也不願意看的嫻嫻「引上了政治的路」；誘導嫻嫻「看進化論，看尼采，看唯物派各大家的理論」，改變了嫻嫻的「樂天達觀的性格」；嫻嫻羞於流露熱情，而在君實的指導下，嫻嫻已經出落得活潑又大方。

　　我們無須過分強調君實的愛情觀念和行動方式的獨創性，實際上它頗具

〔註12〕茅盾：《我走過的道路》，人民文學出版社，1997年，第393頁。
〔註13〕李歐梵：《情感的歷程》，《現代性的追求》，人民文學出版社，2010年，第96頁。

時代代表性，是五四新文化運動和社會運動向家庭及其內部兩性關係的深入和拓展。據 1923 年甘南引在全國範圍內所作的「中國青年婚姻問題調查」，男子對妻子最不滿意的是無學問知識，他們希望妻子有才學，而且對妻子走出家庭、邁向社會表示理解和支持，71%的被調查者表示願意妻子服務社會，不願意者僅占 11%。〔註14〕茅盾只是以虛構的方式呈現並實現大多數時代男性試圖改變或解放妻子的欲求和想像。

事實上，茅盾本人也從不認為婦女解放就是女性自身的事情。在他看來，當時中國的現實社會中，無論是經濟權力、知識能力，婦女都處於弱勢地位，她們的解放需要男性的幫助和引導，如其所言「所謂婦女的解放，是男子一面的事情」。茅盾對妻子孔德沚的教育改造也可為此言論做最好的注腳。茅盾欣賞能夠理解和同情傳統女性的男性，對能夠引導女性改變陳腐生活方式、接受新式教育、提高社會適應能力的男性則給予更多的讚揚。當女性不願、不能在這些方面自我提升做到「解放的婦女」時，茅盾雖然從道義上同情女性的命運，但站在「男女兩性都自覺他們的各自獨立的地位」，他甚至支持男性離婚或者逃婚。〔註15〕

就在茅盾寫完《幻滅》，正在構思《動搖》時，他為《小說月報》寫作了長文《魯迅論》。在這篇文章中，茅盾就對魯迅不自居導師之名卻行導師之實表示高度讚賞：「雖然魯迅從不擺出『我是青年導師』的面孔，然而，他確指引青年一個大方針：怎樣生活著、怎樣動作著的大方針」。〔註16〕由是觀之，在某些特定情況下，茅盾不僅認為女性是需要男性指導的，而且也認為君實有能力做嫻嫻的人生導師，而更重要的是茅盾並不懷疑「啟蒙」結構下「導師」存在的必要性和必然性。

三

然而上述觀念沒有導致茅盾對君實這個男性形象的青睞。《創造》通篇以君實的目光觀察家庭中的人與物，鋪陳君實的內心世界也頗為用力。然而無論時間變遷和觀念轉變，茅盾始終都將君實擺放在文本意義框架中不甚緊要

〔註14〕 甘南引：《中國青年婚姻問題調查》，《社會學雜誌》第 2 卷第 2、3 號合刊，1924 年 5 月。
〔註15〕 沈雁冰：《解放的婦女與婦女的解放》，《茅盾全集》第 14 卷，人民文學出版社，1987 年，第 64 頁。
〔註16〕 茅盾：《魯迅論》，《小說月報》第 8 卷第 11 期，1927 年 11 月。

的一環。他多次強調：《創造》等「五篇裏的主人都是女子」〔註 17〕，「此篇的真正主人公不是君實，而是嫻嫻」，「雖然寫嫻嫻只有不多幾筆。」〔註 18〕。這種刻意而頻繁的強調逼迫我們重新思考小說的主旨。

我們此前已經討論過，君實這個現代版的皮格馬利翁比希臘神話原型更具性別平等的現代意識，但「皮格馬利翁」的故事結構無論古今都沒有賦予女性自由選擇的機會。「伽拉忒亞」是否可以拒絕從雕塑變為活人，是否可以拒絕皮格馬利翁的愛情，是否可以翻轉故事的主被動關係而向皮格馬利翁提出要求？甚至是否可以走出故事設定的二人框架而奔向具有無限可能性的廣闊世界？君實和他的古希臘原型都未曾想過。君實習慣以永遠正確的思想導師自居，也就從未給嫻嫻的思想成長提供機會，更不能預想到嫻嫻未來可能的思想行為趕超。

其實《創造》之前，新文學已經提供了不少為男性啟蒙而又超越男性的新女性形象。在王統照《沉思》中，瓊逸接受了畫家韓淑雲為藝術獻身的現代觀念做了一名裸體模特，但卻遭到記者男友的反對和拋棄，而更具反諷意味的是即便是畫家本人也對瓊逸產生了據為己有的欲望。《沉思》的主旨與其說是在對一個無法實現「愛和美」理想的醜惡環境進行社會批判，不如說是對啟蒙者無法祛除自身的蒙昧進行文化反思。而魯迅的《傷逝》則將對上述問題的思考放置在一個新文化運動退潮和革命形勢風起雲湧的間隙。子君接受涓生的新文化薰染後向世界宣告：「我是我自己的，他們誰也沒有干涉我的權利」。然而，當先鋒思想踏上艱難生活的大地時，最先選擇抱怨和逃避的卻是啟蒙者涓生。子君的愛情和思想無所附麗，最終只能在經濟壓力下重歸舊式家庭然後迅速香消玉殞。

《創造》中的嫻嫻既不是一個沉思而不得的時髦女性，也不滿足於做一個有思想的家庭主婦，總之她不願依靠家庭中男性設計的指標體系來定位自己的價值，反而要在國民革命的浪潮中對這一體系乃至體系的設計者進行一場徹底的趕超。嫻嫻的趕超「最初是在趣味方面發動的，她漸漸的厭倦了靜的優雅的，要求強烈的刺激，因此在起居服用上常常和君實意見相反了」。而趣味改變後，「思想上的不同，也慢慢的來了。」這種「思想的不同」在君實看來其實體現為一種政治思想的實踐——一種屬於「胡鬧」的「全民政治」、

〔註 17〕 茅盾：《寫在〈野薔薇〉的前面》，原載《野薔薇》，大江書鋪，1929 年。
〔註 18〕 茅盾：《兩本書的序》，《當代》，1979 年第 3 期。

「實際政治」和「不健全不合法的政治運動」。此處「全民政治」等理念正是孫中山三民主義的代表性政治主張：「我們要想是真正以人民為主，造成一個駕乎萬國之上的國家，必須要國家的政治，做成一個全民政治。」〔註 19〕而所謂的「實際」且「不合法」的政治」當然意指著茅盾親身經歷過的那場轟轟烈烈的國民革命。

　　婦女解放與社會政治革命的關係本來就有廣闊的歷史現實依據：從晚清到民國，婦女解放運動與社會運動相結合就已經成為持續不斷的思潮。而在二十世紀二十年代，婦女解放的目標則被普遍性地嫁接在「打倒列強除軍閥」的國民革命上。正如向警予所主張：「婦女運動必須乘著國民運動的長風才有日進萬里的可能」〔註 20〕；宋慶齡所強調：「婦女解放運動是中國國民革命的一部分」〔註 21〕。即便曾經支持通過普及教育和男性引導改變家庭中女性地位的茅盾也開始認為：「國民革命不成功，我中華民族終不免是兩重鐐鎖的奴隸。所謂女權，還不是句空之又空的空話麼？」〔註 22〕茅盾似乎要在國民革命和婦女解放兩者間建立起了一種因果聯繫，但又缺乏理論和實際的論證；而將兩者在時間上處理為前後關係，則顯明體現出此一時期在處理婦女問題時的男性霸權和革命霸權特徵。

　　其實，之所以茅盾如此關注國民革命和婦女解放之間的關係，並非建立於某種成熟完整的社會理論，而是基於國民革命對社會家庭和個人的震撼力量及對這種震撼的深刻記憶。1933 年 5 月 1 日，當身處上海的茅盾懷想起 1926 年在廣州的崢嶸歲月時，他用了兩個比喻：「一大熔爐，一大漩渦」〔註 23〕。比喻是精彩和準確的。如果說，「漩渦」意味著國民革命對社會各界尤其是青年男女的巨大吸引力和不可抗拒力，是將人從固有的社會秩序和家庭結構中猛烈地拽扯出來，如郭沫若曾經對廣大文藝青年熱情呼籲「你們應該到兵間去，民間去，工廠間去，革命的漩渦中去！」〔註 24〕；那麼「熔爐」則更強調國民革命對固有的社會秩序和家庭結構進行一次無聲的重構：不是

〔註 19〕孫中山：《孫中山全集》第八卷，中華書局，1986 年，第 323 頁。

〔註 20〕向警予：《婦女運動與國民運動》，上海《民國日報·覺悟》，1924 年 12 月 30 日。

〔註 21〕宋慶齡：《婦女應當參加國民革命》，漢口《民國日報》，1927 年 2 月 14 日。

〔註 22〕沈雁冰：《給未識面的女青年》，《民國日報·婦女周報》第 20 號，1924 年 1 月 1 日。

〔註 23〕茅盾：《幾句舊話》，原載《創作的經驗》，天馬書店，1933 年。

〔註 24〕郭沫若：《革命與文學》，《創造月刊》第 1 卷第 3 期，1926 年 5 月 16 日。

對傳統家庭的一次再衝擊，而是對民國和五四以來形成的現代家庭及其中的兩性關係的又一次衝擊。

<h1 style="text-align:center">四</h1>

可以說，嫻嫻選擇接受國民革命理念與實踐並對君實的啟蒙導師地位進行反叛，並不必然得出君實落伍和嫻嫻正確的推論，但它至少說明號召全民參與的國民革命比建立在性別失衡基礎上的啟蒙文化結構更有吸引力和號召力。君實聲稱關注現實政治卻不關注政治實踐，更反對現有政治制度進行「破壞性」革命。君實自認為行使的是中庸之道和保守理性，但這都難掩君實對底層大眾和現實人生的傲慢和冷漠。君實心目中「政治」的本質只是一種理論知識，它滿足的是人的求知欲和對世界進行合理化解釋的欲望，因而被認為應當具有超越現實之外或之上的客觀立場。這種看似「合理」的觀點實際上迴避了人們現實政治訴求的合理性，尤其忽視了在這種訴求背後的人類真實的生存困境、精神焦慮和尋找生活出路的熱望。

君實當然不是一個所自己所認為的完美的「創造者」，茅盾對其君實失落和焦慮心理的刻畫，為中國現代文學史提供一個非常獨特的「被趕超」的男性／丈夫／導師的形象。

失落首先體現在對臥室內部環境的細緻觀察和細節把握中。茅盾使用熟悉的自然主義手法觀察並描繪著這個現代家庭中臥室內的一切。儘管有學者指出「把左拉的自然主義及茅盾的看法相對照，可以看出，這兩種自然主義大相徑庭」﹝註25﹞，但是他們共享了自然主義一個最重要的特點，即自然主義相信人類可以通過科學的定律去解釋人本身和社會中的一切現象。但是此處自然主義觀察方式的自信卻和觀察內容帶來的不自信形成了強烈的對比：眼前衣服雜物的凌亂恰襯托著過往的整齊以及由此象徵的曾經有序的家庭生活。

焦慮尤其體現在他對女性身體的凝視中。曾經在《幻滅》、《動搖》中用來描繪慧女士和孫舞陽等時代女性的肉身書寫技巧在《創造》中運用得更加簡潔嫻熟。茅盾以君實之眼描繪了一具極富肉感的女性身體，「這溫軟的胸脯，這可愛的面龐，這善蹙的長眉，這媚眼，這誘人的熟透櫻桃似的嘴唇」。

﹝註25﹞〔捷克〕高利克：《自然主義：一個變化的概念》，《煙臺師範學院學報》，1989年第2期。

在穆爾維關於男性凝視的父權制結構的命題中，電影觀看行為展現了性別權力的不平等關係：在男性充滿欲望的凝視中，女性不僅成為文本中男性的情慾對象，也成為觀看文本的男性的情慾對象。〔註 26〕但在《創造》中，茅盾將欲望對象和欲望主體的主／被動關係扭轉了。有了獨自思考和行動能力而不再迎合君實身心的嫻嫻成了「魅人的怪東西！近代主義的象徵！」，而君實痛苦地感覺到：「他能夠接觸這名為嫻嫻的美麗的形骸，但在這有形的嫻嫻之外，還有一個無形的嫻嫻──她的靈魂，已經不是他現在所能接觸了！」

五

讓人費解的是，儘管君實將嫻嫻的改變歸罪於政治實踐，文學史研究也歷來將嫻嫻的言行轉變和與國民革命進行勾連。但嫻嫻和李小姐卻始終將走出家庭和超越男性的成績歸功於站在了國民革命風潮對立面的君實，如嫻嫻所言：「我是馴順的依著你的指示做的。我的思想行動，全受了你的影響。」如果將此等言論當作作家的閒筆，那就真正忽略了茅盾寫《創造》時的「有意為之」〔註 27〕。嫻嫻所謂「指示」的「方向」對君實本人來說其實並不存在，「方向」意味著自己只是站在起點，而君實從不懷疑自己已經處在「中正健全」的中庸之道的終點。「方向」只對嫻嫻充滿意義，但它又不單單為嫻嫻存在，而是在朝向一個更宏大目標的坐標體系中為君實和嫻嫻共同敞開著。在這樣一個坐標體系中，「君實」不再是「嫻嫻」的終極版本，「嫻嫻」也不是「君實」的不成熟狀態，他們之間沒有本質和固定的差異，而是一種前後、並行以及超越的關係。

茅盾不同時段對《創造》題旨的闡釋也許將有助於我們確認並瞭解這種關係。30 年代他側重從革命的角度進行闡釋：「革命既經發動，就會一發而不可收，它要一往直前，儘管中間要經過許多挫折，但它的前進時任何力量都攔不住的。」〔註 28〕70 年代末他則為其賦予了「重返五四」的啟蒙內容：「解放了的思想是不能半途而止的，它要達到「解放」的最終點。」〔註 29〕與其將這些不同時期的言論當作茅盾思想的矛盾，不如說它們道出了思想解放和

〔註 26〕 〔美〕勞拉・穆爾維：《視覺快感和敘事性電影》，《外國電影理論文選》，生活・讀書・新知三聯書店，2006 年。
〔註 27〕 茅盾：《我走過的道路》，人民文學出版社，1997 年，第 392～393 頁。
〔註 28〕 茅盾：《我的回顧》，原載《茅盾自選集》，上海天馬書店，1933 年。
〔註 29〕 茅盾：《兩本書的序》，《當代》，1979 年第 3 期。

革命實踐兩者之間的共有邏輯：思想解放或革命運動是一個沒有終點的過程，這個過程的特徵就是不斷的反叛和超越，每個人的歷史地位正如魯迅所言：「在進化的鏈子上，一切都是中間物。」〔註30〕茅盾在男性／女性、啓蒙／革命、創造／趕超等多組關係的巨大差異中，看到了它們之間的共性：君實和嫻嫻都只是現代歷史進程中的現代「中間物」形象。

但茅盾的「中間物」意識並不是魯迅思想的簡單重複。汪暉曾將魯迅小說所展示的「中間物」意識歸結爲：「一方面在中西文化大交匯過程中獲得現代意義上的價值標準，另一方面又處於與這種現代意識相對立的傳統文化結構中」〔註31〕。而茅盾的「中間物」形象與其說是建立在「傳統」和「現代」的衝突中，不如說建立在「新」和「更新」、「現代」和「更現代」的悲喜劇中：因爲啓蒙和革命的共有邏輯，現代家庭空間被賦予了一個「進化」的線性發展過程，其間的兩性關係則需要不斷面臨「創造」、「趕超」和「再趕超」的持續跟進。

由此，我們才能眞正看到：君實和嫻嫻的差異所在，並非他們對於國民革命風潮的態度，而在是否自覺意識到現代歷史的演進邏輯及人在其中的「中間物」命運。

眞正的創造者，未必是通過其創造的對象和業績來判斷的，而必須考察他在創造之路上的持久性，他必須成爲永遠的「覺他者」和「自覺者」：在一個沒有終點的進程中，不斷將新的理念和意義賦予到所創造的對象中，並將自我的改造更新視爲「創造」的不可分割的重要內容。然而，君實卻始終認爲啓蒙的進程已經走到終點，他自信掌握了「中正健全」的歷史秘密，對嫻嫻的反叛表現出極大的輕視。

相反，嫻嫻不但能夠將政治理念付諸革命實踐，將「不斷解放」和「不斷革命」的思想實踐引入最私人的家庭生活和兩性關係；她更能直面「歷史中間物」的悲劇性命運：既然「過渡性」和「被趕超」不可避免，那麼既不沉迷在歷史的成績中，也不預想未來的黃金時代，緊跟時代浪潮進行思考和行動便成了必然之舉。正如嫻嫻多次強調的：「過去的，讓它過去，永遠不要回顧；未來的，等來了時再說，不要空想；我們只抓住了現在，用我們現在

〔註30〕魯迅：《墳·寫在〈墳〉後面》，《魯迅全集》第1卷，人民文學出版社，1981年，第286頁。

〔註31〕汪暉：《歷史的「中間物」與魯迅小說的精神特徵》，《文學評論》，1986年第5期。

的理解，做我們所應該做」。

也許，這才是爲什麼儘管我們在《創造》中只看到一個被錢杏邨批評的「奢侈嬌貴的少奶奶」〔註 32〕形象：熱衷於跳舞、社交、疏於家務，看不到她的經濟自立能力，也無從知曉她在婦女解放運動或國民革命中擔當何種責任，但茅盾卻讓她自信地憑藉國民革命的東風對君實進行了挑戰和趕超的根本原因。

綜上所述，《創造》的確是茅盾的「有意爲之」。但它不是簡單重複五四新文化運動以來已經被頻繁言說的婦女解放主題，因爲國民革命失敗後，文學需要重新思考全新的社會語境和變化的兩性關係。它也不僅僅是在抒發革命受挫後的悲觀迷惘情緒，實際上，這些作品是在綜合諸多際遇（如國共分裂、貧病交加、政府通緝、政黨組織紀律與政治理想、文學關切等）共同作用下的寫作成果。它的主旨也不在「反映了作者對中國革命勝利的堅定不移的信念」〔註 33〕，這種觀點貌似拔高了茅盾國民革命失敗後的思想境界，實則沒有與茅盾的個人闡釋形成距離，且偏離了茅盾創作的主旨。本文認爲《創造》集中表現了茅盾對從民國建立到五四興起再至國民革命這段歷史進程中兩性關係演變的獨特理解：表面上，在一個現代的空間中，兩性不同的精神取向和現實選擇都應該被視作各具價值的現代人生設計和實踐，而不應再以「新」、「舊」辨之。但是，現代家庭空間中的兩性之間仍然存在著不平等關係，而國民革命被認爲能夠幫助女性扭轉這種性別失衡的狀況，並獲得在社會中一展才華和社會交往的機會。但真正爲她們提供改寫性別關係的理論資源和實踐動力的，是她們比男性更加深刻地意識到了現代歷史進程的演進邏輯和個體在此一進程中不斷「趕超」與「被趕超」的現代「中間物」的命運與機遇。

〔註32〕錢杏邨：《茅盾與現實》，轉引自伏志英：《茅盾評傳》，開明書店，1936 年，第 203 頁。

〔註33〕王嘉良：《一個獨特的藝術創造──論茅盾的短篇處女座〈創造〉》，《浙江學刊》，1985 年第 1 期。

《動搖》與國民革命時期的商民運動

羅維斯（北京師範大學）

　　1955 年，時任蘇聯外交部副部長的蘇聯作家、漢學家費德林致信茅盾，談及自己打算翻譯他的作品。茅盾在回信中寫道：「如果要翻譯我的一個中篇，那麼，我建議翻譯《動搖》。這本書雖然有缺點，但或多或少反映了一九二七年中國大革命時代的一些本質上的東西。」〔註1〕費德林與茅盾是舊相識。這封書信並非純然是兩位政府官員的交流，而多少有些故交說知心話的意味了。這封書信雖鮮有學者注意，卻透露出了一些頗有意味的信息。

　　眾所周知，《動搖》在《小說月報》連載時就飽受左翼陣營的攻擊。茅盾雖極力聲稱小說只是客觀反映現實，不夾雜主觀情感。但這種辯解卻並未得到接受和諒解，反而招致了更嚴厲的批判。茅盾在之後的創作中，努力以《虹》、《三人行》等作品彌補「過失」。上世紀 40 年代中期後，茅盾一直在誠懇地檢討《蝕》三部曲在思想基調上的錯誤。建國後，包括《動搖》在內的《蝕》三部曲一直被指責在思想內容上存在重大缺陷。他本人也在有意識地迴避包括《動搖》在內的《蝕》三部曲，而致力於將《虹》、《子夜》列為自己的成功作品。

　　這封寫於 1955 年的書信，無疑打破了現有研究中茅盾對《蝕》三部曲評價情況的基本認識。在與費德林的通信中，茅盾對《動搖》真實反映國民革命時期社會本質的推重多少暴露了他之前對《蝕》三部曲的檢討頗有些「言不由衷」了。對於 1921 年就加入共產主義小組的茅盾而言，包括《動搖》在內的《蝕》三部曲是其政治生涯上一個揮之不去的污點。《蝕》一經發表，就

〔註1〕茅盾：《茅盾全集》（第36卷）人民文學出版社，1997年。

被中共視爲「退黨宣言」〔註2〕。茅盾的黨籍問題也一度成爲「懸案」。《蝕》所表現的思想內容是茅盾被指「脫黨」的一個重要因素。其中，正面表現國民革命的《動搖》更是首當其衝。

《動搖》對國民革命風貌的及時反映和濃厚的政治隱喻色彩，使得研究者對其所反映的相關史實充滿探究的興趣。早在上世紀 80 年代，孫中田先生和張立軍先生的《〈動搖〉的歷史眞實》一文就通過細緻的文本分析與紮實的史料考據指出，《動搖》中所描寫的是國民革命時期鄂西地區鍾祥縣一帶的情形。〔註3〕近期，梁競男先生的《〈動搖〉中的國民革命軍敍事之細讀》一文，則通過國民革命歷史學研究成果和茅盾發表於《漢口民國日報》的文章，評述了小說中的店員運動、解放婢妾運動與具體史實之間的關聯。〔註4〕

除了針對《動搖》史實的專門考察外，相關研究中涉及《動搖》歷史背景的更是不勝枚舉。這些研究儘管詳略有別，側重不同，但其觀點都不外乎稱《動搖》表現了國民革命時期工農運動的發展壯大；封建勢力對革命的破壞以及小資產階級革命者、國民黨左派對革命事業的軟弱、動搖。

總體上看，現有研究對《動搖》所反史實的論述並未逾越新民主主義革命史的敍述框架。從茅盾與費德林的通信來看，這種與革命史敍述的一致性背後顯出了一些弔詭的錯位。如果《動搖》對國民革命這段歷史的表現正如現有研究所述，那麼這部小說則完全可視爲無產階級工農革命的合法性在文學上的論證。如此一來，《動搖》發表之初就不應受到如此激烈的批評；茅盾也不會在眾多小說創作中唯獨向費德林推薦翻譯《動搖》了。

由此看來，《動搖》必然書寫了現有研究未曾涉及的歷史事實。而這部分史實又恰恰對我們眞正理解《動搖》及茅盾思想觀念有著決定性的意義。

那麼，這些史實究竟是什麼呢？要解答這樣的疑惑，我們有必要借鑒歷史學界的研究成果，對這部小說進行重新梳理和解讀。

〔註2〕 陸定一：《大文學家茅盾》，見《陸定一文集》，人民文學出版社，1992 年，第 867 頁。

〔註3〕 孫中田、張立軍：《〈動搖〉的歷史眞實》，見《文學評論》編輯部：《現代文學專號文學評論叢刊》第 17 輯，北京市：中國社會科學出版社，1983 年。

〔註4〕 梁競男：《〈動搖〉中的國民革命軍敍事之細讀》，《中國現代文學叢刊》，2010 年第 4 期。

一

反面人物代表劣紳胡國光，是《動搖》中率先出場的人物。他的第一項政治運作是加入縣黨部組織成立的商民協會，並試圖通過民主選舉當上商民協會委員。而另一位主人公——革命者代表方羅蘭所任職的部門是縣黨部商民部。相比店員工會、農協、婦女部等一望而知的名稱，商民協會和商民部多少讓人有些「不知所云」。

在相關研究成果中，我們幾乎看不到關於《動搖》中商民協會和商民部的隻言片語。商民協會和商民部不僅與主要人物的政治身份密切相關，這兩個組織的活動在《動搖》中也是敘述詳盡，貫穿始終。但是，我們對這部分重要情節背後的基本史實卻至今一無所知。

不單是現代文學研究界對商民協會和商民部知之甚少。目前，史學界關於國民革命時期農民運動、工人運動的研究著作汗牛充棟，卻僅有兩部專著論及了《動搖》中商民協會和商民部的相關史實。有意思的是，這兩部史學著作——朱英先生的《商民運動研究（1924～1930）》和馮筱才先生的《北伐前後的商民運動一九二四～一九三〇》——都談到了《動搖》中描寫商民運動的具體細節，並肯定了小說對這一史實的生動反映。

所謂商民運動，簡而言之，就是「北伐前後國共兩黨，尤其是國民黨為從事國民革命而展開的一種民眾運動，可以說與當時的農民運動、工人運動、學生運動、婦女運動的性質相類似。」〔註5〕商民運動的具體實施是「輔助革命的商人組織全國商民協會，使成為組織嚴密的輔助國民革命的，及代表大多數商民利益的大團體，以促進國民革命的成功。」〔註6〕

《動搖》的敘事時間也正是當時商民運動最為活躍的時期。茅盾要實現通過《動搖》來實現展示國民革命風貌的創作意圖，商民運動自然是不能忽略的重大事件。小說關於商民協會和商民部的內容，正是對國民革命時期商民運動的真實反映。

隨著北伐的節節取勝，作為商民運動最主要的開展形式——商民協會也像其他民眾團體一樣在黨軍所到之地建立起來。「每縣有縣商民協會，全省有全

〔註5〕　朱英：《商民運動研究（1924～1930）》，北京：北京大學出版社，2011年，第1頁。

〔註6〕　中央執行委員會印行：《中國國民黨第二次全國代表大會宣言及決議案》，1926年，第62頁。

省商民協會，全國有全國商民協會。」〔註7〕至 1927 年初，國民政府所在的湖北省更是成爲全國商民運動的中心地帶。在這一年上半年的《漢口民國日報》上，隨處可見關於湖北省商民運動的大量報導。這段時期，茅盾先是在中央軍事政治學校任職，四月以後又擔任了《漢口民國日報》的總主筆。〔註8〕他對湖北地區如雨後春筍般建立起來的商民協會必然有相當的瞭解。

《動搖》對商民運動的表現正始於縣城商民協會的組建。當時，商民協會的入會手續並不複雜。小說中，並非商人的劣紳胡國光就冒用姨表弟王榮昌的店東資格，輕鬆當上商民協會會員。加入商民協會後，會員不僅享有經濟上的優待，還能享有一定的政治權利。〔註9〕這也使得商民協會成了國民革命中投機分子的聚集之地。

商民協會採取委員制，委員由代表大會或會員大會選舉產生。〔註10〕在《動搖》所敘述的商民協會選舉中，大多數參與者都是縣城裏切實從事商業活動的中小商人。不過，對於商人來說，參與政治生活並非他們擅長的領域。這無疑給長期操縱基層政治的地方紳士提供了機遇。當地劣紳胡國光就奔走於商民協會選舉，竊取了本應屬於中小商人的權益。

湖北地區「商協職員成分相當複雜，既有黨部所派下來的職員，也有抱有投機心理的地方紳士，更有別有所圖的商界活動份子。往往愈到基層，民眾團體愈容易受到既有地方勢力的支配。」〔註11〕《動搖》對商民協會的成員身份做了詳細的交代。其中，既有縣城裏從事各種生意的商人，縣黨部指定的人員，也有劣紳胡國光和並未從事商業活動的紈絝弟子陸慕遊。這些內容眞實呈現了在縣城這樣的基層社會，別有企圖的地方勢力混入商民協會的便當和商民協會成員身份的複雜。

從小說中詳述的商民協會委員選舉大會的場面來看，陸慕遊和胡國光各

〔註7〕 馮筱才：《北伐前後的商民運動一九二四～一九三○》，臺北：臺灣商務印書館，2004 年，第 84 頁。

〔註8〕 茅盾、韋韜著：《茅盾回憶錄》（上），北京：華文出版社，2013 年，第 279～280 頁。

〔註9〕 朱英：《商民運動研究（1924～1930）》，北京：北京大學出版社，2011 年，第 82 頁。

〔註10〕 朱英：《商民運動研究（1924～1930）》，北京：北京大學出版社，2011 年，第 84 頁。

〔註11〕 馮筱才：《北伐前後的商民運動一九二四～一九三○》，臺北：臺灣商務印書館，2004 年，第 139 頁。

得到了二十張以上的選票，選舉現場的人數也有七十多人。對於當時的一個小縣城而言，中小商人的數量也算相當可觀。大致可想見，《動搖》中所描述的小縣城並非如既有研究所考證的那樣是鄂西地區常年軍閥混戰下，民不聊生的凋敝所在。〔註 12〕一個略有商業基礎的縣城更符合小說中關於商民運動敘述的實際，也更有利於表現湖北地區商民運動的狀況。

在縣城商民協會委員的選舉中，胡國光因被指為劣紳而被交由縣黨部核查解決，進而引出了《動搖》中的另一位重要人物——革命者方羅蘭。在國民革命時期的眾多行政機構中，作者給他設定的職位是縣黨部商民部部長。這是我們一直忽略的一個重要細節。

商民部是早在商民運動開展之前就已設立的組織中小商人革命活動的行政部門。國民革命期間，國民黨中央執行委員會設有商民部，而到省、市、縣各級黨部也分別設有商民部。商民部是國民革命時期商民運動的直接領導者，也是各級商民協會的直管部門。北伐以後，各地的國民黨黨部商民部對於基層廣泛建立起來的商民協會發揮著重要作用。

在國民革命這場力圖打破既有政治格局的大規模軍事行動中，發動民眾是十分迫切的政治訴求。除了工人、農民、學生等民眾力量之外，作為社會經濟重要力量的商人同樣吸引了國共兩黨的注意。在民國時期的特殊社會背景下，真正有實力的大商人不僅為數不多，還具有帝國主義買辦等不足取信的政治屬性。因此，中小商人成為了國民政府將經濟力量轉換為政治力量的重要對象。

在《動搖》敘述的小縣城中，中小商人幾乎是唯一的實體經濟力量。他們既能影響民眾的日常生活，又能指使土豪地痞對抗革命政權。商民部也正因負責管理商人，而成為多方利益糾葛與矛盾衝突的彙聚點。《動搖》中縣黨部商民部無疑處在了各方利益博弈的漩渦。茅盾將小說中革命者代表方羅蘭設計為縣黨部商民部部長，就自然地將歷史本身的複雜性轉換為了小說情節的錯綜糾葛。

由於一直以來，我們對於國民革命時期的商民運動一無所知，以至於我們忽視或誤解了《動搖》中茅盾精心構思的故事情節和人物設置。不僅如此，認識《動搖》關涉的重要史實——商民運動，還將徹底改變我們對小說整體

〔註12〕孫中田、張立軍：《〈動搖〉的歷史真實》，見《文學評論》編輯部：《現代文學專號文學評論叢刊》第 17 輯，北京市：中國社會科學出版社，1983 年。

格局及思想基調的既有認識。

二

在新民主主義革命史的敘述中，工人運動、農民運動、婦女運動這類民眾運動極易找到大量史料支持。相關研究對《動搖》的分析也基本承襲了這些史學敘述的大體格局。

由於店員運動所佔的篇幅及本身所具有的工人運動性質，歷來受到相關研究的重視。這部分敘述是旨在讚揚工農階級革命力量的發展壯大還是批判民眾運動的偏激失當也一直是相關研究爭論的焦點。

然而，當我們細讀《動搖》中關於店員風潮的敘述，就會發覺現有研究的這些結論存在一些無法解釋的疑點。

那些我們所熟知的關於無產階級革命的敘述，幾乎是都圍繞著壓迫與反抗壓迫展開的。工農階層的勤勞、困苦加上有產階級的富足、殘暴，構成了這類敘述向前推進的張力。茅盾之後創作的同類題材作品也不外乎是這樣的模式。不過，與我們印象中關於工農革命運動的敘述相比，《動搖》中店員風潮部分的內容有著截然不同故事形態。

店員風潮一出場就被定性為基層革命政權面對的一個棘手問題。茅盾對於店員運動本身一開始就顯得很不「客氣」：「因為有店員運動轟轟然每天鬧著，把一個陰曆新年很沒精彩的便混過去了。」〔註13〕接下來對店員運動的表述，又簡化為了分條列出的三大要求：「（一）加薪，至多百分之五十，至少百分之二十；（二）不准辭歇店員；（三）店東不得藉故停業。」〔註14〕

面對這些今天看來都有點過分的要求，本地的革命者都一再氣憤地指責店員工會對店東的刁難。但縣城的中小商人卻表現出了較大的寬容：「以為第一二款尚可相當的容納」，僅認為第三條侵犯了商人的營業自由權。

相比之下，店員工會卻利用政治局勢，給不願滿足店員要求的店東扣上勾結土豪劣紳的罪名。為了逼迫店東就範，不僅工人糾察隊、勞動童子團這些工人組織拿著武器在商店和店東住所活動，近郊農協的兩百名農民自衛軍也來支持。

誠然，這部分內容包含了對店員運動的表現。不過，我們也應該注意到

〔註13〕茅盾：《蝕》，開明書店，1930年，第42頁。
〔註14〕茅盾：《蝕》，開明書店，1930年，第42頁。

《動搖》全篇絲毫沒有展現店東對店員的剝削和壓迫。就連店東勾結土豪劣紳，打擊工農運動在小說也僅僅是一種猜測和暗示，並沒有任何正面的描述。這就不免讓人覺得小說中的店員運動似乎並不具備革命的進步意義。與其說這是展現了工農運動的發展壯大，倒更像是表現了工農武裝對中小商人的政治壓迫和暴力威懾。

另外，店員風潮發生、發展到解決的過程中，一直穿插著與商民部和商民協會有關的內容。小店員風潮的發生和發展與商民協會內部對店員運動的態度分歧有關。面對工農武裝的威懾，店東們也集體向主管商人的縣黨部商民部請願。店員風潮的善後問題也由商民協會負責。這部分通常被我們視而不見內容，所佔的篇幅完全不亞於對店員運動本身的描寫。

由此可見，將這部分內容單純視為對工農階級革命活動的展示，與《動搖》實際表現的內容之間存在不小的距離。茅盾筆下的店員風潮也似乎有著更複雜的創作構想和更深層的政治寓意。

如果說《動搖》關於店員風潮的敘述並非如現有研究所言，是對國民革命時期工農無產階級革命運動的表現。那麼這部分內容反映的又是什麼呢？只要對國民革命時期商民運動的發展有所瞭解，我們就能很容易地解答這樣的疑問。

「第三次中共中央擴大會議及國民黨中央執行委員會先後規定店員屬於工人後，店員工會便在黨軍所到之地建立起來，店員運動成為工人運動的重要部分，到後來實質上成為其核心。」〔註15〕店員運動的主要內容就是要求提高工資待遇，改善工作環境，限制店東辭退店員等經濟訴求。這就無可避免地與店東這些中小商人發生衝突。商民協會這樣中小商人團體的存在，使勞資衝突演變為了兩大革命民眾團體之間的博弈和矛盾。

其實，《動搖》中店員風潮部分的內容並不是現有研究所認為的對工農革命運動的表現，而是對國民革命時期工商衝突局面的真實反映。也只有基於對工商衝突歷史事實的認識，我們才能對《動搖》和茅盾的思想傾向有真正的認識。

在工商衝突的格局下，我們就不難理解屬於工人運動的店員運動為何會給商民部部長帶來困擾。小說中，商民部部長的方羅蘭，對於店員過火行為

〔註15〕馮筱才：《北伐前後的商民運動一九二四～一九三〇》，臺北：臺灣商務印書館，2004年，第147頁。

多有批評，對店東處境也表現了同情和偏向。這些態度通常被指爲小資產階級革命者的儒弱或國民黨左派對高漲民眾運動的抗拒。當從商民運動的實際來看，商民部本身就是維護商人利益的行政組織，而商民運動本身也是國民革命時期民眾運動的一種。以此指謫小說中革命者的階級缺陷或黨派弱點，顯然有違茅盾眞實的創作意圖。《動搖》中基層革命政權在解決店員風潮的決策問題上，爭執不休、反覆低效。也並非對小資產階級革命者的批評。國民革命時期，面對日益加劇的工商衝突，包括國民黨左派，中國共產黨和共產國際在內的各個政治力量也是屢次開會商議，爭執不下，互相指責。身處武漢國民革命政府高層的茅盾對這些情形自然了然於心，或許還多有不滿。小說中關於店員風潮部分的內容，其實也是武漢國民政府對工商衝突舉棋不定的眞實寫照。

在這部分敘述中，茅盾特意明確地點出兩位民主選舉出的商民協會委員支持店員運動的要求，也並非閒筆，而是對當時工商衝突中獨特局面的暴露。在對工商衝突的調解中，身爲資方代表的商民協會非但不能維護店東利益，反而維護店員利益的情形十分普遍。﹝註16﹞由中國共產黨和國民黨左派主導的武漢國民政府時期，以店員運動爲代表的工人運動持續高漲。在面對工商衝突時，革命政府傾向於維護店員主張，犧牲了中小商人利益是當時普遍的政策。《動搖》中的縣城革命政權最終按照省工會特派員的指示，支持店員運動激進主張，罔顧店東利益的做法也並非個案，而具有隱射整個武漢國民政府的意味。

小說中的店員風潮因爲特派員的指示暫時平息，但對工商衝突的表現卻並未終止。縣城街道上糟糕的治安、一次次囤積生活用品的老媽子、倒閉或罷市的店鋪——茅盾用了許多具體的事例來說明工商衝突對縣城局面的影響。只有對商民運動發展後期的歷史有基本的認識，我們才能明白茅盾爲何要對這些看似旁枝的情節做這麼多細緻的刻畫。

在商民運動發展的工商衝突中，由於店員運動對店東的壓制，加之商民協會和黨部的不當作爲，大量商戶經營難以爲繼。一時間內，湖北地區商業一片凋敝。《動搖》中縣城的商業蕭條也正是其中的一個縮影。「『四‧一二』前後，武漢政府由於內外問題的困擾，財政困難更加嚴重，政治上也陷入多

﹝註16﹞ 參見馮筱才：《北伐前後的商民運動一九二四～一九三○》，臺北：臺灣商務印書館，2004 年，第 150～152 頁。

重危機。這其中，工商衝突、店員問題便是重要原因之一⋯⋯」〔註17〕

茅盾自然是看到了工商衝突帶來的嚴重後果，才將此視爲當時社會的突出特徵在小說中著重表現。從史學界的研究成果來看，在 1927 年 6 月以後，包括武漢國民黨中央執行委員會、中共高層和共產國際代表等多方政治力量都將解決工商衝突作爲最重要的議題，甚至將工商衝突視爲革命能否成功的大問題。〔註 18〕可以說，國民革命時期的工商衝突一直是武漢革命政府時面對的重要社會矛盾和政治危機。

《動搖》完整展現了國民革命時期，湖北地區工商衝突從發生到惡化具體過程。茅盾將工商衝突作爲《動搖》情節發展演進的最主要線索，並在小說中不斷暗示工商衝突的解決不當是造成國民革命最後失敗的重要原因。這些都與史學界關於商民運動的觀點十分相近。

由此看來，茅盾以文學展現整個國民革命風貌的寫作意圖，絕非工農革命運動這樣的單一的題材所能承載。學界將店員風潮孤立而簡單地視爲展現了工農運動的蓬勃發展的觀點只不過是一種一廂情願的誤解。

由於缺乏對國民革命時期相關史實的瞭解，我們一直沒能讀懂《動搖》中雜糅在細膩兩性關係中的複雜革命局勢和政治觀念。通過工商衝突的表現，茅盾將革命者、店員、商人、農民、普通民眾等社會各階層裹挾進了國民革命的政治體系，建立起基層政權與武漢革命政府的勾連，逐步構築起自己剖析社會歷史的文學框架。也正是在這樣的框架中，國民革命的大歷史被縮微到了一個小縣城中生動呈現。茅盾在給費德林的回信中談到《動搖》反映了國民革命時期一些本質上的東西，從相關史實來看也正是源於小說對國民革命時期工商衝突的描繪。

三

《漢口民國日報》在茅盾任主筆期間就大量刊載關於商民運動的報導。茅盾對於商民運動必然有較爲深入的瞭解和認識。《動搖》的主要故事情節也是以商民運動作爲切入點，並在工商衝突的格局下展開。

在茅盾回憶錄對 1927 年大革命的專章詳述中，他詳細談到了在《漢口民

〔註17〕 馮筱才：《北伐前後的商民運動一九二四～一九三○》，臺北：臺灣商務印書館，2004 年，第 150～152 頁。

〔註18〕 馮筱才：《北伐前後的商民運動一九二四～一九三○》，臺北：臺灣商務印書館，2004 年，第 157 頁。

國日報》的工作情況，也讚揚了當時工農革命運動的發展，卻惟獨對商民運動隻字未提。茅盾談及《動搖》的各類文章也從未談起其中關於商民運動的敘述。

　　由於茅盾的刻意迴避加之研究者對國民革命時期歷史情境的疏離，我們對《動搖》理解和認識都存在不少誤會。究竟是什麼原因使《動搖》中關於商民運動的描寫在茅盾那裡成了不能說的秘密呢？

　　從商民運動本身來看，它最初是國民黨所發起民眾運動。國民革命失敗以後，工農運動受到壓制，商民運動的領導權卻仍在國民黨掌控下繼續進行。〔註19〕由此看來，商民運動無疑是一個比較敏感的話題。

　　另一方面，國民革命時期，中共接受了共產國際關於中國社會政治結構的判斷，將小資產階級視為國民黨政治集團的主要成分，並將小資產階級視為可以聯合的政治勢力和社會階層。寧漢合流之後，代表小資產階級利益的國民黨左派倒戈。中共黨內將國民革命的失敗歸咎於小資產階級的動搖和懦弱。小資產階級被認為在國民革命中懼怕無產階級革命力量的發展，並在革命的危機中向大資本家買辦投降。

　　商民運動的對象中小商人在社會階級劃分上正是屬於小資產階級。同屬國民革命時期民眾革命運動的商民運動自然不像工人運動、農民運動那樣上得臺面了。

　　如果遮蔽了商民運動的相關史實，我們或許還能勉強以為《動搖》在某種程度上表現了工農革命運動。但是，結合商民運動的相關史實來看，《動搖》的問題就不僅僅是倍受指責的悲觀失望情緒，而是其中彌散著的不合時宜的政治觀念。

　　《動搖》中的店東們對縣城革命工作的展開給予相當的配合。大部分店東積極加入商民協會並認真地參與選舉。在茅盾筆下，中小商人與工農階層一樣都是國民革命的參與者。是激進的工農運動壓榨了原本支持革命的中小商人最基本的生存空間。領導工農運動的革命者又進一步激化了工商矛盾。而原本應該保護中小商人利益的革命民眾組織商民協會和黨部商民部最終沒能履行職責。

　　小說中，以中小商人為代表的小資產階級不是勾結土豪劣紳，破壞革命

〔註19〕 馮筱才：《北伐前後的商民運動一九二四～一九三○》，臺北：臺灣商務印書館，2004年，第169頁。

的反動勢力。反對激烈工農運動、主張保護中小商人利益的小資產階級革命者也並非代表了國民黨左派的軟弱、動搖，而是對當時的局勢做出了理性正確的分析。

這樣的敘事邏輯和價值判斷與黨內對國民革命失敗的政治分析大相逕庭，當然足以使人對茅盾的政治立場的產生莫大的懷疑。而遮蔽其中關於商民運動的敘述，就能在很大程度上模糊《動搖》透露出的政治思想傾向。為了規避小說中巨大的政治風險，茅盾有理由對商民運動避而不談。

身處國民革命領導核心的茅盾自然清楚商民運動的存在的「政治問題」，也應該對表現工商衝突時偏向小資產階級而批判工農階級有相當的政治風險預判。既然如此，茅盾何以在國民革命失敗的特殊時期，選擇表現商民運動這樣的敏感的話題？又為何會在小說中公然對已被視為反革命的小資產階級給予理解、同情，甚至是好感呢？

以打倒軍閥、打倒軍閥目標的國民革命，彙聚了不同黨派和不同社會階層的力量。在革命事業的發展中，不同黨派、階層之間的博弈、妥協和衝突一直伴隨始終。茅盾作為中共最早一批的黨員，早在 1924 年就加入國民黨，並在上海地區從事跨黨革命活動。〔註 20〕在 1925 年～1926 年間，茅盾不僅從事宣傳工作，而且還深入參與了許多整頓黨務的組織工作。聯合國民黨左派，並與國民黨右派鬥爭就是他在國民革命期間重要的工作內容。〔註 21〕聯合不同黨派的力量，調和不同階層的利益不僅是茅盾所接觸到的大量社會科學理論、政治文件所涉及的重要議題，也是他的具體革命實踐。

商民運動雖然最初由國民黨發起，但它在全國範圍內的展開卻是在國民黨第二次全國代表大會上由國共兩黨共同決議的結果。當時的中國共產黨領袖譚平山就強調要對後起的商民運動與農工予以同等重視。〔註 22〕商民運動既是國共兩大建立政治互信的一種體現，又是國民革命後期，國共兩黨的權利爭奪點。商民運動也自然會被茅盾視為國民革命時期繞不過去的重大

〔註 20〕 楊揚：《臺灣所見「國民黨特種檔案」中有關茅盾的材料》，《新文學史料》，2012 年第 3 期。

〔註 21〕 包子衍：《清黨委員會公佈的有關沈雁冰的幾則材料——為茅盾〈回憶錄〉提供片段的印證及補充》，《新文學史料》，1990 年第 1 期；楊天石：《讀沈雁冰致林伯渠函手跡》，《書屋》，1997 年第 5 期。

〔註 22〕 馮筱才：《北伐前後的商民運動一九二四～一九三〇》，臺北：臺灣商務印書館，2004 年，第 81 頁。

事件。

　　國民革命混雜了資產階級革命與無產階級革命的雙重屬性。革命進程中不同階層的矛盾衝突在所難免。這種衝突隨著北伐的節節勝利，民眾運動的蓬勃發展愈演愈烈。

　　「四一二」反革命政變以後，中共中央認爲「封建分子與大資產階級已轉過來反對革命」，「無產階級、農民與城市小資產階級的革命的聯盟」是今後「革命勢力之社會基礎」。〔註23〕儘管中共五大上指出了此後與國民黨左派的關係更加密切，也更要加強在革命工作中對小資產階級的重視。〔註24〕但是，在處理小資產階級與工農階級在革命中的關係這個問題上，中共的重要決議文件是充滿歧義和矛盾的。中共黨內對於徹底發動工農運動還是限制工農運動以維護小資產階級利益也一直存在分歧。武漢國民革命政府時期，激烈的工農運動造成了工商業者爲代表的小資產階級和工農階級之間巨大裂痕，也威脅了中共與國民黨左派的政治聯盟。《動搖》中表現出的對小資產階級的偏向和對工農運動的批評，正是茅盾對國民革命時期核心政治議題的認識。

　　事實上，早在 1927 年五月，工商衝突爆發之時，茅盾就撰文指出「不但是無產的農工群眾簡直沒有生路，即小有資產的工商業者，亦痛苦萬狀。」〔註25〕並認爲「工農運動之不免稍帶幼稚病」而破壞了對革命事業意義重大的工農階級與工商業者同盟。〔註26〕在他看來：「工商業者和工農群眾中的革命同盟是中國國民革命的唯一出路。」〔註27〕

　　《動搖》中對工商衝突的表現是茅盾在國民革命期間政治觀點的一種異體同構的表達。茅盾當時的政論文不僅是對當時武漢國民政府訓令的附和，也是他自己對於時局的判斷。從《動搖》對商民運動和工商衝突的表現來

〔註23〕中央檔案館編：《中共中央文件選集第 3 冊 1927 年》，北京：中共中央黨校出版社，1983 年，第 38 頁。

〔註24〕中央檔案館編：《中共中央文件選集第 3 冊 1927 年》，北京：中共中央黨校出版社，1983 年，第 42～44 頁。

〔註25〕茅盾：《鞏固工農群眾與工商業者的革命同盟》，原載一九二七年五月二十日《漢口民國日報》，見《茅盾全集》（第 15 卷），第 366 頁。

〔註26〕茅盾：《鞏固工農群眾與工商業者的革命同盟》，原載一九二七年五月二十日《漢口民國日報》，見《茅盾全集》（第 15 卷）。

〔註27〕茅盾：《工商業者工農群眾的革命同盟與民主政權》，原載一九二七年五月二十一日《漢口民國日報》，見《茅盾全集》（第 15 卷），第 369 頁。

看，茅盾並未如部分政治家那樣看到了工農運動的「好的很」。反倒是過激的工農運動破壞了小資產階級與工農群眾的革命同盟，而這才是國民革命失敗的原因。

《動搖》發表之時，當時的中共中央認為「被革命嚇慌的小資產階級」〔註28〕已經與反動勢力聯合起來反對共產黨。並將發動包括工農武裝暴動在內的群眾運動抵抗白色恐怖作為此後的革命方針。〔註29〕《動搖》中表達的對國民革命失敗的原因分析顯然與當時中共中央的政策方針背道而馳。

對此，同樣親歷國民革命的早期中黨員鄭超麟比文藝界人士有更清晰的認識。1927年11月間，鄭超麟曾去拜訪沈雁冰，他對鄭談到：「他不滿意於──八七會議以後的路線，他反對各地農村進行暴動。……這是我第一次聽到一個同志明白反對中央新路線。」〔註30〕在鄭超麟看來，《幻滅》、《動搖》和《從牯嶺到東京》是茅盾政治意見的形象化。〔註31〕

這種政治觀念的文學表達給茅盾帶來了惡劣的政治影響。「李立三當權時代，黨所指導的文學刊物都攻擊他，中央而且訓令日本支部不認他做同志。」〔註32〕瞿秋白就撰文「借用『幻滅』，『動搖』，『追求』的字眼諷刺沈雁冰」〔註33〕。李一氓〔註34〕發表了《出路──到東京》一文針對《蝕》三部曲，對茅盾進行了人身攻擊式的政治批判。〔註35〕直到茅盾逝世後，中共中央決定恢復他的中國共產黨黨籍，黨齡從1921年算起。李一氓知道後，還向有關

〔註28〕《中國共產黨中央執行委員會告全黨黨員書》見中共中央黨史征集委員會，中央檔案館編：《八七會議》，中共黨史資料出版社，1986年，第5頁。
〔註29〕《中國共產黨中央執行委員會告全黨黨員書》見中共中央黨史征集委員會，中央檔案館編：《八七會議》，中共黨史資料出版社，1986年，第6～11頁。
〔註30〕鄭超麟著，范用編：《鄭超麟回憶錄》（上），東方出版社，2004年，第285～286頁。
〔註31〕鄭超麟著，范用編：《鄭超麟回憶錄》（下），東方出版社，2004年，第127頁。
〔註32〕鄭超麟著，范用編：《鄭超麟回憶錄》（上），東方出版社，2004年，第286頁。
〔註33〕鄭超麟著，范用編：《鄭超麟回憶錄》（下），東方出版社，2004年，第124頁。
〔註34〕李一氓，又名李民治，1925年春入黨，1925年參加北伐，在國民革命軍總政治部任宣傳科長、秘書。1925年參加了八一南昌起義。起義失敗後，按照黨的安排，秘密去上海，從事黨的文化工作和保衛工作。建國後，曾擔任中共中央對外聯絡部副部長等重要職務。孔德為其筆名。
〔註35〕孔德：《出路──到東京》，《日出》，1928年第2期。

人員打電話，表示沈雁冰可以重新入黨，可以追認爲中共黨員，但不宜恢復上世紀 20 年代的黨籍。〔註36〕可以想見茅盾在《動搖》中表現出的思想立場犯下了十分嚴重的政治錯誤。

而我們一直沒有注意到，茅盾對創造社、太陽社等人的反駁頗帶有些居高臨下的意味。因爲在他看來「對於湖北那時的政治情形不很熟悉的人自然是茫然不知所云的」〔註37〕。茅盾是中國共產黨最早一批黨員。國民革命期間，他加入國民黨以跨黨身份身居要職，又與當時的國共兩黨的最高領導人有不少交往。國民革命失敗後，沈雁冰的名字在國民黨的通緝人員名單上比瞿秋白、周恩來等中共領導人都更靠前〔註38〕。他有理由覺得批評者的閱歷不足以對時局和革命的發展走向有眞正的瞭解。《動搖》中對時局的分析也與史學界近年的研究結論不謀而合，也使我們有理由理解茅盾的這種政治自信。

事實上，茅盾對自己在國民革命經歷中形成的政治觀念有過很長一段時間的堅持。茅盾在汪精衛發動「七‧一五」反革命政變後，依舊與其有書信往來。〔註39〕面對革命陣營的對《幻滅》、《動搖》的批判，茅盾也並沒有檢討和退縮。他在回應批判的《從牯嶺到東京》一文中抱怨「假如你爲小資產階級訴苦，便幾乎罪同反革命。這是一種很不合理的事！」〔註40〕在他看來「中國革命的前途是不能全然拋開小資產階級。」〔註41〕茅盾在此所討論的不僅僅是我們通常所認爲的小說中關於小資產階級革命者，其實也針對了商民運動和工商衝突中以店東爲代表小資產階級工商業者。在茅盾回應文學問題的背後，包含著他在國民革命中形成的對小資產階級的政治認識和對革命局勢的基本看法。這些觀念直到 1929 年茅盾的《讀〈倪煥之〉》一文中都有所保留。

革命文學的提倡者們將《蝕》三部曲作爲一個錯誤的文藝方向猛烈批判

〔註36〕 胡安治：《沈雁冰身後的兩樁恢復黨籍事件》，《中國新聞周刊》，2013 年 1 月 7 日。

〔註37〕 茅盾：《從牯嶺到東京》，《小說月報》，1928 年第 19 卷第 10 號，第 1141～1142 頁。

〔註38〕 沈衛威：《新發現國民黨南京政府一九二七年通緝沈雁冰（茅盾）、郭沫若的原件抄本》，《新文學史料》，1991 年第 4 期。

〔註39〕 包子衍：《清黨委員會公佈的有關沈雁冰的幾則材料——爲茅盾〈回憶錄〉提供片段的印證及補充》，《新文學史料》，1990 年第 1 期。

〔註40〕 茅盾：《從牯嶺到東京》，《小說月報》，1928 年第 19 卷第 10 號，第 1145 頁。

〔註41〕 茅盾：《從牯嶺到東京》，《小說月報》，1928 年第 19 卷第 10 號，第 1144 頁。

的同時，也總是會有意無意地涉及到小資產階級與革命前途關係的討論。其中不僅包含了文藝動向的爭論，也牽涉到國民革命失敗後複雜的政治問題。而茅盾的弟弟中共黨員沈澤民 1929 年的《關於〈幻滅〉》一文，也頗有對茅盾進行政治勸誡的意味。現今，我們已很難瞭解在此期間，茅盾承受了怎樣的政治壓力和思想鬥爭。但茅盾之後的《虹》、《三人行》、《子夜》等作品，都多少帶有彌補《蝕》的政治錯誤的成分了。

針對《蝕》三部曲思想傾向上的問題，茅盾一次次以客觀、眞實爲之辯護，卻總是被視爲「通過強化的小說的現實主義美學追求來對抗意識形態化的理解方式，規避政治風險。」〔註 42〕但從《動搖》對商民運動和工商衝突的表現來看，茅盾所言非虛。

無論是《從牯嶺到東京》、五十年代與費德林的通信，還是 80 年代的回憶錄，茅盾內心對《動搖》如實反映現實的觀點是一以貫之的堅持，只是他不願意眞正地解釋過這種客觀性的由來。

由於對國民革命相關史實的疏漏，學界對《動搖》考察大多停留在了小說的思想基調這樣的感性層面或僅注意到其中戀愛與革命的衝突，而忽略了小說在表現商民運動和工商衝突時濃厚的社會政治剖析色彩。

在夏志清看來，《蝕》三部曲「是站在小說家的立場，說了小說家應說的話」〔註 43〕，其文學價值遠高於充滿政治意識的《子夜》。儘管，有研究者並不認同這種論調，卻還是認爲《蝕》「是一種『人生經驗』的抒寫，重在傾吐大革命失敗以後的感覺與體驗，並無大規模解剖社會現象的意圖」，那麼《子夜》及其以後的創作便把用力重點放在了整體性的社會剖析上」。〔註 44〕這些觀點不僅忽略了《動搖》中對國民革命時期社會本質的分析，也誤解了茅盾當時的創作心態。

正如茅盾曾在一次訪問中所談到的那樣：「因爲我沒有做成革命家，所以就做了作家。」〔註 45〕國民革命失敗後，他的文學創作生涯的展開是一種不

〔註42〕 李躍力：《革命文學的現實主義與崇高美學——由〈蝕〉三部曲印發的論戰談起》，《文史哲》，2013 年第 4 期。

〔註43〕 夏志清：《中國現代小說史》，劉紹銘等合譯，香港友聯出版有限公司，1979 年 7 月，第 124 頁。

〔註44〕 王嘉良：《回眸歷史：對茅盾創作模式的理性審視》，《學術月刊》，2007 年 11 月第 39 卷。

〔註45〕 〔法〕蘇珊娜‧貝爾納：丁世中，羅新璋譯：《走訪茅盾》，李岫編：《茅盾研究在國外》，湖南人民出版社，1984 年，第 571 頁。

得已而爲之的選擇。茅盾並不甘心由革命者轉行當作家。由武漢國民革命政府時期打著皮綁腿、身著軍裝的革命者沈雁冰，到蜷在妻子病榻前躲避通緝、賣文爲生的作家茅盾，這種身份轉型顯然難以一蹴而就。

《動搖》並不只是革命失敗後的情感宣泄，其中蘊含著濃厚的政治氣味。《動搖》的寫作是以一種深度參與國民革命的政權高層的姿態，爲「動亂中國的最複雜的人生的一幕」〔註46〕梳理一個合理的解釋並表達一種政治立場。由此，我們也或許也可從一個側面去理解：爲何瞿秋白之前對《子夜》的評價最高，卻在臨刑前寫下的《多餘的話》結尾處中稱《動搖》——這部與「秋白路線」相左的小說——是值得再讀一讀的。〔註47〕

從《動搖》對國民革命時期商民運動和工商衝突的表現來看，《動搖》是茅盾的小說創作中政治意味極強的一部。小說觸及了國民革命時期的一些根本性政治路線方針問題——如何定位小資產階級在革命中的地位及其與工農革命運動的關係。在國民革命失敗後，茅盾以文學創作表達了對當時將小資產階級及其利益代表國民黨左派爲定性反革命的反對意見，並批判和檢討了激進的工農運動對小資產階級利益的傷害和由此帶來的嚴重後果。

在《動搖》中對商民運動和工商衝突的書寫中，茅盾的個人趣味和情感傾向也袒露無餘。《動搖》中「戲份」最微不足道的中小商人也是有名有姓。就連這些商人做的是什麼生意，又有怎樣的經營特點，茅盾都忍不住要交代一番。相反，《動搖》全篇幾乎沒有一個有名有姓的工農人物形象，店員始終只是一個抽象的模糊群體。儘管茅盾之前曾提倡無產階級文藝，但他對塑造工農形象一直缺乏發自內心的興趣。茅盾這種對商人與社會、政治的關係充滿探究的興趣和寫作欲望也在其之後的小說創作中一直延續。

《動搖》暴露了茅盾的審美趣味，也充分體現了親歷國民革命的茅盾對社會政治的基本看法。雖然，此後茅盾再也沒能像《動搖》一樣，自然地流露自己的審美趣味和政治見解。但蘊含在《動搖》中的個人趣味以及那些親歷國民革命而形成的社會政治理念，卻一直在他之後的創作中若隱若現，並與他刻意要表達的社會政治理念雜糅在一部作品中，互相撕扯，矛盾糾結。

〔註46〕茅盾：《從牯嶺到東京》，《小說月報》，1928年第19卷第10號，第1138頁。
〔註47〕瞿秋白：《多餘的話》，人民文學出版社，1973年，第35頁。

結　語

　　《動搖》這部小說是現代文學史上鮮有的、及時展現國民革命風貌的文學作品。由於對國民革命時期的歷史事實缺乏全面、客觀的理解，我們對《動搖》的解讀也一直充斥著偏頗、誤解和疏漏。新時期以來，一些歷史學者通過史料挖掘，開始重新梳理、解讀民國初年和國民革命時期的歷史。借助史學界的相關研究成果，對《動搖》的相關史實進行重新考察，無疑將極大地推進我們對於這部作品及茅盾早期創作觀念的認識。

　　國民革命作為民國時期的重大事件，對整個社會的發展進程產生了深遠影響。對國民革命的展現並不只限於《動搖》，而國民革命對現代文學的影響也不僅僅是小說創作的題材。在國民革命的浪潮席卷全國時，茅盾、郭沫若等大批現代作家都直接參與到了革命的軍事、政治工作當中。這段特殊的經歷，對於他們的文學創作和思想觀念產生了極大的影響。之後的革命文學運動也與國民革命這一歷史事件密切相關。國民革命不僅是社會歷史層面的重大事件，同時也是現代知識分子的重大精神事件。許多左翼作家也如茅盾一樣，在民國時期複雜的社會政治局勢中，經歷著文藝與政治的糾葛與羈絆。民國時期政治的複雜性在現代文學中的折射出了更為反覆纏繞的面貌。政黨派立場和階級觀念也成了許多現代作家身上揮之不去的印記。

國民革命與性別想像
——以茅盾《蝕》三部曲等爲例

倪海燕（肇慶學院）

　　1924 年至 1927 年的國民革命，是中國現代史上的一個重大事件，帶來了社會的深刻變化，同時，對於婦女解放運動的發展也起了極大的推動作用。一方面，作爲現代文明標誌之一的女性解放，必然成爲革命的重要組成部分；另一方面，革命也爲女性走出家庭提供了更多的機會，不僅是理論上的激勵，更有實際的受教育的機會、工作崗位等。這一時期的作品，對國民革命故事的講述中，自然包含了對女性的想像：對女性形象的描寫，對性別關係的重新審視，以及對女性在「革命」話語中的位置的考察……這些，既爲作品帶來了新的寫作內容和審美意趣，也爲現代文學中對性別問題的思考提供了另一視角。

　　茅盾的《蝕》三部曲（《幻滅》、《動搖》、《追求》）寫於一九二七年至一九二八年春，其背景正是一九二七年的大革命，作品對於革命中的女性命運有著特別的關注，細讀這一文本，會發現很多非常有意思的現象。

一、革命中的女性形象

　　《蝕》三部曲中，各有一個非常鮮明的女性形象，她是革命的「新女性」，漂亮、性感、放蕩。在《幻滅》中是慧女士，《動搖》中是孫舞陽，《追求》中是章秋柳，她們是自「五四」以來性解放潮流的親歷者，受過男子的騙，以玩弄感情作爲報復的手段。對於這一類女性，茅盾有一種複雜的心態：她們是文本中男性既愛又恨、既渴望又恐懼的對象，是小說的看點，又隱含了

作者的批評態度。

首先，這些女性無疑都是年輕貌美的性感尤物，是男性欲望的投射對象。孫舞陽的形象，幻化在方羅蘭的眼中，是「墨綠色的長外衣，全身灑滿了小小的紅星，正和南天竹子一般大小。而這又在動了。墨綠色上的紅星現在是全體在動了。它們驅逐迸跳了！像花炮放出來的火星，它們競爭地往上竄，終於在墨綠色女袍領口的上端聚集成較大的絳紅的一點；然而這絳紅點也就即刻破裂，露出可愛的細白米似的兩排。呵！這是一個笑，女性的迷人的笑！再上，在彎彎的修眉下，一雙黑睫毛護住的眼眶裏射出了黃綠色的光。」〔註1〕虛寫的孫舞陽形象，全身竄動的火星，上昇到細白米似的兩排牙齒上，並凝聚爲眼眶中的黃綠色的光，將孫舞陽的女性魅力進行了極力的鋪陳，在男性欲望的觀照下有著勾魂攝魄的力量。是女人，也是魔。

這種女性魔性更來自於其性格的魅力。她們積極參與革命事務和社會工作，有能力，有手腕，不拘束，不計較，有著男性的豪爽，代表了茅盾心目中的「新女性」的定義。但是，作者卻並未將更多的篇幅用於描寫她們如何在事業上兢兢業業獲得成就，而更多地關注她們如何在男女關係上玩弄手段。作者爲她們設置的結局往往並不好：慧女士爲了報復男性而與抱素戀愛，仍免不了被棄受傷，雖仍穿行於男性之間卻並不被尊重（《幻滅》）；《追求》中的章秋柳則染上了梅毒，結局凄慘。其中的「新女性」王詩陶和趙赤珠或因貧困，或因丈夫的去世，而走上了墮落的路。

對這些「新女性」描寫，顯示了作者的矛盾心態。一方面，他對她們的美、勇氣和自由精神不加掩飾地進行讚揚，一方面，又對她們的選擇進行了質疑：女性用身體對男性的報復，卻是給予了男性更多獲得性的方便；儘管社會風氣已經發生了很大的變化，但對於女性的雙重價值標準無法改變，她們的報復最終導致的仍是自己成爲臭名昭著的受害者。這似乎又回到了魯迅曾經追問的那個問題：娜拉出走之後怎麼辦？當社會並未爲女性提供足夠的生存資源和獨立可能的時候，只能是要麼墮落，要麼回來。國民革命時期，許多女性被裹挾出家庭，進入農會、婦女協會工作，有了更多自我展示的機會，並且在所謂「革命」的風氣之下，女性也有了更多的獨立和自由。但是，更深層的在於，當女性獲得這種獨立和自由之後，如何運用這個獨立和自由？

〔註1〕茅盾：《動搖》〔A〕，《茅盾精選集》〔M〕，北京燕山出版社，2009年，第47～123頁。

她們是否依然只能在男女關係中才能體現自我的價值？作者較少描寫她們在實際工作中的成就，是因爲她們並沒有在實際工作中取得很大成就，還是作者故意的忽略？

革命「新女性」中，唯一獲得「善終」的是《幻滅》中的靜女士，雖則她也經歷了一個成長變化的過程。她有自己的定力和追求，愛讀書，愛思考。卻因一次情感的軟弱失身於暗探加花花公子的同學抱素，後也參加到革命工作中，再後來做了救助傷兵的看護。她身上有著小姐的嬌養習慣，精神上也遊移不定。最後她終於找到了自己的愛人強連長。與慧形成對比的是，靜的身上更多與傳統相聯繫的一面，她對待性以及自己生活的態度，更多是因爲母親的教誨。「靜又自己思量：這一年來的行爲總該對得住母親？她彷彿看見母親的溫和的面容，她撲在母親懷裏說道：『媽呀！阿靜牢記你的教訓，不曾有半點荒唐，叫媽傷心！』。」〔註 2〕她對貞潔的守護，不是來自自我對性的認知，而是母親所代表的傳統觀念的壓制。所以，她的「新」骨子裏卻又是舊。這個「舊」卻又保證了她在動蕩的「革命」環境中的自我堅守。在靜與慧的對比中，可以看出作者的褒貶態度來。

與這些革命女性形成對照的，則是如方羅蘭太太陸梅麗這樣的女性（《動搖》）。與孫舞陽相比，陸梅麗無疑是一個被革命和時代拋棄的落後的女性形象。她是所謂的「婉麗賢明」的太太，在革命潮流中卻突然丟失了自我價值。她被丈夫認爲不再年輕活潑，思想陳舊。當革命同志們惋惜婦女運動的落後時，「方羅蘭突然想到自己的不大肯出來的太太，便像做了醜事似的不安起來。」〔註3〕跟得上潮流，能夠進入男性主流話語中的女性，不僅代表著先進，更代表一種審美時尚和新的性感標準。從纏足到不纏足，從出走的「娜拉」到「女革命者」，要符合這種時尚和審美標準，女性必須不斷地往前趕才能避免被拋棄，這不能不說是所謂的女性運動的一種悖論。

茅盾《蝕》中所塑造的國民革命中的女性形象，具有一定的代表性。無論是性感浪蕩，還是傳統落後，都帶有男性的欲望化色彩以及評價標準，同時又從另一角度顯示了革命中女性的某種生存眞實。

〔註 2〕茅盾：《幻滅》〔A〕，《茅盾精選集》〔M〕，北京燕山出版社，2009 年，第 3～46 頁。

〔註 3〕茅盾：《動搖》〔A〕，《茅盾精選集》〔M〕，北京燕山出版社，2009 年，第 47～123 頁。

二、戀愛：革命中兩性關係的考察

在蔣光慈等的革命加戀愛小說中，戀愛在革命中無疑佔據著重要的位置，甚至成為革命的必需品。固然，戀愛與革命有其相似之處，它的盲目與激情，它的衝動與短暫。但戀愛與革命卻又是不相容的，不僅在於現實的矛盾，更如李健吾所言：「直到如今，我們還聽見關於革命與戀愛的可笑的言論。沒有比這更可笑的現象了：把一個理想的要求和一個本能的要求混在一起。戀愛含有精神的活動，然而即令雪萊（Shelly）再世，也不能否認戀愛屬於本能的需要。如果革命是高貴的，戀愛至少也是自然的。我們應當聽其自然。」〔註4〕而在這些小說中，革命既有其高尚的正義性，戀愛由於加了革命的這層光環而身價倍增，甚至常常戀愛即等於革命本身。

革命為戀愛提供了更多的可能。當女性被革命席卷而出，走向社會，獲得了更多的自由，也有了更多與男性接觸的機會。同時，革命是如此一種東西，它描摹了未來的「黃金世界」，帶來了一種關於全新生活的幻想與可能，因而其本身就有某種神聖性和誘惑力。信奉它的男女因為有共同的價值觀念，共同的理想追求，也更容易走到一起。

與此同時，戀愛本身也成為革命正義性的體現，成為實現女性價值的手段。當靜女士在革命的氛圍中感到幻滅，不知所措的時候，戀愛給予了她希望。對於周圍環境，她是如此失望，在會裏的工作也是不知所謂，直到遇到強連長，才似乎找到了一直尋找的東西。強連長是一個勇敢的革命軍人，這本身即為這份戀愛賦予了正義性。「目前的生活是我有生以來第一次，也是有生以來第一次愉快的生活。……我希望從此改變了我的性格，不再消沉，不再多愁。」〔註5〕後來強的離開，也是為了革命和戰爭的需要。同樣的，在丁玲的小說《韋護》中，革命中的麗嘉也是無所事事，直到與韋護相愛。

但是，有意思的是，在戀愛至上的語境中，在革命的大背景下，男性與女性的戰爭，也是從戀愛中體現的。戀愛本身也成為女性反抗男性權威的一種方式，慧說：「我告訴你吧，男子都是壞人！用真心去對待男子，猶如

〔註4〕 茅盾：《動搖》〔A〕，《茅盾精選集》〔M〕，北京燕山出版社，2009 年，第 47
　　　～123 頁。

〔註5〕 茅盾：《幻滅》〔A〕，《茅盾精選集》〔M〕，北京燕山出版社，2009 年，第 3
　　　～46 頁。

把明珠丟在糞窖裏。」〔註6〕於是，她用情感和身體的玩弄來報復男子。孫舞陽也是如此，面對方羅蘭的癡情，她說：「沒有人被我愛過，只被我玩過。」〔註7〕她們是如同卡門一樣的自由女神，在險惡的男權世界中走著鋼絲，尋求自身的平衡。因而，正如前文所說，作者對於她們，是一種既愛又恨的矛盾心態。

正如以愛情作爲玩弄男性的手段，愛情也是她們所能想到的唯一可以拯救男性的手段。章秋柳也是孫舞陽式的女子，她之前的種種行爲，也是通過戀愛來報復男子。然而，當她看到史循的消沉以致自殺，她期望通過自己的愛情來爲他注入新的生命力。她似乎也在短期內做到了，但最後史循卻因病去世，她也有染上梅毒的危險。拯救者最終沒能完成其神聖的使命，反而搭進了自己的健康和性命，這不能不說明女性對愛情或對自身的過於誇大。

作爲一個敏銳的作家，茅盾展示了戀愛與革命之間的極富張力的關係，雖然也許並非刻意爲之，卻也顯示了女性在革命中通過戀愛彰顯自身價值的這樣一個尷尬處境。同時，也通過「鬧戀愛」，消解了革命的神聖性。「一方面是緊張的革命空氣，一方面卻又普遍的疲倦和煩悶。……『要戀愛』成了流行病，人們瘋狂地尋覓肉的享受，新奇的性欲的刺激；那晚王女士不是講過的麼？某處長某部長某廳長最近都有戀愛的喜劇。他們都是兒女成行，並且職務何等繁劇，尚復有此閒情逸趣，更無怪那般青年了。然而這就是煩悶的反應。在沉靜的空氣中，煩悶的反應是頹喪消極；在緊張的空氣中，是追尋感官的刺激。所謂『戀愛』，遂成了神聖的解嘲。」〔註8〕

戀愛因其充滿想像性，它所具有審美特徵，與藝術有著某種相通之處，因而常常成爲人們藉以抵擋現實凡庸的工具，卻忽略它本身的凡庸性。與此同時，在愛情當中，男女有著很大的區別。愛情也是爲文化所定義的：「愛情和欲望並不是一種均質的存在，它本身就是一個被權力不斷塑造和規範的動態領域。」〔註9〕我們可以看到，在文化的界定中，愛情在男性的生命中佔據

〔註6〕 茅盾：《動搖》〔A〕，《茅盾精選集》〔M〕，北京燕山出版社，2009 年，第 47～123 頁。

〔註7〕 茅盾：《動搖》〔A〕，《茅盾精選集》〔M〕，北京燕山出版社，2009 年，第 47～123 頁。

〔註8〕 茅盾：《動搖》〔A〕，《茅盾精選集》〔M〕，北京燕山出版社，2009 年，第 47～123 頁。

〔註9〕 茅盾：《動搖》〔A〕，《茅盾精選集》〔M〕，北京燕山出版社，2009 年，第 47～123 頁。

的位置非常小，社會對於他們的期待更多是建功立業，是面向外部世界的某種成功；卻又常常成為女性生命價值的核心，因為通過愛情，她們自身才能得以確認，並獲得相應的婚姻等保障。這也就可以解釋為什麼在某些經典故事裏，如《西廂記》、《杜十娘》、《紅拂夜奔》等當中，女性一旦遇到愛情，可以孤注一擲。因為人生選擇的可能性太小了，那是她們唯一可以主動的機會。當革命拓展了女性的生存空間，她們的注意力卻仍放在男女情愛上，無論是作為報復還是作為拯救與被拯救的方式，都顯示了選擇的狹隘性。無論現實究竟如何，男性作家的這種想像確也反映了對於性別的一種看法。

三、女性在革命中的位置

在革命的宏大敘事中，女性究竟處於什麼樣的位置呢？正如前文所說，在《蝕》三部曲等小說中，她們通過愛情來介入革命，她們更多是以戀人而不是同志的面目出現的。她們還在革命中扮演著不同的角色，如被解救者、被啟蒙者以及革命的參與者等。

在《動搖》中，以拯救女性為旗號的「解放婢妾運動」，更像是一場鬧劇。妾、寡婦和尼姑都被拿出來「公」了，不夠分還抽籤決定。這一所謂的革命行為，卻並無對女性人格的尊重，更與現代文明背道而馳。而婦女部對此也沒有太多注意，只說「這是農民的群眾行為。況且被分配的女子又不來告狀，只好聽其自然的。」雖則她們實際的意思未必對此加以支持，但代表婦女協會的孫舞陽的演說裏鄭重地稱之為「婦女解放的春雷」、「婢妾解放的先驅」等，則對此一行為起了推波助瀾的作用，更是導致最後革命失敗的一個重要因素。

這些被解救的女性是什麼樣的感受呢？茅盾在《動搖》裏面並沒有寫到太多，土豪黃老虎的老婆的迷茫似乎是一個代表：「她知道此來是要被『公』了，但她的簡單的頭腦始終猜不透怎樣拿她來『公』。她曾經看見過自己的丈夫誘進一個鄉姑娘來強姦的情形。然而現在是『公』，她真不明白強姦與『公』有什麼不同，她不免焦灼地亂想，因而稍稍驚恐。」〔註10〕她們的被解救並非自願，同時仍是被視為物品的做法，與「公」財產並沒有什麼不同。

〔註10〕茅盾：《動搖》〔A〕，《茅盾精選集》〔M〕，北京燕山出版社，2009 年，第 47 ～123 頁。

　　相對而言，蔣光慈的《咆哮了的土地》無論對於革命還是女性的解放都顯得較為樂觀。人們歡欣鼓舞地期待著革命的到來，吳長興的妻子一直遭受著丈夫的毒打和虐待，原來只會偶而地訴苦，在張進德等的啟蒙下，知道「妻子也可以格丈夫的命」，後來進了農會，成了一個敢於反抗丈夫的、有主見的女性。無知無識的鄉下姑娘毛姑，也在啟蒙下明白了女性可以有更廣闊的生活，積極參與了革命……革命所提供的，是一條坦蕩的金色大道，連那些最野蠻、最不符合現代文明和法治的行為都被視為理所當然，如農會的人打死了老和尚，敲詐鄉紳的錢，拉著鄉紳遊街等，借著革命的正義之名，幹著土匪的勾當，而作者對此卻毫無質疑。革命的神聖光環下，戀愛也具有了神聖性，如毛姑之愛李傑。這種建構，所反映的是作者的某種思維局限。

　　關於被解放了的女性，葉紫《星》當中的梅春姐形象更為複雜，也有更多的言說可能。與吳長興的妻子一樣，梅春姐也經常被丈夫打罵、冷落。丈夫陳德隆「好像沒有把年輕的妻子當做人看待，他認為那不過是一個替他管理家務、陪伴泄欲的器具而已。」〔註11〕但她的被解救，卻並非通過革命本身，而是間接通過革命者黃副會長。他的解救首先是從身體開始的，與其說是愛情，不如說是肉欲，並且帶有強迫的性質。黃抱怨「這地方太不開通了！他媽的！太黑了，簡直什麼都做不開。」〔註12〕革命給予男性的，是更自由的性。而在與黃的交往中，梅春姐所感受到的是深深的罪惡感。」就好像她已經陷到一個深沉的、污穢的泥坑裏了似的，她的身子，洗都洗不乾淨了。」〔註13〕為了肯定革命的成果，彌補敘事的裂隙，作者也為她設置了一段與黃共同的美好生活。在革命的啟蒙和愛情的滋潤下，梅春姐完全變了一個人，成了一個積極參與社會事務的「新女性」。作為女會中的成員，她啟蒙女性，幫助那些和她一樣受著壓迫的女人。這是作者想像中的革命下的完美愛情模式。

　　而當革命失敗之後，黃被槍斃，梅春姐懷著黃的孩子入獄，救她出來的

〔註11〕葉紫：《星》〔A〕，《葉紫精品集》〔M〕，中國出版集團，2011 年，第 101～161 頁。

〔註12〕葉紫：《星》〔A〕，《葉紫精品集》〔M〕，中國出版集團，2011 年，第 101～161 頁。

〔註13〕葉紫：《星》〔A〕，《葉紫精品集》〔M〕，中國出版集團，2011 年，第 101～161 頁。

仍是丈夫。她的處境變得更加不堪，她討好、哀求丈夫，對丈夫懷著深深的羞慚之感……一個被解救的女性，她對自由、對性解放的理解，是外在給予她的，並未能完全成為內心堅定的東西，因而一旦解救者缺席，她便重新回到了舊有的思維模式當中。作者給予的解釋是，她是為了孩子而忍辱負重。當孩子也病死之後，她只有出走這一條無路的路，然而前途的微茫卻是可以預見的。

因而，在這些男性作家筆下，革命中的女性，與男性所處的位置並不對等，可以說是更低的，更渺小的，她們的解放也是可疑的。

池莉寫於 1992 年的中篇小說《凝眸》也許可以作為對照。經過「五四」啟蒙的柳真清不能滿足於母親對社會的妥協而重新走向了革命。在那裡她重逢了學生時代的朋友嚴壯父和嘯秋。嚴壯父愛她，然而他更重要的工作是他的政治事業。嘯秋得到了她，卻不過是將她作為與嚴壯父政治鬥爭的工具。解放了的柳真清依然不能逃脫女人的固有命運，男人的革命世界，她永遠也擠不進去。作者以女性視角重新審視了所謂的革命，其實是充滿於男性世界的勾心鬥角與污濁骯髒。男女的分歧是永遠無法逾越的：對於男人來說，吸引他們的始終是外在的世界，而對女人來說，感興趣的始終是情感問題。因而，柳真清的失敗是注定的。人們認為她的終生未嫁是因為情場失意，只有她才知道「自己絕不是什麼情場受挫，她認為嚴壯父不是為了她，嘯秋也不是為了她，男人有他們自己醉心的東西，因此，這個世才永無寧日。將永無寧日。」〔註 14〕因而，解放男人的事業或者說解放全人類的世界是不包括女性的，女性在其中常常只是充當花邊或點綴。而所謂的正義革命也許也並不存在。

柳真清回到母親身邊，意味著她對母親選擇的認同。「母親，過去您一直希望我接您的班，辦好萃英，我過去不懂事。現在我想好好幹了，您同意嗎？」母親告訴她可以改用《婦女解放歌》做朝會歌，她說：「還是用《朝陽東升》。《朝陽東升》好。」〔註 15〕回家的柳真清更意識到作為女人的局限與本分，她們的能力範圍是很小的。這究竟是一種進步還是一種失敗呢？

女性與革命，是一個很有意思的話題，尤其在大革命這樣一個動蕩而豐

〔註 14〕 池莉：《凝眸》〔A〕，《池莉文集 3・細腰》〔M〕，江蘇文藝出版社，1998 年，第 179～238 頁。

〔註 15〕 池莉：《凝眸》〔A〕，《池莉文集 3・細腰》〔M〕，江蘇文藝出版社，1998 年，第 179～238 頁。

富的時期。我們可以看到，以《蝕》三部曲爲代表的一些作品反映了其中的複雜性。通過對女性形象的想像，對戀愛與革命關係的書寫，以及女性在革命中的位置的展示，給予了我們對於文學中性別問題更多的思考。

《失業以後》中的罷工之殤
——國民革命時期工人運動的別樣面影

孫偉（四川大學）

　　在與創造社、太陽社展開的「革命文學」論爭中，魯迅認爲他們的作品停留在理念層面，與現實脫開，「招牌是掛了，卻只在吹噓同夥的文章，而對於目前的暴力和黑暗不敢正視。作品雖然也有些發表了，但往往拙劣到連報章記事都不如」。〔註1〕意外的是，魯迅在《我們要批評家》裏卻稱劉一夢的短篇小說集《失業以後》爲「優秀之作」〔註2〕。劉一夢是太陽社的重要作家，《失業以後》是他在「四·一二」清黨後轉向革命文學創作的成果。由於他在1928年即被中央派往山東任團省委書記，1931年即被韓復榘殺害，參加文學創作的時間很短，且只有《失業以後》等八篇短篇小說，因此，劉一夢及其作品在以後的文學史敘述中多不見其身影。他在上海從事革命文學創作時，並不參與當時影響頗大的革命文學論爭，因此，魯迅好像並不知道劉一夢是太陽社作家，並認爲像《失業以後》這樣的作品，是「每一個文學團體以外的作品，在這樣忙碌或蕭閒的戰場，便都被『打發』或默殺了。」〔註3〕由此可見，魯迅是將其與當時流行的「革命文學」區別對待的。胡從經曾指出這種區別，「劉一夢是無產階級革命文學最早一批實踐者之一，早在1927年7月就開始了旨在反映工人鬥爭與農民運動的小說創作，比一般在1928年

〔註1〕 魯迅：《三閒集·文藝與革命》，《魯迅全集》第4卷，人民文學出版社，2005年版，第85頁。

〔註2〕 魯迅：《二心集·我們要批評家》，《魯迅全集》第4卷，人民文學出版社，2005年版，第246頁。

〔註3〕 魯迅：《二心集·我們要批評家》，《魯迅全集》第4卷，人民文學出版社，2005年版，第246頁。

初倡導革命文學熱潮中開始執筆的作家早半年左右；而且與某些主觀臆斷、心意爲之的作品不同的是，他以自己從事工運、農運的切身體驗而創作的作品，富有眞實性與感召力」。〔註4〕這正是魯迅所一再倡導的眞的革命文學，「革命人做出東西來，才是革命文學。」〔註5〕田仲濟在應胡從經邀請撰寫的《〈劉一夢作品集〉序》（後未刊印）中回憶：「蔣光慈對劉一夢的小說評價很高，說他是最早地描寫了中國產業工人的形象。」〔註6〕《失業以後》小說集中的《工人的兒子》、《車廠內》、《失業以後》都是以工人罷工作爲描寫對象，是作者在國民革命時期參與組織工人運動的堅實的生活基礎上進行的創作。在爲數不多對其的解讀中，絕大多數仍將其看作是工人反抗資本家的作品，「所收8篇作品，生動地描繪了工農群眾在舊社會被壓迫被剝削的非人生活及其反抗精神。」〔註7〕但也有研究者試圖從新的角度展開分析，認爲「他的小說敘述顯得十分逼眞，不僅反映了20年代工人遭受工頭壓迫的生活處境，而且眞實地反映了罷工工人的心理狀況」。〔註8〕這種解讀明顯與以往僅從階級鬥爭革命話語出發分析作品不同，而是側重強調小說本身表現的內容。《失業以後》被魯迅看作是與當時流行的「革命文學」不同的作品加以稱讚，而後來的文學史卻仍將其視作當時「革命文學」的代表作加以肯定。這本身即顯示出歷史的荒誕。《失業以後》與「革命文學」中的作品究竟有什麼不同？作品裏的哪些元素打動了魯迅？它究竟在多大程度上反映了國民革命時期工人的心理感受和生存狀態？這對於我們認識那段歷史究竟有著什麼重要價值？這些問題頗值得探究。

一、《失業以後》中對罷工運動的眞實描寫

劉一夢原名劉增溶，又號大覺，1905年出生於山東省蒙陰縣垛莊鎮垛莊村聲名顯赫的劉氏大莊園「燕翼堂」。1921年考入濟南商業專科學校，後又考

〔註4〕 胡從經：《魯迅推重的「優秀之作」——劉一夢〈失業以後〉》，《文藝報》副刊1987年3月21日。

〔註5〕 魯迅：《而已集·革命時代的文學》，《魯迅全集》第3卷，人民文學出版社，2005年版，第437頁。

〔註6〕 胡從經：《榛莽集——中國現代文學管窺錄》，海峽文藝出版社，1988年版，第406頁。

〔註7〕 臨沂市人民政府主修、臨沂市地方史志編纂委員會編纂：《臨沂地區志》（下冊），中華書局，2001年版，第1460頁。

〔註8〕 楊春時主編：《中國現代文學思潮史》（上），南京大學出版社，2011年版，第460頁。

入南京東南大學文學系。1923 年進入上海大學，和其叔父劉曉浦，「直接受陳望道、鄧中夏、瞿秋白等共產黨人的教誨和影響，積極參加社會活動。『五卅』慘案後，他們和上海大學的同學一起，受學校黨組織的派遣，深入到工廠、學校、發動工人和學生，聲討英、日帝國主義的侵略罪行，組織救濟受難同胞。」〔註9〕「四・一二」蔣介石清黨後，上海大學停辦，1927 年冬劉一夢加入太陽社，開始在《小說月報》、《莽原》半月刊、《太陽月刊》等雜誌上發表小說，1929 年結集爲《失業以後》出版。

從寫作題材上看，《工人的兒子》、《車廠內》、《失業以後》、三篇小說都以罷工工人作爲描寫對象，這在革命文學中並沒有多麼特別。不同的是，革命文學中到處充斥著對於革命的鼓吹和煽動，但劉一夢的小說卻通篇不提革命，甚至也不交代時代背景，只是選取生活中的一角，致力於刻畫生活在其間的各種人物的悲歡離合，以人物鮮活的切身感受展現了那個時段的眞實現狀。劉一夢雖然和蔣光慈等人都在上海大學接受了共產主義教育，但不同的是，他的創作並不從接受的理念臆想描寫對象，很少有什麼空洞的概念，而是根據自身的眞實體驗，用筆眞實地記下自己的所見所聞所感，將生活的原生態呈現出來。這或許就是魯迅肯定其作品的原因。與當時流行的革命文學相比，它更眞實地記錄了國民革命時期處於暴風驟雨的工人運動中的工人的的眞實心理狀態。他的作品由於描寫了殘酷壓抑的產業工人的生活狀況，這與當時整個激進化的社會格調不相契合，與歡喜閱讀革命加戀愛作品的知識青年們的審美期待有悖，所以不會像蔣光慈那樣產生那麼大的社會反響。就像魯迅所言，「青年的讀者迷於廣告式批評的符咒，以爲讀了『革命的』創作，便有出路，自己和社會，都可以得救，於是隨手拈來，大口吞下」。〔註 10〕但這也恰表明作者敢於直視社會殘酷的眞實。《失業以後》不僅得到了魯迅的認可，蔣光慈也大加稱讚。他 1930 年編選的「中國新興文學短篇創作」不僅收錄劉一夢的《失業以後》，而且還將其作爲小說集的書名。劉一夢的小說對過於浪漫化的蔣光慈的小說是有益的校正，照亮了他著作中未能觸及的社會盲點。

在《工人的兒子》、《車廠內》、《失業以後》裏，劉一夢描寫了工人爲了

〔註 9〕 山東省檔案局編：《會聚在黨旗下：檔案中的革命先烈故事》，山東人民出版社，2011 年版，第 52 頁。

〔註10〕 魯迅：《二心集・我們要批評家》，《魯迅全集》第 4 卷，第 246 頁。

生計不願罷工和一旦罷工失敗後所面臨的生存艱難。這與當時熱烈鼓吹工人反抗熱情的革命宣傳文學形成鮮明對比，也是對後來宏大歷史敘述話語中一味強調工人鬥爭力量的解構。工人並不像後來的歷史所敘述的那樣天然地就具有鬥爭性，他們首先關心的是自己的基本生存，然後才是其他的。況且其內部本身的複雜也使得他們在具體的鬥爭中呈現出不同的狀態。就像鄧中夏所說，「中國共產黨自成立以來，便在上海做職工運動，但是，總做不起來，做起來一點，便又覆滅。」〔註11〕國民革命以後，共產黨在制定工人政策時就根據現實情況，不再一味強調與資本家鬥爭，而是採取積極靈活的策略，在必要的時候甚至採取妥協的姿態，與國民黨控制下的黃色工會合作。這樣的調整與對現實的認識相關，工人依賴工廠生存是必須面對的最大現實，一味強調罷工，會使工人陷入生存窘境，勢必影響到他們的鬥爭熱情。

《工人的兒子》是一個關於仇殺的故事。阿寶殺死工頭華山不是因為華山破壞了罷工，而是接受不了母親與華山通姦給自己帶來的恥辱。這裡面，周圍的工人起了推波助瀾的作用，他們不是設法幫助孤兒寡母，而是羨慕工頭的特權。在茶館的談笑中，在以慰問之名行窺探之實中，在對阿寶的嘲弄中，發洩著自己的變態性心理。某種程度上，他們是促使阿寶殺死華山的推手，也是將阿寶母親逼死的兇手。小說結尾寫道：「總而言之，她的一生不幸的命運，便完全就鑄定在工廠裏！」這樣的故事也只有在工廠裏才能發生，如果是在另一個空間就不會是這樣的情景。工廠是生活在其間的所有人的衣食來源。即使阿寶的父親因為參與罷工被人打成重傷躺在床上需要有人守護，阿寶的母親依然要去工廠做工來養家糊口。即使丈夫因工廠而死，即使自己受了無法與人言說的屈辱，依然要將兒子送到工廠做工。雖然背負了父親的血債，但阿寶沒有像流行的革命文學那樣採取毀損機器和消極怠工的方式向工廠復仇，反而表現得非常勤奮。「他非常壯健，而又勤奮得可以，雖然年輕，但作工幾乎就比得上一個成年。」這是因為工廠就是工人的兒子生長的最大背景，「若說起來，他父母一生的事業，都幾乎消磨在工廠裏。當他五歲的時候，他母親進工廠作工就帶著他，他於是漸漸就在機器間長大起來，因此，他對於機器那種沉重的軋軋的震動，已經成為熟練而慣聽的聲調了。」當工廠的機器停歇時，「工廠裏的煙囱已滅絕了黑煙，冷寂荒涼的像一座頹廢

〔註11〕鄧中夏：《中國職工運動簡史》，中國人民大學出版社，1952 年版，第 151 頁。

的古廟。」這段描寫充滿了遺憾和戀戀不捨，彷彿轟鳴的機器才能給他們的
生命以動力似的。這與阿寶在面對實現罷工的興備心情形成了矛盾，「這時
在阿寶的感覺上，彷彿自己已經變成了壯夫，有了神道，本領也高強了。當
他回家的時候，自己走著就不禁跳躍起來，興高釆烈的非常」。對工廠停歇場
景的失落和對實現罷工的興奮心情都是同樣的真實，這反映出了工人對於工
廠的依賴留戀和努力爭取提高自身待遇的雙重合理性，這兩種感情看似矛
盾，實際上卻是一體的。這都是基於工廠是他們必須依賴的生存根本的前提
下生發出來的。沒有工廠的存在，沒有工人的身份，這一切都將不復存在。
就像阿寶爹在臨死前發出的哀呼：「並且，還有八個──和我一同，都開除
了，這回算──完了！我們完全完了！」我們以往過於強調工人鬥爭的一
面，而忽視了工人依賴工廠的一面，這對於我們全面認識中國早期的工人形
象是不利的。

　　正是因為罷工可能導致的被開除直接影響了工人的生計，所以他們在發
動罷工之時異常地謹慎和小心。阿寶的母親在得知阿寶參與罷工時便向他
說：「阿寶，我告訴你，廠裏罷工你不要隨著鬧！爹那時不是……？」這樣的
勸告是基於自我的切膚之痛得來的。阿寶爹因罷工導致的死亡直接給這個家
庭帶來了無法承受的滅頂之災，孤兒寡母從此就只能任由他人凌辱欺壓，這
屈辱又直接導致了後面的更大的死亡悲劇。

　　《車廠內》描寫了工人對罷工採取消極甚至抵制的態度，而罷工的組織
者竟然要靠手槍的威脅才可以迫使大家就範的情景。當工人聽到準備罷工的
消息都表現出非常訝異：

　　　　「罷工！」大家聽到了這兩個字後，彷彿受了一種意外的感覺，
　　　全個的面孔都顯得有些呆微了。他們像聽到了一件突然的事情，心
　　　內都不由得跳動了一下，各人互相覷視著別個的臉上，把頭項伸長，
　　　好像許多的鴨，被手捏住似的。

　　　　「我們為什麼要罷工？……」有誰在低聲自語著說了，在這句
　　　話的裏邊，似乎含著不少的遲疑和躊躇。

這種場面絕不像是反映著多數人意願的集體行動。大家不僅沒有什麼積極熱
烈的響應，甚至對這一行動的提出都絲毫沒有心理上的準備。不僅被召集來
開會的工人對罷工沒有熱情，就連組織者張茂發對這件事也提不起精神來。
「『我們等得很久了。』張茂發懶懶地說，帶黑麻的瘦臉一點精彩都沒有。」

這說明這場罷工不是工人們由於對資本家的不滿而自我組織起來的，而是由那幾個「都穿著藍呢的制服大衣」的電車工人策劃發動的。這場由少數人提議發動的罷工不僅沒有得到多數工人的響應，反而是出現了一種冷漠甚或反對的情緒。

　　張茂發先是用「帶有煽動，鼓舞和激憤的表情」試圖感染周圍的人，然後用「只讓別人贊成不讓別人反對的神氣」逼迫大家表態。當有人提出異議時，他變得暴躁起來，終於拿出了手槍。「他已經憤怒得忘掉了自己，忘掉了在會的工友，他只知要實現罷工，彷彿這枝手槍也就成了實現罷工的利器。在他的感覺上，並不以為自己是罷工的首領而有使著群眾非去罷工不可的責任，他只覺得若不罷工是最難堪而且危險的一件事，因為這件事是有關係於全廠工友的成敗」。從這段話中可以看出，即使是作為組織者的張茂發對於罷工的目的和意義也不甚了然。他之所以發動罷工是源於那送給他手槍的外在政治勢力。他鼓動大家罷工的演講無疑也是送給他手槍的人物傳授的，因為所講的內容與他自身的實際並不相關。「我們賣票的工友都是豬玀！你們想，全廠裏都下決心的要罷工，我們不罷工算是什麼東西？我們算是外國人的兒子了！我們為什麼要當外國人的兒子？鬼東西！所以，現在我們中國人要打倒帝國主義，外國人，總得先打倒他這些兒子們！」對於他如此「拳頭揮舞著，嘴裏噴散出白沫來」的演講，工人的反應卻是：「『哼，哼……』由幾個人的鼻子裏發出了這樣的歎氣。」不僅是不認同，還有著不以為然的輕蔑在裏面。這樣的尷尬場景是由張茂發等罷工組織者的出發動機與工人們的實際利益的衝突造成的。國民革命時期國共兩黨為了北伐的順利展開，積極策動工人舉行罷工，並以保障提高工人的權益作為號召，就像張茂發在開始號召大家罷工時所宣傳的那樣，「第一是要恢復我們工人的俱樂部」，「第二是我們要要求加薪」。但當大家表示異議時，張茂發在暴怒之下即將罷工的真實目的坦露出來，是為反抗帝國主義。工人對於反抗或不反抗帝國主義這樣高遠的目標是不關心的，他們最關心的是自身的生存。依他們以往的經驗，「『照以前的幾次罷工的失敗看來，不是要比不罷工還吃苦麼？錢不但不加一個，落得我們自己──油都不能揩了！』這說話的人現得神氣很卑怯，深藏著有過去的委屈，在最後的一句似乎吞吐著難以出口，但終於就說出來了。」他的這番剖白不僅是個人的想法，一經說出口，立刻得到周圍人的附和。資本家對於工人是有壓迫，但工人也會以「揩油」的方式實行著報復。最重要的是，

工廠是他們賴以存身的根本。如果罷工導致被開除，那麼他們就不僅是不能揩油這麼簡單了，而是會落入像《工人的兒子》中所描寫的那樣的悲慘境地。不僅自己生存堪憂，而且會影響到整個家庭的生存。罷工失敗的代價使他們望而卻步。苦一點的活下去總比無法生存好。另外，工人作為一個群體在各個行業間，甚至是同一行業的不同部門之間，工資待遇的不同也直接影響到了他們對於罷工所採取的態度。那些技術工人，由於在工廠中不可或缺的地位，待遇和地位都高。他們是最積極也最有實力與資本家展開鬥爭的群體。而那些半技術和非技術工人，由於隨時可以從其他湧入城市的人群中獲得補充，他們的工資僅夠勉強養家糊口，一旦失業，生計立即陷入困頓，不像技術工人那樣，即使罷工持續很長時間，他們也可以依靠自己較為優厚的薪金支持較長時間。《車廠內》中張茂發試圖發動的是賣票的工友，他們在電車公司裏隸屬於車務部，車務部由司機和賣票人員組成，人員占整個公司的 80% 左右。與此相對的是機務部，多從事會計和管理工作。車務部工作繁重但待遇較低，機務部則多是技術工人，待遇較高，因此，「技工們總是站在工會活動和政治性罷工的前沿。」〔註12〕《車廠內》那個被外國人用繩捆了手腳用粗杖打的工人就「是銅匠間的」，「銅匠間」即機務部的俗稱。他們一般是技術工人，所以也是站在罷工最前列的最踴躍向資本家「去要求」的工人。與此相對的是，由於售票員的待遇沒有保障，他們對於這樣的政治性罷工也多持抵制態度。況且，即使這些待遇不如機務部的車務部的售票員，在與城市中同樣從事運輸業的人員眾多的人力車夫和碼頭工人相比的話，無論是工資待遇還是工作環境方面都明顯處於優勢地位，更何況當時城市中還有大批因天災人禍湧入城市中討生活的無業者。張茂發自己也感歎：「今晚開會時的確有幾個靠不住，賣票的工友究竟生活洽意些呵，他們那裏肯甘心罷工！」因此，在張茂發手槍的威脅下，大家雖然表示同意罷工，「但在這話裏的確帶有著勉強。」連張茂發自己也覺得，「這次罷工若能夠成功，實不是自己的力量，而是手槍的力量了，他心裏有些感激它的助力。」在開過會決定罷工後，張茂發的心情一直糾結，對能否實現這次罷工抱很大的懷疑。小說中反覆寫到那枝在關鍵時刻迫使工人順從罷工決定的手槍，「又把手槍很仔細的玩弄了一番，插進了衣袋裏，用手緊緊握著，似乎這枝手槍，在這罷工的時間成為他

〔註12〕〔美〕裴宜理：《上海罷工：中國工人政治研究》，劉平譯，江蘇人民出版社，2011 年版，第 255 頁。

一時也不能離開的東西。」在這裡，手槍似乎成了能夠促成這場罷工的最終力量源泉。

《失業以後》以極為細膩的筆觸展現了紗廠工人因罷工導致的失業給他們個人和家庭所帶來的毀滅性打擊，描寫了中國城市的早期產業工人不能承受的生命之重。當趙元成被工廠開除後，他的妻子完全不能接受這樣的現實，從哭聲裏斷續的迸出一種尖利的叫喊來：

> ……你……你幹……幹得好呵！我……我已經……說……說過兩次了！……你，你那裡信一句？……可是，現……現在怎樣了？……我……我們就……就跟著你餓死麼？要是，你……你能夠，可憐我們，那你也不至於……你，你就自己想想看！……

面對如此的詰問和五歲的孩子討要今天的早飯，朱阿順能做的也只能是從自己僅剩的四個銀元中拿出兩個來接濟他們，但這不僅救不了他們，他自己的生活也就因為失業立刻陷入困頓。面對生病不能做工的妻子淑眞，「朱阿順睡在床上，被極大的寂靜包圍著，他覺得很不安，淑眞的酣聲在他的肩下低微的發出來，這酣聲，更加重了他那紛亂的心。他這時似乎希望著深夜永長的度過去，對於明天的到來，他慌窘了。」在這萬般無奈中，他想起了回到農村的家，這也是當時在城市工作的人最後退路。但他由於和父親鬧翻而無法回去。他在深夜裏發出的無助的哭聲，他在面對所愛的人時發出的「我——不能愛你了」，撕碎了一切善良的人們的心。這就是當時歷史階段中城市工人生活的眞實寫照，工廠是他們生存的所有源泉，一旦失業，萬劫不復。所以，當朱阿順以前因罷工被開除後，「他父親一見就生了氣，把他抓過來就毫不留情的打。開始他還忍受著，哀求著，他父親並不憐惜，以至於打得他遍體青傷。」這是因為在他父親眼裏看來，能在工廠做工已經是很不錯的選擇了，他不應該鬧罷工以致於失了業，從而陷入更加無法收拾的生存境地。像朱阿順這樣無法再回到農村去的工人在 20 世紀 20 年代已經形成了一定的規模，「在進入 20 世紀以後，中國工人階級已經形成了一部分『不再到農村去』的經常工人，或者是『世襲的無產者』。」〔註13〕《工人的兒子》裏的阿寶在父親死後的唯一出路只能是到工廠做工，他的母親用忍受了無法向人言說的屈辱來換取兒子進入工廠做工的入場券。

〔註13〕劉明逵：《中國工人階級的歷史狀況》第 1 卷第 1 冊，中共中央黨校出版社，1985 年版，第 7 頁。

　　頗具意味的是，《車廠內》和《失業以後》對於罷工場景的描寫與《工人的兒子》一樣，充滿了對工廠依賴留戀的複雜情愫。《車廠內》對罷工後車廠的描寫充滿了一種落寞的感覺。「車廠裏是冷冷清清，擁擠的擺著幾輛車箱，好大一個院子，連一個人的蹤跡也看不到。」「廠裏的空氣還是顯得冷淒而緊張」。作為工人存身之本的工廠，工人對其是有依戀的。這也包括那作為現代交通運輸工具的電車，這是他們平常工作的場所，比起那些靠兩條腿討生活的人力車夫，電車也是他們取得城市身份地位驕傲的資本。即使是作為罷工組織者的張茂發，在看到有人開動電車上班時，「刹時，電車開駛的聲音由遠而近，終於就看到電車風一般的駛過來」。雖然對於復工的工友非常氣憤，但在描寫行駛中的電車時，仍是用一種欣賞的眼光來寫的，那「風一般」的速度是現代城市文明的節奏。當他槍擊電車，「霎時，全車裏的人們的頭都隨著縮下去了，車於是在一種恐怖中靜默的停下。」這「靜默的停下」與「風一般的駛過來」形成了鮮明的對比，其情感傾向頗值得玩味。即使是在罷工組織者的眼裏，那行駛的電車比起停下來的電車顯得更有魅力。

　　《失業以後》中在描寫罷工後的工廠時，其中的意味也耐人尋思。「S 紗廠裏的罷工，沉悶著直到現在一天快要過去了。在這一天裏，便永沒聽到廠裏的汽笛的叫聲，高聳像紀念塔一般直豎著的煙囪，濃密的黑煙也滅絕了，滿廠裏的機器都靜默的啞起來，顯得冷淒死沈，充滿著荒涼的空虛。」「太陽的光輝落在了工廠裏的屋頂上的紅瓦上，顯得這停工後的工廠有些冷淡的嚴肅。臨近的幾座工廠，裏面的機器還在急促的震動著，從幾個煙囪裏噴出的黑煙，洶湧的直冒，有時被風一吹，便布滿了天空，籠罩著下面工廠附近的泥塘和墓地」。在這裡，我們絲毫看不到作者對這些開動著的工廠的仇恨和不滿，而是以一種相當欣賞的筆調對開動著的機器進行禮贊，彷彿那噴出的黑煙裏蘊含著無窮的活力。這與另一邊罷工了的紗廠的冷淒死寂形成了鮮明對比。雖然作者在敘述工人的罷工活動時突出他們對資本家的不滿，但在景物描寫中卻流露出了與他們的行動並不相一致的別樣情感。因為在當時的歷史階段，那洶湧地直冒黑煙的工廠就是整個城市的心臟，是現代文明的發動機，是工人生存的物質基礎。就像小說中所寫到的，「煙囪裏那種撲撲地冒煙聲，急促不停，這些動作，都是支配著工廠區裏一切人們的生命！」

　　在二十年代的中國，工人為爭取自己的權益展開鬥爭有著天然的合理性，但鬥爭的前提是建立在工廠是他們賴以生存的基礎之上的。鬥爭必須局

限在不被開除的範圍內才可以給他們的生活帶來改善，一旦失業，他們將立即面臨著生存的威脅。工人在發起和參加罷工時，充滿了對罷工失敗以後的擔憂。以往的歷史敘述和研究過於注重工人在國民革命時期工人運動中積極鬥爭的一面，對於他們真實的生存狀態缺少關注。我們關注的重心不在於當時工人作為個體的生命生存的真實感受和生活狀態，而只是將其作為宏大歷史目標的實踐者對待。忽略了個體的研究，必然無視他們在歷史進程中的豐富複雜面相，這也導致很多影響歷史進程的變量不被納入研究範圍，這樣的研究得出的結論自然也就不免偏頗。如果將工廠定義為現代都市文明的根基，是工人和資本家共同存在依賴；將工人看作現代都市的一種不同於傳統農業社會的生活方式，將罷工看作是那個歷史階段工人與資本家為了平衡利益而進行的溝通方式，那麼劉一夢筆下的罷工小說就可以獲得不同的解釋，而通過對小說的解讀也可以管窺當時城市裏工人的真實生存狀態和對後來被定義為影響了中國歷史進程的轟轟烈烈的國民革命的真實心理感受。劉一夢的小說不僅與當時概念化、口號化的革命文學形成了鮮明對比，也與後來建構起來的宏大敘述話語形成了有效的對話。小說中蘊含著的豐富細緻的對於人心的真實呈現，潛藏著歷史發展的多種可能性。劉一夢關於工人罷工的小說，為重新認識國民革命時期的工人運動提供了不同的別樣面影，這對於重塑那段波詭雲譎的歷史中的工人形象具有重要的參考價值。

二、工人運動與經濟社會發展規律的博弈

國民革命時期，工人運動和農民運動一直被認為是配合北伐的重要力量。五卅運動以來，工人就被認定為革命在城市裏最值得倚重的力量。但這樣的認定，是將工人作為一個統一的階級或階層進行認識的，而忽略了這一在中國大地上新興的角色本身的特殊性和複雜性。首先，產業工人的出現是與中國現代工業的發展和現代城市的建立密切相關的。工人代表的不僅是一種新興的身份，更是一種不同於農民的生活方式。「據估計，1920 年前後，中國工農業總產值約為 219 億元，其中現代工業產值約為 10.66 億元，占總產值的 4.87%，工場手工業產值 12.95 億元，占總產值的 5.91%，兩者合計 23.61億元，占工農業總產值的 10.78%」。〔註14〕通過數據可以看到當時工人在整個

〔註14〕汪朝光：《民國的初建：1912～1923》，江蘇人民出版社，2005 年版，第 507頁。

社會中的作用和地位。其次，工人的出身和地緣決定了他們在工人階層中的
地位。依上海爲例，江南等發達地區的農民和手工業者，由於原先手工業者
的身份，地理位置帶來的得風氣之先，教育程度較高等優勢，使得他們在工
人階層中最早轉化爲技術工人，也是最早一批融入城市的人。而那些來自蘇
北等相對落後地域的農民，則只能淪爲非技術或半技術工人。他們與城市保
持著若即若離的關係。一方面現代城市生活對他們有著巨大的吸引力，另一
方面，他們在城市中的地位和處境又使得他們不得不與農村保持密切聯繫，
將農村作爲他們在城市中落敗後的逃路。〔註15〕再次，工人的命運與社會整
體環境和世界經濟政治的發展也密切相關。技術革命帶來的衝擊，通貨膨脹
對生活的影響，政治行動的鼓惑，都對他們的生活產生了直接影響。最後，
工人這一形象，是最能典型反映中國這樣一個農業社會融入自大航海時代以
來所開啓的整個現代世界格局的重要表徵。沿海通商口岸的建立，西方現代
生產方式以及由此而來的現代城市生活方式都集中落實到了工人身上，他們
是中國從農村自然經濟轉化爲世界商品經濟的最初的也是最重要的實踐者。
他們是當時中國最先進生產力的代表，是中國經濟發展依靠的最重要力量。
他們同時也是各種政治勢力拉攏利用的對象。作爲推動經濟社會發展和政治
勢力利用的多重載體，早期城市中的產業工人在很多時候被推向歷史大潮的
風口浪尖，在其中扮演著不可或缺的重要角色。但各方力量的互相撕扯，又
使得他們在各種矛盾中掙扎。在他們身上，最集中地展現了人爲的政治運動
與自在的經濟社會發展規律的博弈。

　　由於工人這一形象特殊的歷史意義，使得對其的分析顯得更具歷史的價
值。一方面，中國工業在民國初年獲得了較大發展。「從 1912～1922 年的 10
年間，可謂中國現代工業發展的黃金時期。」「據估計，中國現代工業 1914
～1920 年間的總平均增長率爲 13.8%，其中幾乎所有的工業部門都有發展，
而輕工業的發展速度更快，有的部門（如麵粉、捲煙等）年增長率超過了
20%。」〔註16〕另一方面，由於國內激進主義風潮的湧起，各種政黨力量的參
與，使得在民族主義的裏挾之下，工人捲入各種政治鬥爭之中，並在其中扮
演著重要角色。工人在鬥爭中顯示的力量被給予高度的肯定和讚美，反抗者

〔註15〕　參見〔美〕裴宜理：《上海罷工：中國工人政治研究》，劉平譯，江蘇人民出
　　　　　版社，2011 年版，第 80 頁。
〔註16〕　汪朝光：《民國的初建：1912～1923》，江蘇人民出版社，2005 年版，第 506
　　　　　頁。

的形象被定位在以後的各種歷史書寫之中。但工人並不是抽象的概念，更不是鐵板一塊的同質體，而是由一個個活生生的個人組成的。他們內部分爲不同的派別和組織，對於同一事件也有著不同的看法，而這些差異都被統一的宏大敘述話語抹平了。劉一夢的《失業以後》以文學作品特有的豐富和細微爲當時的歷史留下了可供後人參照的心靈史，這也與當時留下的各種面無表情的各種數據形成了極具意義的對話，共同爲重構那段歷史時期的真相，再現那段時期活生生的工人個體提供了鮮活例證。

在某種程度上，工人罷工恰是他們生命獲得新生的象徵，是融入城市生活的標誌。「就像經濟學家指出的，罷工一般依據經濟繁榮而增長，這一模式適用於整個產業領域。」〔註17〕如果不是由個人經濟條件的改善所帶來的個人意識的覺醒，是不會產生爲了個人利益而進行的罷工的。況且，如果不是經濟總量得到提升，工人也不會想到改變分配方式以擴大自己的利益。之所以會出現罷工頻率與經濟繁榮成正比，原因就在於罷工是當時歷史情境下工人與資本家利益的一種博弈方式。只有當更多的產值被生產出來以後，工人才會萌發爭取更多利益的念頭。若整個經濟萎靡不振，試圖只靠切割資本家的利益來加強自身利益的做法就會遇到極大的阻礙。如果生產停頓，相較資本家，工人受到的損失更大。因此，罷工是現代城市文明和現代工業生產方式的產物，是工人爲了與資本家進行利益平衡而展開的一場硬談判。這不同於傳統農業社會裏的「吃大戶」。遇到天災人禍，農民無法生存時，他們成群結隊到富農地主家吃飯，甚至搶他們的東西。這種方式，用現代經濟術語來講就是「零和博弈」，即社會的整體財富沒有增加，改變的只是分配方式，將財富從地主富農手時轉移到貧農手裏。但現代工業社會裏的工人與資本家的利益分配就不適合採用這種方式，原因就在於，工人和資本家在某種程度上是一體的，他們都要靠爲社會創造更多的財富來獲得生存的資本。工廠是他們共同的生存之源。他們雙方都不能靠破壞工廠來增加自身的財富。只有當雙方共同創造出更多的社會財富，工人才會發起罷工，用這種方式，從整個生產出來的財富中來爲自身爭取更大的配額。而最積極發起這一運動的，往往不是我們以往敘述中那些最貧窮的無產者，而是那些在工人隊伍中地位較高，待遇較好的技術工人，因爲他們有更多的資本和廠方展開鬥爭。而那些

〔註17〕〔美〕裴宜理：《上海罷工：中國工人政治研究》，劉平譯，江蘇人民出版社，2011年版，第80頁。

非技術工人，由於工資是他們養家糊口的唯一來源，他們反而是罷工運動中的消極者，甚至對罷工持抵制態度。

罷工作為現代工業文明發展早期階段工人與資本家在利益分配方面進行博弈的一種手段，當工廠的整體效益增加時，工人在預期通過鬥爭可以獲得更大利益時就會起而要求提高待遇。由於資本家在經濟發展中獲得了更大的利益，為了獲得持續發展，資本家在權衡之後，一般會在一定程度上滿足工人的要求，以實現雙方的共贏。但當經濟沒有得到發展，甚或停頓消退時，這時就不具備罷工的前提條件。因為資本家是不可能將自己的利益消無償地讓渡給工人的。這時心懷各種救國救民理想的青年知識分子在政黨的指揮下，為了實現自己的政治抱負，組織工人進行罷工。工人基於自己的經驗和生存需求，對這樣的罷工持消極甚或抵制的態度就不難理解了。

國民革命時期的罷工打破了經濟繁榮與罷工頻率成正比的規律，這恰是中國經濟發展的低潮期。「從 1922 年起，中國現代工業的發展與前一階段相比速度趨緩，許多部門停滯不前，進入相對蕭條時期」。〔註18〕一方面，經濟發展遲緩給工人的生活帶來壓力，物價上漲又雪上加霜，使得很多工人的生活跌到了基本保障線以下。另一方面，各種為了實現自己政治目的政治勢力乘機借助工人對生活的不滿，煽動鼓舞他們向資本家反抗。「在近代中國，群眾運動從來就沒有單純的民意表達。它不僅是在野政黨和政治勢力藉以『造勢』的常規武器，有時也是執政當局運用的工具。五卅運動中，這種情況表現得格外鮮明。如果沒有中共的組織領導和發動，五卅事件固然不會被激蕩成如此規模的群眾運動；同樣，如果沒有北京政府的有意放任與默認，五卅運動的聲勢也可能要小得多」。〔註19〕正是在各種政治勢力的參與下，「全國工會會員，五卅前為 54 萬，到 1926 年 4 月發展到 124 萬。在工會組織迅猛發展的同時，工人運動亦日趨高漲。據統計，1926 年全國有報導的罷工多達 533 次，幾乎接近前 8 年罷工次數的總和（698 次）。」〔註20〕在各種政治勢力中，國共兩黨出於配合北伐而開展的工人運動最為成功。以地區而論，「北

〔註18〕 汪朝光：《民國的初建：1912～1923》，江蘇人民出版社，2005 年版，第 506 頁。

〔註19〕 王奇生：《國共合作與國民革命：1924～1927》，江蘇人民出版社，2005 年版，第 169 頁。

〔註20〕 王奇生：《國共合作與國民革命：1924～1927》，江蘇人民出版社，2005 年版，第 171 頁。

伐期間，與長江中下游地區工人運動蓬勃發展形成鮮明反差的是，華北與東北地區的工人運動十分消沉；華南地區的工人運動在北伐出師後亦出現逆轉趨勢。」〔註21〕這樣的地區差異是政黨運作的結果。凡是北伐進展到的地方，國共兩黨即組織發起大規模的工人運動相配合。華北和東北處於北洋軍閥的統治之下，為維持統治秩序和社會的正常運轉，自然會對罷工採取抵制態度。即使是北伐軍的根據地華南地區，在北伐前，國民黨大力支持工人運動以配合自己在廣東的革命行動。一旦北伐開始，廣東作為北伐的後方，必須保持穩定，從而可以有效地支持北伐。1926 年 8 月 6 日，國民黨中央政治會議通過《解決雇主雇工爭執仲裁會條例》和《勞工仲裁會條例》，從而通過調解仲裁的方式解決勞資雙方的糾紛。〔註22〕當時身在廣州的魯迅即表示：「廣東仍然是十年前底廣東。不但如此，並且也沒有叫苦，沒有鳴不平；止看見工會參加遊行，但這是政府允許的，不是因壓迫而反抗的，也不過是奉旨革命。」〔註23〕工人運動的組織者的目的是為了掀起社會狂潮，加劇人們對當地統治者的不滿，從而有利於自己的政治目的。這在五卅運動的商人罷市鬥爭中有著突出的表現。「中共與上海總商會的意圖全然不同。中共的出發點是政治，總商會的出發點是經濟；中共的目的是想進一步激化和擴大事態，藉此刺激民眾的反帝民族情緒，總商會則『以風潮不再擴大，交涉早日結束』為宗旨；中共提出 17 條，顯然並不指望列強接受，也深知列強不會接受。如果沒有中共提出 17 條在前，總商會所提條件可能還要低調得多。總商會的這種低調處理，實際上代表了多數商人的心理。他們雖然參與了罷市行動，但不願漫無節制，以至於無法收拾，給自己在經濟上造成重大損失。」〔註24〕與五卅運動中持續了長達三個月的工人運動相比較，商人罷市只有 25 天。這源於作為商人群體，他們比起工人來，無論是在經濟上還是政治上，都有著更大的獨立性。他們一方面具有愛國的熱情，但另一方面維持自己的既得利益顯得更為重要，這也是他們不願持續罷市的原因。

〔註21〕 王奇生：《國共合作與國民革命：1924～1927》，江蘇人民出版社，2005 年版，第 473 頁。

〔註22〕 參見王奇生：《國共合作與國民革命：1924～1927》，江蘇人民出版社，2005 年版，第 475 頁。

〔註23〕 魯迅：《而已集‧革命時代的文學》，《魯迅全集》第 3 卷，人民文學出版社，2005 年版，第 440 頁。

〔註24〕 王奇生：《國共合作與國民革命：1924～1927》，江蘇人民出版社，2005 年版，第 156 頁。

　　工人作爲中華民族的一員，對於當時國民革命提出的「打倒帝國主義，打倒軍閥」的口號，內心自然會湧起強烈的民族主義情緒，採取具體行動配合北伐。但作爲具體的個人，個體以及家庭的生存，是他們首先要考慮的事情，也是他們在運動中權衡利弊時最首要的關注對象。再加以他們在整個工人群體中所處的地位，他們所在的群體對時事的看法，這對於他們的行動都發生著最重要的影響。劉一夢的《失業以後》呈現出了相當一部分不願參與罷工甚至反對罷工的工人形象，因爲罷工不僅不能給他們帶來切身的利益，反而讓他們的生活陷入了更加窘迫的危險境地。罷工不僅沒有增加他們的待遇，反而給他們帶來各種影響生計的沉重後果。工人在資本家的工廠做工，過去的敘述一味強調他們的被剝削處境，但工人這一從傳統農業社會中轉變而來的新興群體，是最早一批進入城市生活的農民，他們一方面有在城市中的無助和失落，但另一方面，他們也最早享受到了現代城市文明所帶來的最特異的生命體驗。城市的現代生活方式，電車、電話、舞場、霓虹燈等物質文明，人與人交往空間的開拓，交往機會的增加，信息傳播的高效，由此帶來的家庭生活，婚戀生活的變化，都使得他們獲得了一種迥異於傳統農業社會的新奇體驗。這構成了他們區別於出生成長地方的人們的驕傲資本，也是生命獲得新生的最眞實的依託。這些豐富的生命感受是與中國的現代化歷程緊密聯繫在一起的，是與城市文明的發展聯繫在一起的。「隨著經濟繁榮而來的是加速的都市化。城市人口的年增長率，大大超過了人口的總增長率。這個現象在上海特別明顯，華界人口在 10 年（1910～1920）之中增長 3 倍」，而「城市的迅速發展，既不是因爲內地發生了饑荒，也不是由於社會動蕩的特別惡化，而實質上是反映了新的發展中心對農業社會的吸引。」〔註 25〕

　　阿 Q 的時代或許可以過去，但生活依舊在繼續。無論怎樣「遍身發大光輝」〔註 26〕的高妙理論，都要放到和個體生命聯繫最爲緊密的日常生活中來檢驗。魯迅在後期創作的《故事新編》的五篇小說即是將儒墨道三家的祖師爺們的理論放進他們個人的日常生活中，使他們顯出各種窘相來，從而證明其高妙理論的通體矛盾。劉一夢關於罷工工人的描寫，記錄下了國民革命期

〔註 25〕〔美〕費正清編：《劍橋中華民國史》上卷，楊品泉等譯，中國社會科學出版社，1994 年版，第 740 頁。

〔註 26〕魯迅：《野草・失掉的好地獄》，《魯迅全集》第 2 卷，人民文學出版社，2005 年版，第 204 頁。

間由政黨掀起的工人罷工運動給工人生活帶來的困窘，給當時新興的城市工業生態帶來的破壞。這與當時的各種革命宣傳構成了互文，將各種宏大敘述放置到和大地貼得最近的工人的日常生活中進行對話，從而燭照出它們華麗外表下內裏的蒼白和空虛。

三、罷工的負面影響

　　由於意識到工人運動在國民革命運動中的重要作用，國共兩黨都制定了發動工人運動的相關政策。國民黨在第一次全國代表大會制定的宣言中寫道：「故國民革命之運動，必恃全國農夫、工人之參加，然後可以決勝，蓋無可疑者。」〔註27〕1924 年 5 月，共產黨在上海召開擴大執委會議，認爲「勞動運動尤其近代產業工人運動是我們的黨之根本工作，我們在國民革命運動中若忽視了這種工作，便無異於解散了我們的黨。」〔註 28〕會議通過的《工會運動問題議決案》決定「繼續不斷在產業的工人裏有規劃地創設工會的組織。」〔註 29〕在具體的執行過程中，共產黨在工人運動中佔據了主導地位。劉一夢所在的上海大學，由國共兩黨共同創辦，共產黨人在其中佔據了主要地位，成爲當時推動工人運動的重要堡壘。「北有五四的北大，南有五卅的上大，而後者尤能使民眾運動深刻化，直接掀動從事生產的大眾的反帝狂瀾，成爲民族運動史上最光榮的一頁」。〔註 30〕劉一夢就是上海大學派到工廠組織發動工人運動的共產黨員。工人在政黨的組織領導下，掀起了一系列規模壯大的罷工，有力地支持了國民革命。但在這宏大的政治目標下，劉一夢從自己的切身實踐出發，在創作的小說中表達了工人在罷工運動時的眞實心理狀態和失敗以後的悲慘遭遇。

　　工人罷工最直接的原因是經濟的要求。《工人的兒子》裏的阿寶等工人罷工的最大動力是將工資由七元加到十元。「在 20 年代，上海和北京生活必需品的價格均有較大幅度的上漲，人民生活水平下降了二成、三成、四成不等，而這一時期工人和其他工薪階層的工資卻沒有增加。本來就已經很貧困的工

〔註27〕　《中國國民黨第一次全國代表大會宣言》，《中國國民黨第一、二次全國代表大會會議史料》（上），江蘇古籍出版社，1986 年版，第 87 頁。
〔註28〕　《此次擴大執行委員會之意義》，《中共中央文件選集》第 1 冊，第 185 頁。
〔註29〕　《工會運動問題議決案》，《中共中央文件選集》第 1 冊，第 189 頁。
〔註30〕　張士韻：《中國民族運動史上的上海大學》，《上海大學留滬同學會成立大會特刊》，1936 年 9 月。

人、市民的生活更爲物價上漲所累，到了難以生活的地步。因此，物價上漲是促使矛盾尖銳化並引起工人罷工的直接原因。」〔註31〕物價上漲直接影響到了工人的家庭生活。「家庭，這個常常被人們忽視的所在，其實它正是人們生活的根本動力所在。家庭的境遇、家庭的遭際、家庭興衰的歷程促使人們去理解人生，去理解革命政黨的政策與口號。」〔註32〕《失業以後》等三篇小說就是以家庭作爲視角來觀察罷工給工人的生活帶來的影響，罷工不但沒有給工人帶來發動者所允諾的更好的生活，反而是陷入了更爲悲慘的境地。這對以往宏大的歷史敘述構成了一種消解和挑戰。以往的研究側重強調資本家和軍閥的貪婪和兇殘，但忽略了工人採取罷工這種形式來爭取自身權益的局限。國民革命時期的中國，經濟已開始納入整個世界經濟體系之中，它的發展受到整個世界經濟發展的影響，加以中國處於產業鏈的低端，被動的處境很難改變。僅靠工人與資本家的鬥爭，也就是依靠改變分配方式，是很難實現自身的利益的。況且，罷工導致的工廠停工，不僅給資本家帶來了直接的利益損失，也使得工人的生活陷入了困境。工廠的停工，不僅使得共同依賴其生活的工人和資本家帶來損失，還給整個社會帶來了損失，使社會的運轉遭到了破壞。《失業以後》等小說在這一點上，恰恰豐富了我們對於那段歷史的認識。

在現代都市，無論是外國資本家、民族資本家，還是工人，他們之間的聯繫和依賴是非常緊密的。一方的舉動，會直接影響到其他方的生活。由於商人無法承受巨大的經濟損失，以及他們經濟上的優勢地位，比較不受政黨的控制，他們在五卅運動中最早退出罷市。但商人在這場運動中依然受到了巨大損失。「據各馬路商界聯合總會的調查統計，五卅運動中上海商界因罷市而蒙受的直接經濟損失合計銀 367.8 萬餘兩，大洋 775.4 萬餘元。罷市對金融業所造成的間接經濟損失則無法估計。」〔註33〕商人退出罷市並不就簡單意味著對工人罷工運動產生負面影響，反而是由於商人復市使得經濟得以某種程度的恢復，從而使得他們可以爲工人罷工運動提供更多的經濟援助。「上海

〔註31〕 張靜如、劉志強主編：《北洋軍閥統治時期中國社會之變遷》，中國人民大學出版社，1992 年版，第 283 頁。

〔註32〕 張靜如、劉志強主編：《北洋軍閥統治時期中國社會之變遷》，中國人民大學出版社，1992 年版，第 281 頁。

〔註33〕 徐鼎新等：《「五卅」運動與上海的資產階級》，《上海社會科學院學術季刊》，1985 年第 2 期。

總商會是五卅期間罷工經費籌募的主渠道。」「在罷工維持費無法發出時,商界的墊款便異常重要。」〔註34〕商界在《開市宣言》中也表示:「仍本初志,為伸張公理,而努力於抵制英、日貨物與停業工人之援助。途徑雖殊,目的未改。」〔註35〕商人復市正是工人得以繼續罷工的必要條件。這是現代都市文明在罷工運動中的表現,現代經濟將城市裏的各種人群密切聯繫為一個共同體,彼此依賴對方的存在而存在。這種緊密聯繫不僅表現在商人開市對工人罷工的支持上,也表現在原先支持工人反抗外國資本家的華商資本家對工人罷工的態度上。剛開始,華商資本家利用工人反抗外國資本家的罷工運動,為其提供經濟援助,自己開足馬力生產,從而賺取高額利潤。但由於現代經濟的一體性,這也影響到了華商資本家對工人罷工的態度。「商界開市後,租界工部局為了破壞工人罷工,於 7 月 6 日斷絕對華商紡織工廠的電力供應,想以此脅迫華商紡織資本家促成復工。」「工部局停止供電後,華商紗廠聯合會要求電氣處工人先行復工,後又致電北京政府,要求當局制止工人鬥爭。」〔註36〕工部局的這一舉動還引起了相關的連鎖反應。「據稱僅中國工廠因電氣供應中斷,而陡增失業工人四五萬人,而自來水斷絕之傳言更讓民眾驚慌。」〔註37〕持續的工人罷工運動引起了社會的一連串不良反應,並且對普通民眾的生活造成了巨大的負面影響。在北伐軍逼近上海時,上海全市的總同盟罷工給當時的社會帶來巨大衝擊。上海《小日報》上有兩首反映這一情況的小詩:

其一

　　傳來一片罷工聲,資本家先吃一驚;

　　巷尾街頭人躑躅,電車今日不通行。

　　注:黨軍下杭州,滬上工界罷工響應之。大工廠十九停工。華租界電車亦多停駛。行人乃大感不便。〔註38〕

其二

　　綠衣使者往來頻,何事於今不問津;

〔註34〕 羅志田等:《中華民國史》第五卷,中華書局,2011 年版,第 236、237 頁。

〔註35〕 《開市宣言》,上海《民國日報》,1925 年 6 月 25 日。

〔註36〕 王奇生:《國共合作與國民革命:1924～1927》,江蘇人民出版社,2005 年版,第 156 頁。

〔註37〕 松濤:《五卅事件的北京交涉》,《東方雜誌》第 22 卷第 14 號。

〔註38〕 豹翁:《海上新竹枝詞》,上海《小日報》,1927 年 2 月 25 日。

秋水望穿鴻雁杳，等閒急煞有情人。

　　注：郵差罷工，信件擱置。一般日以情書往來者，今將望穿秋

水矣。〔註39〕

　　兩首小詩雖都以調侃的口吻出之，但卻較為真實地反映了上海的普通市民對於罷工的真實感受。這種較為文學性的描寫在罷工運動組織者的回憶中也得到了證實。「此時，上海工人無人作工，商店罷市，輪渡不通，車馬斷絕，交通為之梗阻。此時的上海，真的入於荒涼恐怖之境況。」〔註40〕當時美妙的宣傳口號和後來宏大的歷史建構都與身在其中的普通人無關，運動對日常生活的影響是他們最為關注的。

　　由於罷工是在政黨力量的參與下組織起來的，並不符合經濟社會內在的發展規律，因此出現了一系列並不符合當時實際情況的怪現象。工人向資本家提出在當時的歷史條件甚至在當下都無法實現的要求。「提出使企業倒閉的要求，工資加到駭人的程度，自動縮短工時到每日四小時以下」。〔註41〕「此次漢口最受打擊的是中產商人，大家最痛心疾首的是店員工會。據說會中規定，店東不得隨便歇業，不得任便辭退店員。這樣一來，笑話鬧得非常之多，大有不把東家吃倒不許散夥之象。」〔註42〕工人罷工直接造成了巨大的經濟損失。「工人經濟上的過急、過高的要求，工廠開工的嚴重不足，加上其他方面的原因，使生產額大幅度下降。根據國民黨中央工人部1927年3月的調查，申新紗廠生產額比1926年9月降低百分之三十，第一紗廠降低百分之五十五。商業凋敝則更甚。據1926年6月統計，營業額與過去相比為一比十五。」〔註43〕整個社會生產的停滯反過來又對整個罷工運動產生了制約，使得罷工運動難以為繼。「等到一陣狂潮過去，工會自身已有不能支持之勢，因為工會若實際上不給工人好處，工會已失卻存在的權威，而事實上漢口地面歷年受軍閥剝削，本已徒有外表，再加工潮一鬧，中人以上之資產階級，多已逃之夭夭，中人以下也只有盡幾個本錢賠幹了事」。〔註44〕曾經擔任過國民

〔註39〕豹謝：《時事新詩經》，上海《小日報》，1927年2月27日。

〔註40〕劉少奇：《一年來中國職工運動的發展》，上海社會科學院歷史研究所編《五卅運動史料》第一卷，上海人民出版社，1981年版，第67頁。

〔註41〕劉少奇：《關於大革命歷史教訓中的一個問題》，《黨史研究資料》（2），四川人民出版社，1981年版，第314頁。

〔註42〕冷觀：《南行視察記》，天津《大公報》，1927年3月6日。

〔註43〕楊天石主編：《中華民國史》第六卷，中華書局，2011年版，第210頁。

〔註44〕冷觀：《南行視察記》，天津《大公報》，1927年3月6日。

黨中央工人部長的陳公博在反省國民革命時期工人運動的失誤時將當時的中國經濟納入到整個世界經濟體系中進行分行，認為「產業落後的國家，經濟往往為產業發達的國家所左右。」「當工運最熱烈之時，我們只見生產低降看不見生產增長，就因為店員的運動為工人運動的骨子。而且城市的交換，多半是舶來的商品和輸出的原料，自帝國主義退卻以後，航運停頓，舶來的商品減少，原料的輸出停頓，一切商業已入於睡眠狀態，就使工人沒有加工減時的運動，商業已露危機；何況店員運動超出現社會的要求，結果只有全社會的崩潰了。」〔註45〕

劉一夢的《失業以後》等小說，提出了一個和五四時魯迅提出的「娜拉走後怎樣」相類似的問題。新文化運動和國民革命都提出了宏大甚至美好的前景，但當作為個體的生命被裹挾進去後，立即就面臨著「那麼，今天該怎麼辦」的問題。魯迅引用阿爾志跋綏夫的話對那些到處兜售夢想的理想家質問：「你們將黃金世界預約給他們的子孫了，可是有什麼給他們自己呢？」〔註46〕沒有經濟的支撐，娜拉要麼墮落，要麼回來；同樣，沒有經濟的支撐，罷工失敗失業後的工人的命運變得更加悲慘。任何宏大的歷史建構如果不能經起最基本但也是最根本的日常生活的檢驗，都將顯出其內裏的貧乏來。《失業以後》中朱阿順那聲對淑真的「我——不愛你了」和《傷逝》中涓生的「我已經不愛你了」〔註47〕何其相似。但不同的是，朱阿順將身上僅有的兩塊銀元留給淑真，涓生卻不能給子君什麼，反而是子君變賣手飾貼補家用，還在臨走前將僅有的幾十枚銅元放在桌上留給涓生，以使他可以維持較久的生活。這一反差似乎在表明作為可以通過做工領取工資的工人比起只能談理想的知識青年在現實生活中更有愛的能力。被裹挾進國民革命中的工人，罷工導致的工廠停工，不僅傷害了資本家的利益，也使得他們衣食無著。更為嚴重的是，一旦失業，生存立刻陷入絕境。這也是當時很多底層工人在罷工面前猶疑的原因所在。正是由於工人一旦停止做工，生計即無著落的現實，國共兩黨在組織工人罷工時通常採用的對工人最有效的組織辦法是給他們發放

〔註45〕陳公博：《國民革命的危機和我們的錯誤》，出版社不詳，1928年版，第93、35頁。

〔註46〕魯迅：《墳·娜拉走後怎樣》，《魯迅全集》第1卷，人民文學出版社，2005年版，第167頁。

〔註47〕魯迅：《彷徨·傷逝》，《魯迅全集》第2卷，人民文學出版社，2005年版，第126～127頁。

救濟金。這種救濟金在數量上少於工人平時工作所得，並且不可持續。「罷工期間歇業工人所得維持費約相當於 70%的正常工資」。〔註48〕這些錢一方面來自懷有各種政治目的的政治力量，甚至有外來勢力的參與。另一方面在組織外國工廠的罷工時，民族資本家爲打擊商業上的競爭對手，會出資幫助罷工工人。但這種方式，實質上是各懷目的的政治經濟力量雇傭工人進行罷工，爲了鼓舞他們的熱情，對將來無後顧之憂，再許諾以美好的未來。但這美好的未來是空設的，工人罷工導致工廠停歇，進而帶來社會運轉的失靈，從長期看，受損失的是工人。在這場雇傭罷工運動中的受益者，是那些出資的罷工組織者，他們藉此登上了歷史的舞臺。

結　語

　　《失業以後》等小說以對罷工給工人個人生活和家庭生活帶來的影響的細膩描寫，對在二十世紀的中國大行其道的鬥爭哲學提出了質疑。鬥爭哲學在經濟上的反映表現爲要求利益的重新分配，但其有效性又受到了經濟自身發展規律的制約。如果社會整體財富沒有增加，工人僅想通過過多切割資本家的利益來增加自己的利益，難度是很大的。罷工導致的工廠停工，使得整個社會的運行受到很大破壞，這進一步加劇了工人的不利處境。如果再考慮到中國當時在整個世界格局中所處的地位，後發國家的處境使得當時的中國在很多問題上沒有太多的選擇。這樣一種被動的局面，就使得當時初由農民轉變的工人在爭取自身的利益時相當艱難。不進行反抗，自身的基本生存即面臨嚴重威脅；進行鬥爭，反而使得自己陷入更加悲慘的境地，罷工導致的失業直接將原先還能夠活下去的這一最薄弱保障也徹底拔去。以往對工人形象的分析，多將其定位爲階級鬥爭的先鋒和歷史前進的動力。但它的內涵絕不至於如此的單調和狹隘，文學作品中的工人形象蘊含了更爲豐富的歷史細節和可闡釋空間。文學以她對歷史特有的豐富和細微，將活生生的個人最細膩的感受和最豐富的體驗潛藏在文本中，將個人最爲獨特的對於生活的體會蘊含的文字之間。這是任何檔案文獻都無法替代的。歷史說到底是人的歷史，人的感受和體驗是歷史走向何處的終極推動力，也是影響歷史進程最永恆最強大也最不可測的變量。劉一夢的《失業以後》所呈現的國民革命時期工人運動的別樣面影，對於再現那一風雲變幻歷史時期的工人形象具有重要意

〔註48〕羅志田等：《中華民國史》第五卷，中華書局，2011 年版，第 236 頁。

義。它不僅是對二十世紀鬥爭哲學的反思，同時也是對二十世紀在世界格局中像中國這樣處於後發地位的國家的工人們對生活無可選擇的悲慘境遇的反映，也是對當下發達國家所倡導的炫人耳目美妙口號的消解。

國民革命後的艱難「恢復」
——以郭沫若的《恢復》爲例

陶永莉（四川大學）

　　郭沫若創作於 1928 年國民革命之後的《恢復》，常常被視爲像白莽《孩兒塔》那樣的「別一世界」〔註1〕；或者，在新詩史中，被放在無產階級詩歌的發展脈絡中來把握，如《恢復》是無產階級詩歌的最初嘗試，歌詠了工農大眾，充滿了無產階級的戰鬥激情，具有一種「狂暴」的力的美。〔註2〕雖然，《恢復》中確實有歌詠工農大眾的詩歌，但這不是《恢復》全部。一般說來，無產階級詩歌具有以下主要特徵：第一，及時、迅速地描寫時代重大事件，表現工農大眾及其鬥爭，強調詩歌對實際革命運動的直接鼓動作用；第二，將無產階級戰鬥群體作爲詩歌的主體，詩人要自覺地把「自我」消融於「群體」之中；第三，採取直接描摹現實的方式。從表面看，《恢復》似乎具有這些特徵，但實際上有很大差異。這種差異既顯示了郭沫若《恢復》寫作的獨特性、豐富性，也揭示了早期無產階級詩歌發展的多種可能性。然而，這些都被單一的「無產階級詩歌」研究視角給遮蔽了。本文擬回到《恢復》創作的歷史情境中，通過文本細讀，對比《恢復》與一般的無產階級詩歌的

〔註1〕 魯迅在《白莽作〈孩兒塔〉序》（《魯迅全集》第6卷，人民文學出版社，1981年版，第494頁）中說《孩兒塔》「出世並非要和現在一般的詩人爭一日之長，是有別一種意義在。這是東方的微光，……這詩屬於別一世界」，這「別一世界」常常被理解爲無產階級詩歌世界，而郭沫若的《恢復》正是這個世界的先驅。

〔註2〕 參見錢理群等著：《中國現代文學三十年》（北京大學出版社，1998年修訂版），還有唐弢編：《中國現代文學史》（人民文學出版社，1979年版），龍泉明著：《中國新詩流變論》（人民文學出版社，1999年版）等。

差異，揭示被遮蔽的細節。

一

比較常見的是選用一小部分詩歌來闡釋《恢復》抒發了詩人的無產階級戰鬥激情，如《如火如荼的恐怖》表達了詩人不屈的戰鬥精神，面對白色恐怖沒有任何悲觀、苦悶與彷徨；《我想起了陳涉吳廣》、《黃河與揚子江對話（第二）》表達詩人對工農大眾的讚美之情；《戰取》表達了詩人昂揚的樂觀主義。而其他表現詩人親情、愛情以及對人生的思考的詩歌，如《歇司迭里》、《歸來》、《得了安息》、《夢醒》、《峨眉山上的白雪》、《巫峽的回憶》等，則被忽略了。相比前者，這些被忽略的詩歌是郭沫若感情情緒的真實流露，是最能體現他在國民革命後的「恢復」情況，不僅有對安娜感情的恢復，還有心理狀態、精神面貌的恢復，以及無產階級革命意志的恢復。

在國民革命期間，郭沫若身邊有一位關係特殊的女戰友——安琳。南昌起義後，安琳和郭沫若一直同行。在行軍途中，郭沫若患了赤痢，安琳關心照顧他，為他四處尋醫問藥。兩個多月的朝夕相處使他們之間產生了愛情。1927 年 10 月底回到上海後，郭沫若重新補綴、潤色《浮士德》第一部譯稿時，安琳給了他重譯《我的心兒不寧》的靈感，他把對安琳的感情融入了譯詩中，他在日記中說「沒有安琳絕對譯不出那首詩（《我的心兒不寧》）來。那雖是譯詩，完全是自己的情緒借了件歌德的衣裳」〔註3〕。他譯為「自從那人去了，／我如葬在荒郊，／這全盤的世界呀，／變作了囚牢。／我的頭兒可憐，／像要成為瘋癲。／我的心兒可憐呀，／是已經碎亂。……我要和他親吻，／親他一個甘心，／我就讓他親吻呀，／送我的殘生！」〔註4〕可見，郭沫若對安琳愛得熾烈。然而，在 12 月底，郭沫若又得了嚴重的斑疹傷寒病，住院二十多天，險些失去生命，是妻子安娜拖著慢性腎炎的病體，不辭勞苦，悉心照料，他才慢慢恢復了健康，他從心底感激安娜。這次生病使郭沫若感受到了安娜的愛、家的溫暖，於是，他悔不該執迷別的戀情。

《恢復》首先「恢復」的是郭沫若與安娜的感情，體現在《〈關雎〉的翻譯》、《歇司迭里》、《歸來》、《得了安息》、《我看見那資本殺人》、《金錢的魔

〔註 3〕 郭沫若：《離滬之前》，《郭沫若全集·文學編》第十三卷，人民文學出版社，1992 年版，第 297 頁。

〔註 4〕 康德著，郭沫若譯：《我的心兒不寧》，轉引自周靖波《郭沫若》，人民美術出版社，2000 年版，第 92 頁。

力》等詩歌中，他向安娜懺悔「啊，我如今是清醒了，懺悔了：／你是我永遠的唯一的愛人……這是我的妻，她的愛情！／我的生命是她救起了的」（《歸來》）；讚美安娜和她的愛，「啊，這不是藥品所能贈與我的，／不是 morphin，不是 veronal；／這是愛的聯繫，骨肉的聯繫，／這是宇宙中的自然的樞機」（《得了安息》）；表達對安娜的愛憐與自責，「多產，貧困，苦了她十有三年，／她實在是受了不少的煎熬。／她從前是極肥壯的一個身體，／到現在只弄得個皮骨相連。／／不消說這也是我自己的殘暴」（《金錢的魔力》）。與此同時，將安琳對他的情感反應稱之爲歇司迭里，「姑娘，我只是不能愛你。／你何苦定要和我尋仇？／你眞是害了歇司迭里」（《歇司迭里》），以此了結。

在北伐期間，好友被特務殺害、自己險些喪失生命等危險的革命經歷在革命之後進入了郭沫若的深層無意識中，時而出現在夢裏，引起了他的不安、焦躁，折磨著他的神經。因此，《恢復》又是革命後心理情緒與精神的「恢復」。在《懷亡友》、《夢醒》中通過對戰友、戰爭的回憶，將革命帶給他的緊張情緒釋放了出來，心理上獲得了平衡感。在《峨眉山上的白雪》中詩人沉浸在對故鄉景色的回憶裏，滔滔的大渡河、巍巍的峨眉山以及迷離的宿霧、銀靄給了他精神慰藉。

然而，「恢復」是有限度的，對過去的回憶最終不能解決現實中的迷茫，在《巫峽的回憶》中詩人一邊回憶巫峽的奇景，一邊感歎「啊，人生行路眞如這峽裏行船一樣，／今日不知明日的著落，前刻不知後刻的行藏」，「我們誰不是幽閉在一個狹隘的境地，／一瞬的曇花不知來自何從，去向何往？」國民革命後，郭沫若因爲一場偶然的重病，喪失了去蘇聯的機會，而不知去向，陷入了迷茫中，「一個偶然的因素，可以影響人的一生一世，甚至於一家一族……這不眞正是命運在作弄人嗎？」〔註5〕他不相信命運，但一個偶然卻改變了他的人生，該何去何從？現實的迷茫滲透在對巫峽的回憶中，然而對過去的回憶不僅沒能使心靈恢復平靜，反而加深了心靈的迷茫。「恢復」一詞的基本意思是變成原來的樣子，「過去——現在」是它的一個隱性的時間結構。在上述詩歌裏，詩人無法輕鬆自如地穿梭在「過去——現在」中；過去與現在更多的是糾結在一起，擰成一團：詩人想在對過去的回憶中恢復心靈的平靜，卻陷入了現在的迷茫中。

〔註5〕郭沫若：《跨著東海》，《郭沫若全集・文學編》第十三卷，人民文學出版社，1992 年版，第 312～313 頁。

　　除了上述回憶過去的詩歌外，《恢復》中大多數詩歌是對當下具體事件的描寫。在這類詩歌中，郭沫若主要「恢復」的是他的無產階級革命意志。他親身經歷了國民革命，看到血腥的大屠殺，「昨天的這個世界好像快要崩潰，／今天的這個世界又回覆到混沌以前；／我周圍是一片望不透的黑暗，／我好像囚禁在一座鐵牢中間」，「我看見無數的惡魔在我眼前跳舞，／無數的火焰天使化成血影模糊，／一望的血海、血山，我不知身在何處，／瞬時間我又感覺到這萬幻虛無」（《血的幻影》）。在這革命失敗之際、如火如荼的白色恐怖中，尤其需要恢復徹底的革命態度，堅決的戰鬥意志，「我要以徹底的態度灑尿」，「我要以意志的力量拉屎」，「我們對於敵人，應得如拉屎、灑尿」，「我要保持態度的徹底，意志的通紅，／我的頭顱就算被人鋸下又有甚麼？」（《恢復》）；「我要一任我的情性放漫地引領高歌。／我要喚起我們頹廢的邦家、衰殘的民族，／我要歌出我們新興的無產階級的生活」（《述懷》）；需要認清無產階級革命力量，恢復、聚集無產階級革命力量，「我們的農民在三萬二千萬人以上，／困獸猶鬥，我不相信我們便全無主張」，「更何況我們還有五百萬的產業工人，／他們會給我們以戰鬥的方法，利炮，飛槍」（《我想起了陳涉吳廣》），「要殺你們就儘管殺吧！／你們殺了一個要增加百個：／我們的身上都有孫悟空的毫毛，／一吹便變成無數的新我」（《如火如荼的恐怖》）。

二

　　從上述分析可見《恢復》展現了郭沫若在國民革命後情感、心理、精神等各方面的「恢復」情況。然而，《恢復》還展現了郭沫若在恢復過程中的猶疑、軟弱態度以及詩人的個性、自我，使詩歌具有獨特性。

　　1928 年 1 月 1 日郭沫若在《創作月刊》上發表了一篇雜感《英雄樹》。文中他以「英雄樹」（木棉）隱喻、批評了國民革命，「它的發展太快，木質是非常的疏鬆，不消說在建築上是不能夠使用，就是把來當作柴燒也不能夠經火，簡直是大而無用的長物」〔註6〕，同時，還重點表達了這樣一層意思：國民革命已經破產，代之而起的將是無產階級領導的無產階級革命。然而，這個新的無產階級革命的真正內涵是什麼？它有什麼策略？郭沫若在《英雄樹》以及同時期的其他言論中似乎沒有明確解說。這說明郭沫若在當時並沒有真

〔註 6〕 麥克昂：《英雄樹》，《創作月刊》第 1 卷第 8 期，1928 年 1 月 1 日。

正把握無產階級革命的內涵。〔註7〕另一方面，國民革命時期的三民主義尤其是民族主義隨著國民革命的失敗而退出了郭沫若的視野中。那麼，《恢復》需要「恢復」的不是國民革命時期的三民主義，而是國民革命前已生長、國民革命後趨向壯大的無產階級革命。然而，與其說《恢復》是「恢復」原來的無產階級革命，不如準確地說是表達了對無產階級革命未來發展壯大的期待之情。問題是，郭沫若本人在 1928 年的時候沒有眞正把握無產階級革命的內涵，並不清楚未來的具體情形，所以，他在表達無產階級革命鬥志時，顯得有些軟弱，不那麼鏗鏘有力，「我的階級是屬於無產；／不過我覺得還軟弱了一點，／我應該要經過爆裂一番。／／這怕是我才恢復不久，／我的氣魄總沒有以前雄厚。／我希望我總有一天，／我要如暴風一樣怒吼」（《詩的宣言》）；「我所希望的是狂暴的音樂／猶如鞳鞳的鼙鼓聲浪喧天」（《對月》）。另一方面，《恢復》在描寫當下具體事件，表達對未來的期待之情時，反覆使用「我要」，「我應該要」，「我希望」將來時句型。然而，這類句型在詩歌中呈現出了對未來的某種不確定性，起到了削弱詩人革命鬥志的作用。

一般觀點是，認爲《恢復》抒發了詩人在國民革命後堅定、豪邁、不屈的無產階級革命精神。從以上論述看，《恢復》中更多的是猶疑、軟弱。《恢復》沒有像大多數的無產階級詩歌那樣處處充滿慷慨激昂的反抗聲，處處傳達出狂暴雄厚的戰鬥呼喊。不可否認，郭沫若也希望《恢復》慷慨激昂、狂暴雄厚，然而詩歌創作在與他的革命經歷與感受碰撞之後，《恢復》就發出了獨特的軟弱的聲音。這是郭沫若的「聲音」。這個「聲音」還未消融於「群體」之中。聽著這個「聲音」，我們今天還能想像得出 1928 年的郭沫若：大病新愈，妻子安娜的精心照顧讓他感動不已；時而夢見北伐，時而夢見家鄉親人，家鄉的山水安慰了他緊張的神經與心靈；他雖然躺在床上修養身體，卻心繫著罷工鬥爭的工人；他想發出狂暴雄厚的戰鬥呼喊，卻力度不夠，有些軟弱無力……《恢復》發出了詩人自己的「聲音」，表達了詩人的個性、自我。雖然郭沫若在同時期倡導充當政治的「留聲機器」，否定創作中的個性、自我，然而，他的創作卻偏離了他的理論倡導，呈現出了豐富性。如果說將個性、自我消融於群體之中是早期無產階級詩歌的一種創作形式，那麼郭沫若的《恢

〔註7〕 程凱認爲郭沫若在 1928 年還沒有把握無產階級革命的眞正內涵，參見《當還是不當「留聲機」？──後期創造社「意識鬥爭」的多重指向與革命路徑之再反思》（《中國現代文學研究叢刊》，2006 年第 2 期）。

《復》則是它的另一種創作形式，這使早期無產階級詩歌具有了多樣性及其發展的多種可能性。另一方面，《恢復》雖然也展現了詩人的個性、自我特徵，但不鮮明，整體藝術價值不高。

三

《恢復》是郭沫若在得了斑疹傷寒病癒後的恢復期中寫作的。他在《跨著東海》一文中對此有所記載，「大病新愈，但我也贏得了一番新生的歡喜。……這歡喜不單是心理上的感覺，而是在生理上也好像更始一新了的一樣……口味非常的清恬，情趣也非常的明朗。短期間，我差不多什麼憂慮都一掃而空了……在恢復期中，有過失眠的現象發生，繼續了差不多有兩個禮拜光景。白日黑晚躺在床上，絲毫的睡意也沒有。頭腦非常的清醒，而且一點也不感覺疲倦，一點也不感覺焦躁。」〔註8〕由於身體還未完全恢復，象生命安全、家人出路等現實問題暫時都未進入郭沫若的考慮之中。也就說，生病拉開了郭沫若與現實的距離，使他進入無功利的審美狀態中，所以，「詩的感興，倒連續地湧出了。不，不是湧出，而像從外邊侵襲來的那樣。」〔註9〕郭沫若睡在床上，把一冊抄本放在枕下，一有詩興，立即拿著一枝鉛筆寫下來。由此可見《恢復》的創作是靈感來襲，是在強烈的創作欲的推動下詩情的「自然流露」，具有詩歌創作的個性特徵，這與《女神》的創作狀態相似。郭沫若說，「像那樣受著詩興的連續不斷的侵襲，我平生只有過三次。一次是五四前後收在《女神》裏面的那些作品的產生，一次是寫《瓶》的時候，再一次便是這《恢復》的寫出了。但這寫《恢復》時比前兩次是更加清醒的。」〔註10〕然而，《恢復》中的靈感、個性、自我常常被忽視，甚至被否認，而其中複雜的詩情則被簡化為詩人的無產階級戰鬥激情。

在《恢復》創作的同時期，郭沫若在理論上強調文藝必須充當政治的「留聲機器」〔註11〕，他宣稱「我高興做個『標語人』，『口號人』，而不必一定要

〔註8〕 郭沫若：《跨著東海》，《郭沫若全集・文學編》第十三卷，人民文學出版社，1992年版，第313頁。

〔註9〕 郭沫若：《跨著東海》，《郭沫若全集・文學編》第十三卷，人民文學出版社，1992年版，第313頁。

〔註10〕 郭沫若：《跨著東海》，《郭沫若全集・文學編》第十三卷，人民文學出版社，1992年版，第313頁。

〔註11〕 郭沫若：《留聲機器的回音》，《文藝論集續集》，人民文學出版社，1979年版，第62頁。

做『詩人』」〔註12〕，也就是要否定創作中的靈感、個性、自我等因素，把詩歌作爲政治宣傳的工具，僅表達慷慨激昂的無產階級革命情緒。暫且不論「留聲機器」文藝理論的合理性，本文關注的是這樣一個有趣的現象：該理論經常成爲批評《恢復》缺乏藝術性的依據，例如，郭沫若在「留聲機器」的文藝理論指導下，在《恢復》的創作中放棄了個性、自我，使詩歌流於口號式的呼喊，缺乏藝術個性。顯然，這樣的批評與上述的分析不合，《恢復》有展現詩人的個性、自我特徵，只是不鮮明，沒有達到《女神》藝術高度。

其實，《恢復》的主要問題是在具體事件的描寫上。在女神時期，郭沫若寫了大量具體事件的詩歌，如《兩對兒女》、《夢》、《晚飯過後》、《爲兒兩周歲做》、《葬雞》等等，但它們卻沒選入《女神》中，成爲了佚詩。正如王富仁在分析郭沫若的泛神論思想時指出，「還主要停留在青春澎湃熱情的抒發上，它還不是在社會生活和社會鬥爭中、在與社會實際保守勢力和社會思潮的直接對立中被激發出來的」，「郭沫若當時的獨立的審美感受還不是在具體的、現實的人的基礎上形成的，而僅僅建立在大自然和抽象的、整體的社會觀念的基礎上」。〔註13〕因此，當郭沫若涉及具體的人或事時，他的詩歌顯得捉襟見肘，很難像《天狗》一樣擁有磅礡之氣，給人酣暢淋漓之感。然而這是郭沫若「五四」時期創作的主要局限。在國民革命後，郭沫若擁有了比較豐富的革命鬥爭經驗，然而這些經驗並未轉化爲審美體驗，所以當它們跳過審美體驗直接進入詩歌中，就沒能獲得藝術價值。《恢復》不僅沒有克服「女神」時期詩歌創作中具體事件寫作的問題，反而進一步強化了它，這是《恢復》藝術上價值不高的主要原因。

《恢復》的藝術價值雖然不高，但它給了我們很多的啓示。《恢復》不僅展現了郭沫若在國民革命後情感、心理、精神等各方面的「恢復」情況，還展現了郭沫若在恢復過程中的猶疑、軟弱態度以及詩人的個性、自我，使詩歌發出了郭沫若自己的「聲音」，從而具有獨特性，使早期無產階級詩歌呈現出多樣性及其發展的多種可能性。比較遺憾的是，這些常常被忽略了，遮蔽了。

〔註12〕 郭沫若：《我的作詩的經過》，《郭沫若論創作》，上海文藝出版社，1983 年版，第 209 頁。

〔註13〕 王富仁：《審美追求的瞽亂與失措──二論郭沫若的詩歌創作》，《現代作家新論》，山西教育出版社出版，1998 年版，第 247、249 頁。

大革命文學的「下半旗」
——茅盾《蝕》的三部曲重讀

顏同林（貴州師範大學）

　　社會閱歷、時代氣息、生命意識與作家寫作題材的選擇、主題的開掘、人物的刻畫等均有密切的聯繫。作爲一個由信奉文學自然主義轉而投向現實主義懷抱的經典作家，茅盾在這一關鍵點上的進展與轉變尤其明顯。以《幻滅》、《動搖》、《追求》爲內容的《蝕》的三部曲，既是民國文學時期茅盾現代長篇小說創作的開始，也是國民革命時代「大革命」文學取得相應性書寫的最初證明。

　　在對茅盾早期小說既有的研究與評判中，俯視民國時期二十年代到三十年代將近十年的文壇，可以發現茅盾從《蝕》到《子夜》的推進過程十分顯豁，兩者的文學史價值也旗鼓相當，奠定了茅盾的文學史地位。譬如在《子夜》出版的時評中，評論家朱自清就及時地將兩者作過對比，相對於《子夜》「爲了寫而去經驗人生」所不同的是，《蝕》則是「作者經驗了人生而寫的」。〔註 1〕坊間的文學史著述宣稱茅盾是「徹底改變『五四』中長篇小說的幼稚狀態，使之走向完善的最突出的小說家。他的中長篇小說從《幻滅》、《動搖》、《追求》（《蝕》的三部曲）到《子夜》，標誌著現代文學第二個十年長篇藝術所達到的高峰。」〔註 2〕值得追問的是，這一小說藝術的「高峰」，是如何「經驗了人生而寫」呢？在我們看來，就是一位大革命親歷者見聞與視野的有限復活，當他把一隻腳從政治實踐中撤退出來後，便選擇了以筆爲

〔註 1〕 朱佩弦（朱自清）：《〈子夜〉》，《文學季刊》第 2 期，1934 年 4 月 1 日。
〔註 2〕 錢理群等：《中國現代文學三十年》（修訂版），北京：北京大學出版社，1998 年版，第 223 頁。

武器，自然、眞實、客觀地加以追憶與記錄。按茅盾的原話，則是「我只注意一點，不把個人的主觀混進去」，「只是時代的描寫，是自己想能夠如何忠實便如何忠實的時代描寫；說它們是革命小說，那我就覺得很慚愧，因爲我不能積極地指引一些什麼——姑且說是出路罷！」〔註3〕這種貼近與忠實於社會現實的小說創作理念，有利於從特定角度藝術地反映客觀現實，爲特定革命時代的典型人物提供了活動與思考的典型環境。單以《蝕》的三部曲而言，顯然爲後來者洞悉民國時期的大革命生活，提供了一個可以走得進去的歷史情境！進一步看，《蝕》的三部曲似乎是哀悼民國時期二十年代中期的大革命而升起的「下半旗」。在大革命文學的精神建構中，「下半旗」是一種隱喻，它既是對國民革命歷史微縮的致哀，也是布滿彈孔的一角歷史的遺痕。這面歷久而彌新的風旗，時而舒卷，時而低垂，仍可窺見無數革命青年的血淚與夢想、抗爭與幻滅。茅盾走上小說創作道路的初衷與選擇，大革命文學特殊的時代氛圍與藝術風格，時代小人物特別是女性們不同的命運驅使與時代改造，也仍然昭示著直面歷史的思考者。

一

「一個民族和國家的文學史敘述，所依賴的巨大背景肯定是種種具體的歷史情態，包括國家政治的情狀、社會體制的細則、生存方式的細節、精神活動的詳情等。這種種細節的呈現，來自歷史事實的『還原』而不是抽象的理論概括。國家是我們生存的政治構架，在中國式的生存中，政治構架往往起著至關重要的作用，影響及每個人最重要的生存環境和人生環節，也是文學存在的最堅實的背景；在國家政治的大框架中又形成了社會歷史發展的種種具體情態。這是每個個體的具體生存環境，是文學關懷和觀照的基本場景，也是作爲精神現象的文學創作的基礎和動力。」〔註4〕「歷史情態」、「政治構架」等因素既如此重要、不可缺少，又時時處處存在，成爲民國文學研究的奠基石。具體到《蝕》的三部曲，則不可迴避的是，它是茅盾作爲革命實踐活動的革命經驗的記錄，詳細記載著茅盾作爲一個革命實踐者的心路歷程，親歷者的自述與返顧，大革命歷史的濃縮與傾斜，便顯得十分自然而重要了。

〔註3〕 茅盾：《從牯嶺到東京》，《小說月報》第19卷第10期，1928年10月10日。
〔註4〕 李怡：《中國現代文學史的敘述範式》，《中國社會科學》，2012年第2期。

在類似創作談的《從牯嶺到東京》一文中，茅盾曾坦承：「在過去的六七年中，人家看我自然是一個研究文學的人……但我眞誠地告白：我對於文學並不是那樣的忠心不貳。那時候，我的職業使我接近文學，而我的內心趣味和別的許多朋友——祝福這些朋友的靈魂——則引我接近社會運動。我在兩方面都沒有專心；我在那時並沒有想起要做小說，更其不曾想到要做文藝批評家。」〔註5〕引文所述的「社會運動」，顯然包括茅盾所親歷的具有改朝換代性質的暴力革命，即北伐革命戰爭。對茅盾《蝕》的三部曲的評價與定位，實際上是奠基於中國現代歷史對這場戰爭的評價與定位。

一九二四年間，在國共合作的時代形勢下，國共兩黨領導的革命力量發動了一九二四年到一九二七年的大革命運動。一九二六年七月，國民革命軍從廣州出發進行北伐，劍指當時大大小小的北洋軍閥，特別是直系、奉系軍閥。在半年時間裏打敗了盤踞在兩湖的直系軍閥吳佩孚，一九二七年春，國民革命軍勢力已抵達長江中下流地區。在勢如破竹的不斷進軍中，沿途工人運動和農民運動如雨後春筍般開展起來。北伐戰爭一面是摧枯拉朽式的破壞，一面則是星星點點式的建構。從黨派立場來看，隨著北伐戰爭的勝利，國民黨右派在帝國主義的支持下背叛了革命，發動「四・一二」反革命政變，進而嚴酷鎮壓工農運動，大肆屠殺中共黨員和進步青年。通過與中國共產黨分道揚鑣，以蔣介石爲首的國民派右翼，最終在南京建立了新的國民政府。面對政治盟友的背叛與屠殺，由於處於弱勢地位的中國共產黨領導人的右傾投降主義和妥協主張，於中國共產黨而言，這一場轟轟烈烈的國民革命顯然是以失敗而告終。

國民革命整個暴動的醞釀與萌生、爆發與高漲、分裂與分化等具體過程之中，感同身受最顯著的，最具有發言權的莫過於捲入其中、歷經生死考驗而活著的幸存者，他們隨著大革命潮流的衝撞而失散，等待重新彙聚。其中，當時革命熱情異常高漲的茅盾耳聞目睹，差一點把生命也搭進去了。回顧茅盾的革命經歷，我們不難發現，茅盾在當時是在黨派政治的夾縫中。茅盾是中國共產黨最早的一批黨員之一，一九二二年一邊編輯《小說月報》，一邊從事黨中央聯絡員工作，曾先後在中國共產黨所辦的平民女校、上海大學教書。因國共合作的需要，他同時又加入了國民黨，曾奉命在上海組織了國民黨左派的上海市黨部，作爲正式代表赴廣州出席了國民黨第二次全國

<hr>

〔註5〕茅盾：《從牯嶺到東京》，《小說月報》第 19 卷第 10 期，1928 年 10 月 10 日。

代表大會。國共合作期間，茅盾去廣州擔任國民黨中央宣傳部的秘書和代理部長，參加國民革命，與北伐之師同呼吸、共命運；後回上海擔任國民通訊社的主編。一九二六年底茅盾去武漢，先任中央軍事政治學校教官，旋又任左派《民國日報》的主筆。蔣介石、汪精衛等叛變革命後，茅盾離開武漢準備去江西省府參加南昌起義，因路途所阻沒有實現。茅盾這一段時期所從事的實際革命活動，與他在「五四」時期的文人身份大爲不同。那時他參與發起文學研究會，或是從事翻譯，或是《小說月報》編務，或是從事文學批評，雖然都攙雜著一定的政治與社會意識，但基本上是一個書齋中的筆耕者。在新文壇「爲人生」的吶喊，並沒有北伐時期隆隆的槍炮聲那麼響亮。相反，茅盾在國民革命的實踐中，經歷的是人生的生與死，強調的是生命個體的政治信仰，以及個體對集體與組織的皈依。比如在北伐革命戰爭中，自一九二七年下半年開始，茅盾既與中國共產黨失去了組織聯繫，也被國民黨當局所通緝，處於「兩不搭界」的尷尬境地，由此產生對革命前途、道路，以及如何選擇棲身的高枝的懷疑與彷徨，自然都是情理之中的大事。

「我是眞實地去生活，經驗了動亂中國的最複雜的人生的一幕，終於感得了幻滅的悲哀，人生的矛盾，在消沉的心情下，孤寂的生活中，而尙受生活執著的支配，想要以我生命力的餘燼從別方面在這迷亂灰色的人生內發一星微光，於是我開始創作了。」〔註6〕潛伏於上海的茅盾，在執筆之初設想是：「決定要寫現代青年在革命壯潮中所經歷的三個時期：（1）革命前夕的亢昂興奮和革命既到面前時的幻滅；（2）革命鬥爭劇烈時的動搖；（3）幻滅動搖後不甘寂寞尙思作最後之追求」。〔註7〕聯繫當時的社會歷史情狀，以及茅盾的困難處境，這一精神自述是十分準確的，容易引起讀者的共鳴。據考查，《幻滅》寫於一九二七年八月下旬到九月中旬，迅速發表於同年九月、十月的《小說月報》；《動搖》寫於一九二七年十一月初至十二月初，最初發表於翌年一月至三月的《小說月報》；《追求》寫於一九二八年四月至六月，最初發表於同年六月至九月的《小說月報》。在失去與國共兩黨的組織關係與依賴之後，茅盾蝸居於上海，貧病交加，受老友葉聖陶鼓動，唯有小說寫作是自己生命的再次燃燒。三個小說寫得相當順手，發表也十分及時，茅盾北伐途次中的革

〔註6〕茅盾：《從牯嶺到東京》，《小說月報》第19卷第10期，1928年10月10日。
〔註7〕同上。

命青年之故事則一齊傾瀉於筆下，自然引起國民革命的身歷者與嚮往者之親近，一時洛陽紙貴，吻合著國民革命之後整個社會大多數進步讀者的普遍心理與期待。

以上是創作背景的簡要勾勒，下面再來討論作家是如何運用三部曲這一革命題材小說的形式，進行選材與構思的具體問題。如果說國民革命是當時壓倒一切的時政大事的話，那麼反映國民革命的題材與主題，則無疑是博大宏闊、豐富多彩的。「在他的三部曲以前，小說哪有寫那樣大場面的，鏡頭也很少對準所涉及的那些境域。」〔註8〕但是，當我們看完《蝕》的三部曲後，其時代的內蘊與豐富卻並不明顯，感覺還是在不少差距。──茅盾選擇的，或是說感興趣的只是革命時代的側面而已，作家是用側筆來鋪陳國民革命的橫截面，正面而集中的北伐戰爭描寫並不鮮明。從小說標題與作家自述來看，指涉的是「人的精神狀態」〔註9〕，暗示一種進步的革命觀，但從小說內容來看並不如此。在這個三部曲中，三部作品的主人物各不相同，情節也缺乏連貫性，表面來看似乎是螺旋式的上昇，實質上卻是一種循環，是一種從幻滅、動搖再次走向幻滅，並沒有走向新的「追求」和廣闊的天地。

在《幻滅》與《追求》之間，作者插入了《動搖》。《動搖》這一作品中，投機主義者戴著革命面具的蠢動，長江邊上小縣城民眾運動的深入，革命工作者的猶疑，差不多構成了作品的主體。與《幻滅》、《追求》正面寫小資產階級知識分子不同，《動搖》以國民革命背景下湖北一個小縣城的時局變動，來側寫國民革命的進展與影響。它是具體涉及到大革命內容最多的一個作品，又處於三部曲的中間，具有十分重要的意義；《動搖》還是一種延伸，與其說是通過一個小小縣城的政治風雲變幻來側寫大革命的一角，還不如說是革命青年理想的實踐與操練。其中既有《幻滅》中出現的史俊、李克等作為特派員的不同指導，孫舞陽等人從事婦運工作的親歷親為，還有方羅蘭、方太太、張小姐等新式知識分子的小城故事。與他們對立的則是以胡國光為代表的土豪劣紳的醜惡嘴臉與靈魂。《蝕》的三部曲中最後一部小說《追求》，則寫得十分悲悼，沒有多少亮色，章秋柳的墮落、王詩陶的賣身、史循的自

〔註8〕 葉聖陶：《略談雁冰兄的文學工作》，孫中田、查國華編：《茅盾研究資料》（上），北京：知識產權出版社，2010年版，第372頁。

〔註9〕 茅盾：《補充幾句》，《茅盾全集》（第1卷），北京：人民文學出版社，1984年版，第429頁。

殺，以及仲昭、曼青的幻滅，無一不是革命隊伍中生命個體被褻瀆的糟糕結局。在大城市讀過新式學堂的小資產階級知識分子，如果只是單純地嚮往革命，並不真正知道革命的出路與前途在哪裏，並不知道依靠民眾的革命性力量，嘴裏喊出的「革命」，也許在多數情況下只是一個音符罷了。

國共合作的時代主題，農村包圍城市等革命道路的遲到，使得《蝕》的三部曲沒有左翼文學所誇大的那樣主題鮮明而整齊。比如《幻滅》中，通過靜女士的嘴，我們不難得知，當時「國民黨有救國的理想和政策，我的同學大半是國民黨。」國民革命軍在兩湖地區，也能得到普通老百姓的襄助。又比如，工會、店員組織、農民運動，在《蝕》三部曲之中，也並不盡是高大光明的所指。劣紳胡國光的兒子胡炳，便混入工會或工人糾察隊，暗示流氓地痞也天然鑽進了工會、農會等組織之中。在「革命」的名義下，茅盾演奏的不是革命的洪鐘大呂，而是一些陰性低沉的音符。儘管不十分入調，但卻是那麼真實與自然，是忠實於現實生活的。

在此邏輯上，茅盾弱化了對革命本身的書寫，而對革命潮流中的「知識女性」十分親睞，並加以「時代女性」的包裝盒，便顯得意味深長了。正如茅盾自述所說，我又打算「忙裏偷閒來試寫小說了。這是因為有幾個女性的思想意識引起了我的注意。那時正是『大革命』的『前夜』。小資產階級出身的女學生或女性知識分子頗以為不進革命黨便枉讀了幾句書。並且她們對於革命又抱著異常濃烈的幻想。是這幻想使她走進了革命，雖則不過在邊緣上張望。也有在生活的另一方面碰了釘子，於是憤憤然要革命了，她對於革命就在幻想之外再加上一點懷疑的心情……她們給我一個強烈的對照，我那試寫小說的企圖也就一天一天加強」。〔註10〕在武漢這個大漩渦裏，作者也像在上海一樣，「眼見許多『時代女性』發狂頹廢，悲觀消沉」；在從武漢到牯嶺的客船「襄陽丸」三等艙內，「又發見了在上海也在武漢見過的兩位女性」。〔註11〕由此可見，國民革命的解放、啟蒙、民族獨立、自強等宏大主題被巧妙地迴避了，轉而將鏡頭集中於革命中的女性人物身上。

也許是國民革命過程與涉面面太過於複雜，不能讓人全面把握，茅盾採取一種取巧而簡潔的辦法，即抓住國民革命所掀起的不同生活圈子的小人

〔註10〕茅盾：《幾句舊話》，魯迅等著：《創作的經驗》，上海：天馬書店，1933年初版，第50～51頁。
〔註11〕同上，第53～54頁。

物，通過小人物的言行、態度與命運來暗寫大革命的風雲。革命青年也罷，時代女性也罷，以及大量的沉默中的芸芸眾生也罷，都是國民革命時代巨流中的一部分，或是被送上船隻，或是被卷走，或是被無情地埋葬。

二

　　革命實踐與體驗中留下難忘印象的往往不是戰爭的嚴酷場面、戰鬥的曲折過程，而是無數個活躍在自己記憶深處的各色人物。當茅盾在病榻旁邊一張很小的桌子上斷斷續續地寫起這幾部小說時，「凝神片刻，便覺得自身已經不在這個斗室，便看見無數人物撲面而來。」〔註12〕大多數讀者也充分認識了作品中描繪的革命運動中知識分子階層的人物群體之重要性。確實，在《蝕》的三部曲中有名有姓的人物有數十人，其中有比較典型的中心人物，也有一些次要的配角式人物，還有大量的召之即來揮之即去的無名小人物。在《幻滅》中有這樣的情節，在醫院裏李克對章靜是這樣勸說的：「社會運動的力量，要到三年五年以後，才顯出來，然而革命也不是一年半載打幾個勝仗就可以成功的。所以我相信我們的做派不是胡鬧。至於個人能力問題，我們大家不是頂天立地的英雄，改造社會亦不是一二英雄所能成功，英雄的時代已經過去了，現在是常識以上的人們合力來創造歷史的時代。」

　　「常識以上的人們」合力創造歷史，從小說本身人物塑造與藝術創新的角度來看，當然是若干「時代女性」佔據了小說人物畫廊的中心地帶。「《幻滅》、《動搖》、《追求》這三篇中的女子雖然很多，我所著力描寫的，卻只有二型：靜女士，方太太，屬於同型；慧女士、孫舞陽、章秋柳屬於又一的同型」。〔註13〕在作者所自詡的這兩種類型的「時代女性」中，前者是比較傳統的，或多情善感，或賢慧溫柔，大體給人一種可愛可親的印象。比如《幻滅》中女主人公章靜雖然也在省女校一度領導過學潮，但內心一直追求幸福而穩定的生活，去上海 S 大學讀書，也是以讀書為榮；《動搖》中方羅蘭的妻子陸梅麗，大學畢業之後便結婚，婚後則一直在家相夫教子，總是感到世界變化太快太大，對陌生的外界採取拒絕的態度；她與丈夫方羅蘭的誤會與矛盾，對孫舞陽的嫉恨與吃醋，也顯得十分平常。其次，至於慧女士、孫舞陽、章

〔註12〕茅盾：《寫在〈蝕〉的新版的後面》，《茅盾全集》（第 1 卷），北京：人民文學
　　　　出版社，1984 年版，第 425 頁。
〔註13〕茅盾：《從牯嶺到東京》，《小說月報》第 19 卷第 10 期，1928 年 10 月 10 日。

秋柳等時代女性，則主要是反抗與叛逆類型，是現代化雛型時期的另類女性。她們時而熱情時而冷漠，時而狂歡時而收斂，時而放縱時而玲瓏……可以說，在她們身上集中了女性善與惡的諸多特點，具有雙重人格，是當時上海這樣的大都市所產生的「新女性」形象。具體到革命事業、愛情婚姻諸方面，她們對此看得並不太重，其原因或是在戀愛過程中受過男性的傷害，轉而採取遊戲或報復的態度，轉嫁這種創傷；或是從事革命工作，在眾多男性之間周旋，養成了放蕩、泛愛、追求刺激等無所謂的生活作風；或是經受了歐風美雨的薰陶，加上「五四」以後個性解放、性解放的多重影響，成為文學史上新出現的具有爭議性的新人形象。

茅盾在《蝕》的三部曲中，著力於慧女士、孫舞陽、章秋柳此類年青女性形象的刻畫，顯然是帶著無限愛憐的意味去精雕細刻，挖掘她們身上「可愛可同情」的一面。這與茅盾的社會閱歷與經歷相關，也與當時對革命的理解相關。國民革命到底要起到什麼樣的作用呢？在民國時期的二十年代並沒有統一的答案。青年男女天然對國民革命充滿幻想與好奇，天然對父輩（婦輩們）既有的生活軌道並不認同。他們是新式教育最早的受教者，從各自的家鄉來到都市，來到 S 大學，也就擺脫了幾千年來封建社會道德與倫理的約束，否定了所謂的舊有的人倫與婦道，追求個性解放與人的自由，勇敢地走出了第一步。茅盾敏銳地捕捉到了時代女性這種輕裝上陣的腳步聲，感受到她們的青春與活力、夢想與追求。雖然沒有理想的結局可以勾勒，但畢竟努力過，真實地活過一回。小說中時代女性的命運，都是特定時代的產物，不需要拔高，也無需抵毀。

大革命時代的知識青年，不論男女，不論婚否，都從學校走向了社會，不論是幻滅還是動搖，都經歷了革命的洗禮。下面擬從兩個角度略加闡釋。

第一，生存在流言與疾病之間。《蝕》的三部曲，主要寫男女革命青年走向革命的各種遭遇，在革命之過程中則多的是流言、謠傳，也有疾病的困擾。首先，不能迴避的是戀愛的流言，在《幻滅》中，在上海 S 大學，男女學生同班，一旦碰到異性呆在一起，便有流言的傳佈，各種流言有好有壞，都一起推動情節敘事的進展。比如靜女士與抱素，因來往較多，戀愛煩惱的流言便多起來，抱素還很會利用流言，加強靜女士對他的好感。一名上海本地的女學生，外號便是「包打聽」，充任流言的集散之地。抱素與慧女士的走近，經「包打聽」一番駭人聽聞的流言後，兩人關係破裂，慧女士不辭而別。與

流言相似的則是革命動亂時代的謠傳，這一點在《動搖》中最爲明顯，或是關於革命女性的抵毀，或是反革命施放的煙霧彈。一會兒是罷市，一會兒是敵人進城，一會兒是共妻的謠言，給人短兵相接的緊迫之感。在恐怖的氣氛之中，在小縣城掀起一陣又一陣暴力革命的風雷。從疾病敘事來看，或指向身體不適，或指涉心理扭曲與異化，「醫院」成爲一個開放性的空間，或是一個故事的結束，或是一個新生活的開始。在患病與康復之間，在病友與護理者之間，可以纏繞進去不同的人物和故事。在《幻滅》中，靜女士正兒八經進出於醫院便有兩次，第一次是爲了逃避抱素，本來無病卻躲在醫院，在醫院反而得了腥紅熱，住了一個多月。住院期間，受熱心時事的愛國論者黃醫生影響，靜女士也開始關心時局，並帶著憧憬參加了北伐革命的後方工作。第二次是第六病院這一專醫輕傷官長的小病院，靜女士在換過兩種革命工作後在此當上了看護婦，並遇上強連長，進而衍生出一段不計後果的戀愛。醫院在《幻滅》中是人物形象與思想轉變的一個中轉站，也是男女異性在戰爭緩衝地帶的聖地。至於像靜女士處於生病狀態，沒有去醫院的描寫也有不少，透露出身體的虛弱與精神的萎頓。《追求》中史循則是在醫院裏準備了一次自殺，沒有成功，反而差一點拖累了醫院的聲譽。爲了防止史循再次自殺，章秋柳決心用自己的豐腴的肉體爲藥餌，醫治史循這個懷疑主義者，這是瘋狂的冒險，也是不甘沉淪的救贖。雖然在第一次裸體面對時嚇跑了史循，不過沒有多久，史循便在肉欲的刺激死去，醫治者章秋柳反而擔心傳染上了梅毒，革命青年以這樣極端的方式告別理想與追求，留下章秋柳仍得在醫院中去醫治不潔的身體及其新的創傷。

第二，出入在虛無與頹廢之間。理想主義與愛國論式的革命圖景，往往是不可靠的。幻想的絕對完美，超越了現實而不可能實現，這樣兩者之間距離的拉大便導致了虛無，甚至於滑入頹廢的地步。在《蝕》的三部曲中，議論與心理之描寫，常借作品人物之口來含蓄表達。沒有意義，活得無聊，處於灰色地帶，塞滿著虛無之間的間隙。《幻滅》中的靜女士、慧女士，《動搖》中的方羅蘭、孫舞陽，《追求》中的王仲昭、章秋柳，其情感傾向與處世哲學的內核基本如此。他們曾經富於幻想、有朝氣，但從學校到社會的成長歷程，撕裂了內心的完整與平靜。不論是碰壁與挫折、被欺與欺人，還是目睹社會陋習與黑暗，結局總是無限的感傷與自棄。《蝕》的三部曲一個最大的貢獻，便是生動而立體地塑造了革命青年的苦悶與煩擾。比如《幻滅》中的靜女士，

漂亮、天眞、單純，有玫瑰色的理想和追求，在家鄉女校風潮中也曾意氣風發過，但過後便是同伴陷入交際、戀愛的小圈子；她失望之餘來到上海想埋頭讀書，但也找不到一張平靜的書桌。面對留法歸來的舊同學慧女士，她對受過傷害的同窗之偏見有所保留；面對男同學抱素的追求，也保持一定的距離。最後，出於對慧女士傷害過的抱素之同情，她沒有拒絕抱素的求愛，一夜醒來後卻無意中發現抱素是三心二意的玩弄女性高手，還是一個受帥座津貼的暗探。爲了躲避現實和不願與對方糾纏，也爲了心靈的療傷與自救，靜女士躲進醫院。她在醫院中得到朋友的溫暖，並受到北伐革命勝利的召喚，與朋友奔赴漢口，但革命後的武漢差強人意，靜女士不斷變更工作，最終受到女伴們的鼓勵，與受傷的強連長戀愛，給她的人生留下了一抹亮色。夢醒後無路可走，強連長奉召歸隊，又只剩下靜女士獨對未知的人生之路。小說中，強連長是作爲一位藝術上的未來主義的崇拜者來塑造，在國民革命戰爭中，吸引他的是強烈的刺激。兩人的結合，則是一種類似的刺激而已。作爲時代女性的新式代表，《動搖》中的孫舞陽、《追求》中的章秋柳，則更是尋求短暫而眩目的刺激，或與異性玩曖昧，或有肌膚之親，在革命生活中擺脫虛無又不斷製造虛無。《追求》中的史循人生經歷異常豐富，但最終走向自殺，實足是虛無主義的最佳代表。總之，這些人物的喜怒哀樂都十分眞實，有孱弱的病態的心理，走不出精神的苦悶，走不出虛無的窄路，甚至彷徨苦惱到無路可走。他們以不同的經歷、性情、言行，反映了大革命前後中國小知識分子的命運與前途。擴大開來，這也是不同時代青年人在幻想與現實中的掙扎與奮鬥。其次，從虛無走向頹廢，也是自然而合理的發展。《追求》中的曼青主張教育救國，但一旦在現實面前碰得粉碎，信仰也隨之倒塌；其戀愛對象先是章秋柳，一旦沒有得到，結婚對象朱女士外表相似，但心靈實異，得手的是一個是似而非的假產品。至於小說中的像孫舞陽、慧女士之類的女性解放主義者，當理想、戀愛像肥皂泡一樣破碎後，往往更容易走向頹廢。在她們的日曆中，沒有過去，也沒有未來，毫不掩飾本能與性欲的衝動。譬如戀愛報復型的慧女士，房間藏有避孕藥的單身女子孫舞陽，不時將性解放的話隨口說出，足見其頹廢程度。章秋柳的人生哲學是：「我是時時刻刻在追求著熱烈的痛快的，到舞場、到電影院、到旅館、到酒樓，甚至於想到地獄裏，到血泊中！只有這樣，我才感到一點生存的意義。」可問題是，這些場所提供的僅僅是感官的刺激，像肉欲的滿足一樣很容易消失。於是，不可避免的

是頹廢的大面積泛濫，人活著有何意義，革命後的明天到底在哪裏呢？如像史循一樣便只有死亡才是最好的歸宿，才是頹廢的最高形式。可見，茅盾在這些人物身上看到了青年的無力掙扎，澆注了自己的全部情感，再現了大革命時期小知識分子的情感世界。歇斯底里式的自虐，反覆無常的放縱，瘧疾似的消極、振作與萎靡，均攪雜在一起，極其複雜地形成了作品中主要人物的情緒漩渦。這是一種不可重複的革命生活體驗，雖然有扭曲、有迴避，但沒有僞飾，成爲時代病的特殊一景。

三

　　在《蝕》的三部曲中，雖然主要以一九二五年到一九二七年之間的國民革命戰爭爲背景，描寫了一部分青年知識分子的情感歷程，但因爲反映生活面廣闊，結構上具有開放性，因此各個類型、階層的人物都很多，人物層次豐富，普通小人物更多樣化、更繁雜。除了上面論述到的「常識以上的」人物活在各自的精彩與虛無之中外，大多數小人物仍處在時代的沉默中。這與茅盾不重虛構，不重藝術技巧，追求一種「信筆所之，寫完就算」的寫作態度相關。

　　革命時代的沉默的小人物，可能一輩子都呆在固有的底層小圈子裏打轉，可能因暴力的碰撞而成了革命時代的祭品。如以女性人物爲例，除茅盾自述的著力塑造的「二型」之外，還有更多的女性人物。雖然她們不像靜女士、慧女士、孫舞陽、章秋柳們一樣，一會兒討論無政府主義，一會兒討論文學與戀愛，一會兒與男性革命青年周旋，也不像她們或是在租界電影院公園、或是在大學校園教室租住房裏，也不像她們或是經常做夢，或是處於家鄉父母的催促與逼婚之中，但是，毫無疑問，沉默的女性小人物，也生活在大革命的宏闊背景之中。

　　仔細來梳理，茅盾《蝕》的三部曲，對女性群體的塑造一點兒也不亞於男性人物形象。在《幻滅》中，就有靜女士租住房的二房東家稱之爲新少奶奶的少婦，她出現了幾次，均是作爲靜女士的對照物而出現。小說以靜女士的推測來寫少婦的悲歡，其溫柔、怯弱、幽悒，則是靜女士得出的判斷。《動搖》中的女子群體則最爲豐富。胡國光的小妾金鳳姐，她在胡國光與胡國光的兒子胡炳之間尋找機會，因爲革命的到來，聽到的謠傳是父親的妾要給兒子爲妻，因此作爲一箇舊式女子，她對胡炳的胡鬧半推半就，可見其命運是

依仗男性，在男人面前採取的是委曲求全的生存策略。最可悲的是小縣城西直街上漂亮的小寡婦錢素貞。商民協會委員陸慕遊見過一面之後對她垂涎已久，在店員風潮問題之後，陸某借核查商店歇業之機，威逼、利誘，將錢素貞這名申請歇業的小布店業主弄到手；錢素貞還受到胡國光的脅迫，與這名積年的老狐狸也鬼混到一起。後來，錢素貞被胡國光、陸慕遊推薦到解放婦女保管所當幹事，一路走的卻是不斷墮落下去的不歸路。底層女子，有幾分姿色，只要自己意志不堅定，一旦受人脅迫便只有這一步棋可走。最終，她在騷動的群眾大會上被人抓傷踩踏而不知死活。陸慕遊的妹妹陸慕雲，待字閨中，由於不是學校出身的新女子，雖有一些不平常的見識，但生活圈子極窄，幾乎不知外面革命的世界如何變化。縣立女中的校長張小姐雖是新式學堂出身，但在當時已是小縣城二十四歲的大齡剩女。從小說文本中看，她是比較保守的，具體表現在她對孫舞陽的看法上，張小姐認為孫舞陽放蕩、妖豔，玩著多角戀愛，讓很多男子跟著跑，顯然她對孫舞陽十分反感。因為其見識沒有孫舞陽高，自以為攻入縣城的叛軍只對付剪髮的女子，最後受辱而死、暴屍東門。近郊南鄉農民協會開會處理五個婦女之事，分別是土豪的小老婆、一名寡婦、一名婢女、兩個尼姑，她們沒有選擇的權力，只能聽從抽籤分妻的結果，其慌亂惶恐不亞於任何人，她們是革命暴力風潮中的沉默者，無言地承受了暴力與性壓迫的恐懼。解放婦女保管所二十多個年輕的婢妾孀婦尼姑，到後來被迫成為當權者的性工具，被誣為淫婦。至於動亂中被強姦而死的女性，則是無言的哀悼。茅盾面對革命暴力中不能逃離的女性，被污辱與迫害的女性，雖然沒有寄與全部同情與憐憫，但卻觸目驚心，留下了革命暴力的另一面。

《蝕》的三部曲，文本中不時流露著不同女性的情感和心理的細膩描寫，女性身上脆弱、悲怯，無法左右命運的時代特徵，彰然若揭。在新中國成立後的時代語境下，茅盾有一個反思性的自我評價：「一個作家的思想情緒對於他從生活經驗中選取怎樣的題材和人物常常是有決定性的」，「當我寫這三部小說的時候，我的思想情緒是悲觀失望的。這是三部小說中沒有出現肯定的正面人物的主要原因之一」。「表現在《幻滅》和《動搖》裏面的對於當時革命形勢的觀察和分析是有錯誤的，對於革命前途的估計是悲觀的；表現在《追求》裏在的大革命失敗後的小資產階級知識分子的思想動態，也是既不全面而且又錯誤地過分強調了悲觀、懷疑、頹廢的傾向，且不給以有力的批

判。」〔註 14〕一九八零年代又說「一九二七年大革命的失敗只是暫時的，而革命的勝利是必然的，譬如日月之蝕，過後即見光明；同時也表示我個人的悲觀消極也是暫時的。」〔註 15〕顯然，茅盾的這種「補敘」是針對小說的宏大敘事，無非是對作品的思想內蘊進行矯正罷了，但是，這無損於他對大革命時代走在時代前列的女性的精微把握，包括對她們在兩性之間關係的種種剖析；另外，對處於底層地位的普通女性在大革命風雨中的飄搖、凋零，則是頗見功力而不容忽視的。「《幻滅》勾畫出來的僅是革命經歷的輪廓。……在大動亂的形勢中，個人的努力實在渺不足道」；「在中國現代的小說中，能真正反映出當代歷史，洞察社會實況的，《蝕》可算是第一部。尤其難能可貴的是它超越了一般說教主義的陳腔濫調。在這本作品裏，我們處處看到作者認識到人力無法勝天這回事。」〔註 16〕生命個體的輕擲、渺少，在大革命時代不是更顯著麼？！

　　創作完《蝕》的三部曲之後，茅盾東渡日本，不久又創作並出版了這一時段的短篇小說集子《野薔薇》，包括《創造》、《自殺》、《一個女姓》、《詩與散文》和《曇》。這五篇裏的主人都是女子，「主人中間沒一個是值得崇拜的勇者，或是大徹大悟者」，「如果寫一些平凡者的悲劇的或暗澹的結局，使大家猛醒，也不是無意義的。」〔註 17〕由此看來，茅盾對特定時期平凡女性的關注，一以貫之，反映了作家對人性、人道的尊重與偏受。

結　語

　　《蝕》的三部曲是茅盾早期小說的代表，小說通過刻畫大革命時代普通人物的經歷和命運，來祭奠作家所經驗了的革命體驗，特別是其中的女性人物，不論是叛逆的革命的時代女性，或是程度不一地被捲入的平凡小人物，都折射了革命炮火與階級對抗下生命肉體的承擔。雖然茅盾「慚愧」稱它們為「革命小說」，它們在曾在毀譽參半之中一路走過，但《蝕》的三部曲，仍然是革命文學陣營中一個不可繞過去的審美存在。

〔註 14〕茅盾：《茅盾選集》自序，上海：開明書店，1952 年。

〔註 15〕茅盾：《補充幾句》，《茅盾全集》（第 1 卷），北京：人民文學出版社，1984年版，第 428～429 頁。

〔註 16〕夏志清：《中國現代小說史》，上海：復旦大學出版社，2005 年版，第 100～104 頁。

〔註 17〕茅盾：《寫在時〈野薔薇〉的前面》，孫中田，查國華編：《茅盾研究資料》（上），北京：知識產權出版社，2010 年版，第 410～411 頁。

　　茅盾《蝕》的三部曲，作爲大革命文學的旗幟升到旗杆的頂點，又降下來在半空中懸掛著，它在祭奠著大革命時代的豐功傳績，多少時代的炮聲與喧囂消隱了，相反，不同個性與命運的女性的身影卻越來越清晰。

附　錄

李怡教授在研討開幕式上的講話

　　尊敬的蔡院長、毛書記、各位嘉賓、各位老師同學們，1924 年 1 月 20 日，中國國民黨第一次全國代表大會在廣州召開，以國共合作爲基礎的國民革命興起，迄今剛好九十年。我們的教科書斷定 1927 年 4 月 12 日，國民黨「清黨」，國共分裂標誌著「大革命失敗」，但是，海峽對岸的近現代史學家依然在繼續追蹤，1928 年 12 月 29 日，張學良「東北易幟」，中國形式上實現統一，這被作爲「國民革命成功」。至於國民黨官方，直到 1987 年「解嚴」爲止，都常常將自己的事業描述爲「國民革命」的一部分，「艱難革命成孤憤，揮劍長空淚縱橫」1949 年 12 月 10 日，蔣介石在成都寫下這句詩後，搭機離開大陸中國，飛往臺灣，今天台北的忠烈祠裏，所有供奉的對象都被譽爲「國民革命的先烈」。

　　不同的講述其實揭示的恰恰是這一段歷史的豐富與複雜，無論從什麼角度看，這一或長或短的歷史過程都從根本上改變了國家史發展的進程，也深刻地影響著海峽兩岸中國人的命運。從走出家庭、融入社會、兩性交往到理想的伸張，大量的中國現代作家由此發現了新的人生、新的信仰，包括我的祖父祖母也是在北伐的洪流中相識於大革命的演講會上，當然，對「革命」的不同理解最終也導致了空前的分裂和戰亂，以至漫長的冷戰歲月，包括像我的祖父祖母這樣的普通老百姓也從此天各一方，至死不能相聚。

　　「革命」文化在近百年來對兩岸中國人的思維都影響深遠，「革命文學」更是華人世界重要的文學現象或者自我期許，只不過，在大陸中國的文學史中，「革命文學」的起點通常都從國共分裂、無產階級文學的興起算起，這便遮蔽了在此之前的淵源深厚的「革命文化」現象與「革命」思維。實際上，「革

命文學」的概念早在國民革命時期就已經誕生了，在後來，魯迅、郭沫若、茅盾、巴金、郁達夫、蔣光赤、洪靈菲、謝冰瑩、成仿吾等人不僅有過對歷史的文學見證，而且筆觸所至，涉及現代社會塑形、個人生存、階級分化、信仰建構等重大話題與精神流變的細節，值得我們仔細解讀。

今天，我們的學術研究強調返回國家歷史的具體情態，對「革命文學」譜系的重新勘察是題中的應有之義，「國民革命與中國現代文學」這一主題的研討在大陸中國還是第一次。

最後，我還想說的是，在宜賓討論這一話題具有特殊的意義。這座古稱「戎州」的川南軍事重鎮，湧現過一大批活躍於國民革命的先烈，李碩勳、呂超、余澤鴻、鄭祐之、孫炳文、張錫龍、盧德銘、梁伯隆、趙一曼等，也有投身國民革命又奉獻於現代文壇的著名作家陽翰笙。中國人習慣說「歷史是現實的鏡子」，在這樣一座「國民革命之城」，討論國民革命的文學鏡象，多少也增添了一些「物我合一」、「情景交融」之感。

祝願我們的研討會圓滿成功，祝願與會中外嘉賓身體健康、精神愉快！

蔡樂才教授在研討會開幕式上的致辭

尊敬的各位專家學者、老師們、朋友們：

大家上午好！

在這百果飄香、熱情似火的盛夏時節，我們相聚在宜賓學院，共同慶祝「國民革命與中國現代文學」國際學術研討會的隆重召開，我謹代表宜賓學院全體師生向參會的各位專家、各位朋友致以熱烈的歡迎，向爲籌備本次會議付出大量心血的同志們致以衷心的感謝！

這次學術會議的召開，是宜賓學院的一件盛事。

作爲一所大學，在人才培養過程中傳承著文化，在科學研究領域裏創新著文化，在服務社會的過程中傳播著文化，楊家福先生說過：「大學之所以被稱之爲大學，就在於它的文化存在與精神存在。」宜賓學院經過三十多年辦學歷史，塑造的「崇尙學術、發揚民主、追求卓越」的大學精神，彰顯了宜賓學院人艱苦奮鬥、眞抓實幹、不斷創新的自覺行爲，從而實現大學教育對人的思想啓蒙、心靈啓迪、人格喚醒和價值追求。我想，這也是我們今天在此聚會的目的之一。

說到國民革命與中國現代文學，我聯想到一個最近很時尙的詞語——民國範兒。「民國範兒」是一個時代文化精神的外在表現，那個離我們並不遠的時代，是古典與新潮並存的時代，是中華文化與西方文化交融的時代，是傳統文明與現代意識接軌的時代，更是一個傳承與創新交相輝映的時代。那個時代裏，在政治、軍事、教育、文藝等諸多領域，都矗立著一座座山峰，特別是文化的變革，對於我們的時代產生了厚重的影響。我們回首那個時代，我們研究那個時代，就是爲了能夠站在那個時代的山峰上，傳承中華文化，

創新時代文明。

　　宜賓是一座歷史文化名城，承載了三千多年的釀酒歷史，兩千七百多年的建城史，享有「中國白酒之都」和「萬里長江第一城」的美譽。這是一座吸引過杜子美的城市，這也是一座民國範兒曾經招搖閃爍過的城市。當同濟大學在這裡棲息的時候，當中央博物院、中央研究院在這裡面對青燈黃卷的時候，當傅斯年、梁思成、林徽因們在黃昏時分的李莊沙灘上漫步的時候，宜賓就已經彌漫著韻味兒十足的民國範兒了。

　　今天，各位專家學者彙聚在這裡，就國民革命和中國現代文學的諸多話題進行探討交流，必將對那個時代的精神氣質有更加寬廣的認識，必將對我們當今這個時代的精神品格有更加卓越的塑造。同時，也必將對宜賓學院人文社會科學的學科平臺、國際交流、學術研究、專業視野、師資建設等方面產生積極的推動和引領作用。

　　我們熱忱希望各位專家學者通過本次會議與宜賓學院結下誠摯的友誼，希望宜賓和宜賓學院能留給你們美好的回憶！預祝會議取得圓滿成功，祝各位專家學者工作順利，萬事如意！

　　謝謝大家！

「革命」內涵的重合與混雜
——「國民革命與中國現代文學」
國際學術會議綜述

蔣德均（宜賓學院）

　　中國現代文學作爲一門年輕的學科，從學科命名到文學史的內涵與外延界定等，到目前爲止尙存諸多分歧與爭議。近年來，一些學者如張福貴先生、丁帆先生等提出了「民國文學史」的概念，秦弓（張中良先生）提出了「民國視角」的主張，李怡先生提出了「民國機制」的概念，學者們披荊斬棘，篳路藍縷，將「民國視野」、「民國機制」引入中國現代文學研究領域，從而有了諸多新的發現，觸發了各種問題與爭論，也取得了令人耳目一新的學術成就，引起學界高度重視。尤其是李怡先生帶領他的學術團隊，團結學術同仁，在「民國機制」的統攝下，從民國的經濟形態、法制理念、政治形態、教育制度、社會風尚、精神氣質等方面形成的「合力」對文學的作用與影響展開了一系列卓有成就的學術研究和學術交流。爲了使「民國文學」研究繼續得以深入和拓展，爲「民國文學」研究提供新的動力和活力，「國民革命與中國現代文學」國際學術研討會於 2014 年 7 月 12 日至 7 月 15 日在四川宜賓學院如期舉行。此次國際學術研討會由北京師範大學民國歷史文化與文學研究中心、四川大學現代中國文化與文學研究中心、上海《學術月刊》雜誌社、臺灣政治大學民國歷史文化與文學研究中心、中華全國文學史料學學會和西川論壇等學術機構主辦，由宜賓學院文學與新聞傳媒學院承辦。研討會開幕式由學校黨委副書記毛克強教授主持，校長蔡樂才教授代表學校致歡迎辭，會議主辦方北京師範大學與四川大學李怡教授致開幕辭，會議主辦

方《學術月刊》雜誌社編輯部主任張曦編審、中華全國文學史料學會常務副會長劉福春研究員、臺灣政治大學民國歷史文化與文學研究中心主任張堂錡教授以及來自澳大利亞新南威爾斯大學鄭怡教授、韓國東亞大學金龍雲教授等在開幕式上分別做了主題發言。

此次國際學術研討會有來自韓國、澳大利亞、蒙古國、中國臺灣、中國大陸等著名高校，如韓國東亞大學、澳大利亞新南威爾斯大學、蒙古國烏蘭巴托商學院、上海交通大學、四川大學、北京師範大學、廈門大學、中山大學、西南大學、臺灣大學、臺灣政治大學、臺灣東南科技大學等高校的專家、學者，有著名學術機構，如中國社會科學院、上海市社科聯、吉林省社科聯等，以及一批權威學術期刊，如《文學評論》、《學術月刊》、《魯迅研究月刊》、《社會科學輯刊》、《文藝爭鳴》、《中山大學學報》等刊物的知名學者、編輯，共計 60 餘人，會議提交論文 40 餘篇。宜賓學院學報編輯部對李怡教授、張中良教授、張堂錡教授等知名學者進行了專題採訪並對會議做了專題報導。

本次國際學術會議研討主題是：國民革命與中國現代文學。爲期三天的研討與對話國際學術會議在以下幾個方面展開了深入探討和交流：(1)國民革命與中國現代文學思潮的相互關係研究；(2)中國現代文學所表現的國民革命景觀；(3)中國現代文學作家與國民革命；(4)國民革命與革命文學的淵源；(5)國民革命與中國現代社會文化的變遷等。

李怡教授在開幕式致辭中指出，解讀二十世紀中國文學與革命的關係的最重要的起點應當是劃清「革命」之與政治與之於文化的不同的含義。同時，還應當看到，從晚清到當代中國，對中國文學發展影響甚深的「革命」也包括了多重不同的意義指向。這似乎正與「革命」一詞在近代中國複雜的生成過程相適應。「革命」一詞儘管在中國古已有之，但在近代中國社會其涵義卻變得格外複雜和微妙。有時甚至混淆了政治形態的暴力革命與文化形態的革命話語的根本不同。李怡教授認爲，在文化與文學的層面上，無論五四先驅有過怎樣激進的批判性言辭，都無法改變他們在創作經驗上延續文學傳統的事實，顛覆性的革命足以造成「政權」斷裂的現實，而一時間文化批判的激烈卻並不足以眞正形成文學創作的歷史終止，中國現代文學創作實績的某些不如人意之處可能更應該從作家的個人才能與其他複雜的社會文化因素中尋找解釋。……中國新文學究竟承受了「革命」文化的何種遺產？這些遺產究

竟帶給我們文學什麼樣的影響？應該說這都是一些尚未充分展開的課題，而
進入課題的第一補便是將「革命」的政治內涵與文化內涵相剝離，也將不同
時期的「革命」內涵嚴格區別開來。

　　會議圍繞主題，與會學者就革命話語、革命與文學、革命與作家、革
命與運動、革命與女性以及革命在作品中的體現景觀等問題展開了討論和
交流。

　　李怡教授認為，國民革命這段歷史從根本上改變了國家的歷史進程，也
深刻地影響了現代海峽兩岸中國人的命運。從走出家庭、融入社會、兩性交
往到理想的伸張，大量的中國現代作家由此發現了新的人生和新的信仰。「革
命文學」的概念在國民革命時期就已經誕生。魯迅、郭沫若、茅盾、巴金、
郁達夫、蔣光赤、洪靈菲、謝冰瑩等人不僅有對歷史的文學見證，而且筆觸
所至，涉及現代社會塑形、個人生存、階級分化、信仰建構等重大話題與精
神流變的細節。同時，李怡教授對「革命」一詞的發展演變進行了辨析，認
為解讀二十世紀中國文學與革命的關係的最重要的起點，應當是劃清「革命」
之於政治與之於文化的不同的含義，指出「革命」一詞在 20 世紀中國社會特
定歷史背景下含義的繁雜與使用的混亂，應加以釐清和注意。王永祥博士在
發言中認為，五四新文化變革勢力的形成和國民黨的分化密切相關。二次革
命後，國民黨勢力分化為歐事研究會和中華革命黨兩派勢力，其中歐事研究
在新文化勢力的形成中具有關鍵性的重用。這一派勢力對分散於海內外的革
命勢力進行了新的集結，活動重心由暴力革命轉向思想文化宣傳，在政治生
態的轉變中，由政黨競爭轉變為社會改造，從而拉開了新文化變革的序幕。
胡昌平副教授在他的論文中分析了國民革命與浪漫主義的關係，並探討了浪
漫主義衰落的原因。認為浪漫主義文學和浪漫主義政治在喚醒民眾中為國民
革命奠定了基礎。浪漫主義具有革命傾向也具有「反動」傾向，故國民革命
在催生革命浪漫諦克時又不斷召喚現實主義。論文較為深入地探討了它們之
間複雜微妙的關係，認為文學浪漫主義與政治浪漫主義構成了國民革命的一
個重要基礎；國民革命則催生了革命浪漫諦克文學，並為政治家和革命者演
繹浪漫悲情故事提供了機會。但隨著國民革命的推進及最後的失敗，現實主
義得到不斷的召喚，最終取代浪漫主義而成為文學與革命的主流。浪漫主義
雖然衰落了，但它並未「壽終正寢」。國民革命後的中國文學在現實主義主流
之外，浪漫主義的支流仍在流淌。

　　而更多的與會學者結合作家在國民革命時期的人生經歷與創作實踐，從不同的角度或不同的層次竭力還原國民革命豐富的歷史景觀和作家創作過程及其作品呈現的複雜狀態。

　　孫偉博士以太陽社作家劉一夢的短篇小說集《失業以後》爲例，對國民革命時期的工人在罷工運動中的眞實心理狀態和失業以後的悲慘生存境遇進行了細膩的描寫，提供了不同於傳統歷史敘述中工人運動的別樣面影。他認爲，工人作爲西方現代生產方式以及由此而來的現代城市生活方式的最初的也是最重要的實踐者，最集中地展現了人爲的政治運動與自在的經濟社會發展規律的博弈。罷工不僅沒有帶來工人生活的改善，反而使他們陷入了衣食無著的絕境。工廠的停工，不僅給共同依賴其生活的工人和資本家帶來不可挽回的損失，也給整個社會帶來巨大的負面影響。羅維斯博士以茅盾的《動搖》爲個案，對小說自誕生以來評論界對此評價所出現的巨大分歧與激烈爭議的根源進行了探索。論文借鑒歷史學界的研究成果，對這部小說進行重新梳理和解讀。認爲《動搖》是現代文學史上鮮有的、及時展現國民革命風貌的文學作品。由於我們對國民革命時期的歷史事實缺乏全面、客觀的理解，過去對《動搖》的解讀也一直充斥著偏頗、誤解和疏漏。新時期以來，一些歷史學者通過史料挖掘，開始重新梳理、解讀民國初年和國民革命時期的歷史。國民革命作爲民國時期的重大事件，對整個社會的發展進程產生了深遠影響。對於像茅盾等那樣的直接參與到了國民革命的現代作家而言，這段特殊的經歷，對於他們的文學創作和思想觀念都產生了極大的影響。許多左翼作家也如茅盾一樣，在民國時期複雜的社會政治局勢中，經歷著文藝與政治的糾葛與羈絆。民國時期政治的複雜性在現代文學中折射出了更爲反覆纏繞的面貌。政黨派系立場和階級觀念也成了許多現代作家身上揮之不去的印記，這些都在《動搖》中有所體現。張堂錡教授在《民國女兵謝冰瑩的國民革命經驗及其意義》一文中認爲，在民國的新政體下，誕生了第一批有思想、有主義、有信念的現代化女兵。其中具有代表性的民國女兵，謝冰瑩的女兵經驗和《從軍日記》的書寫也就因而有了民國史與民國文學的雙重意義與價值。在民國歷史方面，意義有二：首先，這是第一批現代軍事體制訓練下的正規女兵，以救護和宣傳爲主要任務，和在戰場上與敵軍正面決戰的部隊軍人不同，但卻同樣扮演著救國愛國的重要角色；其次，體現了民國體制下，男女平等、全民參與的民主共和特性。在民國文學方面，意義亦有二：首先，

她創作以北伐國民革命爲題材的女兵文學，在民國文學史上具有開創性價
值，對報告文學、女性文學的發展有突破性的意義；其次，《從軍日記》充滿
革命性、激進性，可以視爲民國早期「革命文學」的典型之作。不論從眞實
記錄北伐時期女兵革命經歷的歷史文獻角度，還是生動報導女兵生活、情感、
思想的文學藝術角度，謝冰瑩和她的女兵書寫都具有不應該被忽視的學術價
值。彭冠龍博士在《從〈前茅〉到〈恢復〉：「戎馬」生涯「書生」氣》中認
爲，雖然郭沫若在 20 年代就開始了思考「革命」問題，並在國民革命運動中
不斷變化，但是他作爲文人所具有的書生氣質是其思想中最穩定、最本質的
一面，制約著他對革命的思考和認識，形成了具有書生氣的「革命」理想。
總體來看，這一時期的郭沫若是既單純幼稚又充滿青春激情的執著追求革命
的一介書生，從中反映出來的是具有獨特精神氣質的個體。具體而言，在 1923
年前後主要表現爲對「革命」簡單的想像和幻想，在 1928 年前後主要表現爲
對「革命」的天眞和樂觀。這些都可以從《前茅》和《恢復》兩部詩集中解
讀出來。它對於正確認識郭沫若與當時大多數參加革命的知識分子是有意義
的。陶永莉博士也以郭沫若的詩集《恢復》爲例，以文本細讀的方法，回到
詩集創作的歷史情境中，解讀了國民革命後郭沫若在心理情感、精神狀態和
藝術審美等方面的艱難「恢復」情況，得出了《恢復》與一般無產階級詩歌
的差異以及一些被遮蔽的歷史細節。傅學敏教授在《革命文學：革命與文學
的歧途？——兼析蔣光慈和茅盾的文學創作與人生抉擇》中認爲，1925～1930
是現代文學的特殊時期，革命文學使現代作家第一次面對革命與文學的歧
途。革命代表著國家現代性追求，文學則代表著審美現代性呈現，二者共同
構成現代知識分子在個人、社會與國家之間的生存夾縫。蔣光慈和茅盾分別
代表革命文學的兩個陣營、兩個階段，也代表著兩種早期革命文學家面臨革
命與文學歧途時的不同抉擇。革命潮流呼嘯而至，將迎面而來的蔣光慈和茅
盾捲入中心。兩人在不同的陣營筆戰，其創作卻異中有同，共同勾畫出大革
命前後時局動蕩與青年心態，然而弔詭的是，一開始蔣光慈小說追隨者眾，
認同者多，形成了「革命＋戀愛」的創作模式，風靡一時，而茅盾的《蝕》
遭到評論界的大力討伐，最後離開左翼文學陣營的卻是蔣光慈，茅盾則成長
爲左翼文學的中堅力量。這個中緣由，論者提出了自己的思考和闡釋。

　　有不少與會學者還從革命與啓蒙、革命與性別、革命與身體、革命與黨
派、革命與家庭、革命與教育等視角展開論述，其文本解讀和文學現象與思

潮分析頗具新意。

魏巍博士在提交的論文中指出，啓蒙、國民性與革命者三個問題一直以來都是魯迅研究的重要切入點，但是由於過去我們對這三個方面的過度強調，使我們的關注重點便把批判的矛頭指向了阿 Q、華老栓等那樣的「愚弱」國民，從而忽略了魯迅對於知識精英們的不滿和質疑。論者認爲，魯迅的偉大，並不在於他批判了多少不能自我言說，連圈都畫不圓的阿 Q 們，也不在於他批判了多少目不識丁的「看客」，而在於他在那個激情澎湃的「革命」年代，以他特有的冷靜的理性思維，挑戰著知識精英們的話語霸權，揭穿了啓蒙現代性的神話面紗，以及在神話挾裹下的盲目「革命」的衝動。倪海燕博士以茅盾的《蝕》三部曲爲解讀重點，探討了女性與革命這一很有意思的話題。認爲茅盾這一時期的作品在對國民革命故事的講述中，較多地包含了對女性的想像：對女性形象的描寫，對性別關係的重新審視以及對女性在「革命」話語中的位置的考察……這些抒寫，既爲作品帶來了新的寫作內容和審美意趣，同時包含了茅盾複雜的矛盾心態，也爲現代文學中對性別問題的思考提供了另一視角。韓明港副教授也以茅盾早期小說爲例，重點探討了女性的身體與革命所折射出的複雜景觀與豐富涵意。他認爲，在茅盾的早期小說中，身體——尤其是女性身體——意象，無疑是作品中亮麗的風景。這些妖嬈女體寄託了作者的自我想像、自我眷戀和時間焦慮，女體的破損、揮霍、交付，也成爲生命意義磨損、虛懸和重生的暗示。身體的交付，始終是潛在或明瞭地指向革命的，身體向革命的交付，寓示了生命以革命爲支點的意義重置，同時，身體向革命交付的艱難，也成爲個體生命與社會革命之間複雜關係的生動寫照。從身體出發，是理解「自我」與「革命」內在邏輯的關鍵，也是理解現代文學史上「頹廢」、「戀愛」等重要意象的有效方式。康斌博士則以茅盾的《創造》爲例，通過重新解讀文本並聯繫大革命的時代背景，通過小說對兩性之間「創造」與「趕超」過程的描述，揭示出茅盾對中國現代兩性關係演變的獨特理解：即表面上看，在一個現代的空間中，兩性不同的精神取向和現實選擇都應該被視作各具價值的現代人生設計和實踐，而不應再以「新」、「舊」辨之。但是，現代家庭空間中的兩性之間仍然存在著不平等關係，而國民革命被認爲能夠幫助女性扭轉這種性別失衡的狀況並獲得在社會中一展才華和社會交往的機會。但眞正爲她們提供改寫性別關係的理論資源和實踐動力的是她們比男性更深刻地意識到了現代歷史進程的演

進邏輯和個體在此一進程中不斷「趕超」與「被趕超」的現代「中間物」的
命運與機遇。譚梅博士的論文從女性作家的視角梳理了從五四時期經大革命
時期到三十年代女性作家在處理革命題材時，當女作家的女性立場與革命話
語發生矛盾衝突時所呈現出的一種別有意味的現象，即與五四女作家高揚女
性主體性不同的是，二十年代末至三十年代左翼時期的女作家在處理該題材
時，在客觀上首先經歷了女性自我向性別體驗妥協、繼而向革命理性妥協、
最後知識自我向工農大眾妥協等等三重妥協。浮出歷史地表不久的女作家由
於急於得到主流意識形態的認可而忽略了對革命洪流中革命女性複雜的生存
狀況的書寫，錯失了深挖大眾崇拜這種新型意識形態弱點的機會，最終讓革
命理性生硬的將可能從女性視角生發出來的洞見壓制下去而留下值得我們深
思的話題。劉軍博士在《分裂的黨國與「無政府」的革命青年》一文中以聶
紺弩為例，以最大限度回到歷史現場和還原歷史情境的方式並結合聶紺弩的
寫作與人生經歷，真實地描述南京時期的聶紺弩的思想世界及其邊界。指出
聶紺弩並不是如他後來回憶中那樣誇大自己與國民黨的對立或游離。相反，
在某個時期，聶紺弩和國民黨的關係甚密。認為從此可以看到聶紺弩棄「國」
近「共」的思想史蘊含。由此強調了要重構民國文學史或文人的豐富性和真
實性，必須以尊重史實為前提的治學理念。李俊傑博士《是教育還是革命？
——論葉聖陶的個人體驗與〈倪煥之〉的關係》認為，無論給小說《倪煥之》
貼上「教育小說」、「革命小說」或是「小資產階級知識分子小說」等任何標
籤，都不能否認，小說的主要角色倪煥之在身份設計、心理活動以及人生軌
跡上，都有顯著的葉聖陶個人經驗的印記，這不是一般意義上的「一切的文
學作品都是作家的自傳」這樣具有藝術化與抽象化的泛化描述與概括，這部
小說內嵌的作者葉聖陶個人的經驗與人生的歷程使這部小說呈現出個人精神
歷程的特點。在葉聖陶那裡，「革命」始終不是「組織」壟斷的話語，不是自
我闡釋的名目，對於他而言，學術上求真，堅持自由意志，反對專制和集
權，就是革命。這一思想，秉承了五四以來的「立人」傳統，是將「革命」
溫和化、改良化的一種努力。葉聖陶的「革命觀」也是站在廣義角度，強調
完善「主體」的意義。「革命」作為二十世紀中國的關鍵詞，不僅是政治文化
的重要標識，更是「世界觀」、「人生觀」和一種重要的「文化」，考察中國現
代文學中「革命」話語在不同時期在不同的文學從業者那裡的言說範圍，不
僅是對概念史的梳理，也是對知識分子心理結構的探索。妥佳寧博士在其論

文《國民黨員茅盾的革命「留別」》中探討所謂「脫黨」問題與大革命失敗的關係時指出，很少有人注意到曾經作爲國民黨黨員的茅盾，如何參與並最終告別了國民革命，又如何脫離國民黨。若要考察茅盾在國共合作之際的革命活動，需瞭解國民革命前大批中共早期黨員的脫黨風潮以及革命「失敗」後茅盾與國民黨左派之間複雜的關係，甚至《子夜》中茅盾對國民黨改組派的戀戀不捨。並由此觀察茅盾及其代表作品究竟在何種意義上構成左翼文學的典範。

韓國東亞大學的金雲龍教授、金素賢教授、金慈恩教授和白貞淑博士以及蒙古國烏蘭巴托商學院愛瑪博士等從東亞的視角，分別介紹或論述了韓國、蒙古國二十世紀近代化（現代化）過程中文學演進的過程以及知識分子的精神狀態。澳大利亞南威爾斯大學鄭怡教授以李劼人的小說爲例，運用中西小說理論，認爲李劼人小說所描述的過程是一個前所未有的歷史變革的現代小說形式和結構範式的過程。張曦編審結合上海的老馬路、老房子、舊弄堂以及在這些老房子、舊弄堂里居住過的民國名人及其「故事」談了她對民國文學、民國機制、民國風度、民國視角的理解和感悟。

張中良教授在進行會議總結時，高度評價和肯定了這次會議以歷史主義的眼光重新認識國民革命與中國現代文學的關係，會議提交的論文在文本細讀、現象分析、史料運用、闡釋視角、問題意識、思維模式等諸多方面都有新的突破和亮點。但仍有許多值得深入探討的問題和遺漏的空間，比如到底有多少作家參與了國民革命及參與的程度如何；比如北伐戰爭中的重大戰役以及北伐的準備、北伐前的東征在文學中的表現問題；比如北方馮玉祥領導的國民革命與現代文學的關係；比如東北易幟問題；比如對於國民革命重大挫折中的殘殺和創痛的研究；比如我們對左翼作家關注較多而對自由主義作家甚至右翼作家以及舊體詩詞作家關注不夠甚至遺漏、忽略的問題；比如武漢和九江租界回歸以及萬州慘案等一系列外交事件對國人和作家的影響；比如國民革命是成功還是失敗，海峽兩岸學界的不同認知；比如魯迅對國民革命的評判等。我期待在這些方面還有更多更好的研究成果出現。

黃美娥教授發表了學術感言。她認爲，「民國文學」或「民國機制」等學術觀點的提出，這是一個特別有意味的話題，爲中國現代文學研究注入了新的活力，也具有回歸學術的價值。作爲生長在臺灣和大陸的學者，通過各自不同的研究視角，完全可以搭建一個互動互補的學術平臺，從而獲得新的發

現和洞見。這次研討會以「國民革命與中國現代文學」爲言說主題，是李怡
先生倡導的「民國機制」作爲一種學術思想方法的又一次深入和拓展，會議
的研討和提交的論文指涉了更加豐富的歷史形態和歷史意義。正如李怡先生
所言，研究文學現象不僅需要「觀察點」，需要「角度」，更需要有對文化和
文學存在的「結構性」因素的總結，從中發現 20 世紀中國文學上下半葉各自
區分的不是「角度」，而是一系列實在的內涵。通過參加這次學術研討會和拜
讀諸位同仁的研究成果，我在其中收穫多多。

「國民革命與中國現代文學」
國際學術研討會與會學者名錄

李　怡：北京師範大學

羅維斯：北京師範大學

趙　靜：北京師範大學

李俊傑：北京師範大學

妥佳寧：北京師範大學

康　斌：北京師範大學

曹順慶：四川大學

周維東：四川大學

孫　偉：四川大學

彭冠龍：四川大學

陶永莉：四川大學

姜　飛：四川大學

高博涵：四川大學

張　玫：四川大學

徐麗松：《詩探索》編輯部

劉福春：中國社會科學院

范智紅：中國社會科學院

李　斌：中國社會科學院

黃　菊：西南大學

張武軍：西南大學

李　燕：西南大學

魏　巍：西南大學

呂潔宇：西南大學

蕭偉勝：西南大學

胡安定：西南大學

張堂錡：臺灣政治大學

黃美娥：臺灣大學

詹雅能：臺灣東南科技大學

鄭　怡：澳大利亞新南威爾士大學

Emma 愛瑪：蒙古國烏蘭巴托商學院

金雲龍：韓國東亞大學

金素賢：韓國東亞大學

金慈恩：韓國東亞大學

白貞淑：韓國東亞大學

謝君蘭：河北師範大學

王永祥：河北師範大學

袁繼鋒：重慶大學

賀　芒：重慶大學

顏同林：貴州師範大學

姜異新：《魯迅研究月刊》編輯部

胡昌平：新疆塔里木大學

錢曉宇：華北科技學院

王　琳：四川師範大學

張　霞：西華師範大學

傅學敏：西華師範大學

楊　慧：廈門大學

倪海燕：廣東肇慶學院

王學東：西華大學

譚　梅：成都大學

楊華麗：綿陽師範學院

劉瑞弘：《社會科學輯刊》編輯部
李青果：《中山大學學報》編輯部
張　曦：《學術月刊》雜誌社
韓明港：重慶交通大學
張中良：上海交通大學
蔡樂才：宜賓學院
毛克強：宜賓學院
彭貴川：宜賓學院
周世偉：宜賓學院
蔣德均：宜賓學院
周志淩：宜賓學院
劉　軍：宜賓學院
陳曉霞：宜賓學院
劉　剛：宜賓學院
張　易：宜賓學院
冷滿冰：宜賓學院

「國民革命與中國現代文學」
國際學術研討會會議議程

一、7 月 13 日開幕式（8:30～9:10）

　　1. 主持人：毛克強教授

　　2. 嘉賓發言：

　　　　宜賓學院院長蔡樂才教授（代表學校致歡迎詞）

　　　　李怡、劉福春、張中良、張堂錡、張曦、金龍雲、鄭怡等嘉賓發言

　　3. 第一排嘉賓：

　　　　黃美娥、詹雅能、鄭怡、金素賢、范智紅、劉瑞弘、姜異新、蕭偉勝、
　　　　李青果、姜飛、楊慧、白貞淑、金慈恩、emma（愛瑪）、徐麗松

二、學術交流

　　（一）第一組（7 月 13 日上午 9:10～10:30）：每人 10 分鐘內，點評
　　　　　15 分鐘內

　　1. 主持人：張堂錡

　　2. 點評人：黃美娥、金慈恩

　　3. 發言人：

　　　　（1）王永祥（河北師大）：「二次革命」後國民黨勢力的分化組合與新文
　　　　　　　化勢力的形成

　　　　（2）孫偉（四川大學）：《失業以後》中的罷工之殤——國民革命時期工
　　　　　　　人運動的別樣面影

（3）羅維斯（北京師範大學）:《動搖》與國民革命中的商民運動

（4）鄭怡（澳大利亞新蘭威爾士大學）: 庸常與史詩: 李劼人的全景歷史小說

（5）金龍雲（韓國東亞大學）: 韓國人的近代意識的涵蓋面

（6）胡安定（西南大學）: 外史中的革命

（二）第二組（7 月 13 日上午 10:30～12:00）: 每人 10 分鐘內, 點評 15 分鐘內

1. 主持人: 鄭怡

2. 點評人: 金龍雲、劉福春

3. 發言人:

（1）金素賢（韓國東亞大學）: 1920、30 年代韓國詩的現實主義與現代主義——殖民地與知識分子〉。

（2）黃美娥（臺灣大學）: 臺灣文學典範的建構與挑戰

（3）emma（蒙古烏蘭巴托商學院）: 蒙古國的革命文學

（4）胡昌平（新疆塔里木大學）: 國民革命與浪漫主義

（5）李燕（西南大學）: 知識分子、共產國際與非基督教運動

（6）蕭偉勝（西南大學）: 焦慮: 當代中國轉型期的文化症候

（三）第三組（7 月 13 日下午 2:00～3:30）: 每人 10 分鐘內, 點評 15 分鐘內

1. 主持人: 金素賢

2. 點評人: 劉瑞弘、白貞淑

3. 發言人:

（1）張堂錡（臺灣政治大學）: 民國女兵謝冰瑩的國民革命經驗及其意義

（2）李斌（中國社科院郭沫若紀念館）: 作爲公共知識分子的郭沫若

（3）錢曉宇（華北科技學院）: 書生與大兵: 跨界中的離合

（4）呂潔宇（西南大學）: 創造社時期鄭伯奇文學觀的轉變

（5）彭冠龍（四川大學）: 從《前茅》到《恢復》——「戎馬」生涯「書生」氣

（6）黃菊（西南大學）: 入川之路: 抗戰時期下江作家的選擇

　　(7) 劉軍（宜賓學院）：分裂的黨國與「無政府」的革命青年

（四）第四組（7 月 13 日下午 3:30～6:00）：每人 10 分鐘內，點評 15 分鐘內

1. 主持人：黃美娥
2. 點評人：李青果、姜飛
3. 發言人：
　　(1) 楊慧（廈門大學）：鄉愁的脈絡──1930 年代南洋華僑作家黑嬰的「新感覺」
　　(2) 妥佳寧（北京師範大學）：國民黨員茅盾的革命「留別」
　　(3) 康斌（四川大學錦江學院）：現代家庭空間中的創造與趕超──重讀《創造》
　　(4) 陶永莉（四川大學）：國民革命後的艱難「恢復」──以郭沫若的《恢復》爲例
　　(5) 張武軍（西南大學）：民國機制與延安文學
　　(6) 賀芒（重慶大學）：現代性視野下的農民敘事

（五）第五組（7 月 14 日上午 8:30～9:50）：每人 10 分鐘內，點評 15 分鐘內

1. 主持人：姜異新
2. 點評人：蕭偉勝、楊慧
3. 發言人：
　　(1) 姜飛（四川大學）：《國門之戰》與中東路事件
　　(2) 倪海燕（肇慶學院）：國民革命與性別想像──以茅盾《蝕》三部曲等爲例
　　(3) 韓明港（重慶交通大學）：身體與革命：茅盾早期小說中的身體意象
　　(4) 譚梅（成都大學）：論大革命時期女作家的女性立場與革命話語之間的博弈
　　(5) 李俊傑（北師大）：是教育還是革命──論葉聖陶的個人體驗與《倪煥之》的關係
　　(6) 張霞（西華師範大學）：走向革命洪流的文學批評家──論茅盾文

學批評生涯之 1920～1927

（六）第六組（7 月 14 日上午 9:50～11:20）：每人 10 分鐘內，點評
15 分鐘內

1. 主持人：詹雅能

2. 點評人：李斌、顏同林

3. 發言人：

（1）魏巍（西南大學中國新詩研究所）：啓蒙‧國民性‧革命：從《吶
喊》、《彷徨》重估魯迅思想價值

（2）趙靜（北京師範大學）：淺論蔣光慈「革命＋戀愛」小說

（3）傅學敏（西華師大）：革命文學：革命與文學的歧途？──兼析蔣
光慈和茅盾的文學創作與人生抉擇

（4）高博涵（四川大學）：複雜的人生地帶──戴望舒早期經歷及其詩
歌創作

（5）王學東（西華大學）：巴蜀文化視野下的何其芳文學思想

（6）王琳（四川師範大學）：民國視野下的革命＋戀愛小說

三、閉幕（11:20～12:00）

主 持 人：李　怡教授

學術評論：張中良教授

學術感言：黃美娥教授

閉 幕 詞：曹順慶教授

7 月 14 日下午會議移師中國抗戰四大文化中心之一的中國李莊繼續舉
行。

後　記

　　「國民革命與中國現代文學」國際學術研討會暨第四屆「西川論壇」年會在各位同仁的努力下，在相關單位和學者的支持下，於 2014 年 7 月在中國白酒之都、萬里長江第一城、中國歷史文化名城——宜賓的宜賓學院如期舉行。這本書集子便是這次會議的主體成果。然而，會議討論話題遠遠不止「國民革命與中國現代文學」主題範疇，故與會議主題關聯不大的論文就只好割愛了。其割愛部分我們將在「西川論壇」電子期刊上刊出。

　　這次會議能夠如期舉行和成功召開，這應感謝為這次會議和論壇付出大量心血和勞動的舉辦單位之一《學術月刊》和承辦單位宜賓學院，他們為會議提供了經費資助、周密安排和熱情服務；這應感謝來自澳大利亞、韓國、蒙古國以及中國臺灣和中國大陸的學術同仁不遠千里前來赴會並發表他們的真知灼見以及坦率交流。而參會論文集得以出版，這得感謝一貫支持我們學術論著出版的臺灣花木蘭文化出版社。我們有理由、有信心將年會和論壇堅持下去，而且力爭越辦越好。歡迎相關學人對我們的研究成果批評指正和賜教。

李怡　2014 年歲末於勵耘居